Weiterführend empfehlen wir:

Praxisratgeber Vereinsrecht
ISBN 978-3-8029-3831-3

Ehrenamt: Neue Erfüllung, neue Karriere
ISBN 978-3-8029-3444-5

Ehrenamt: Sozialrechtlich voll abgesichert
ISBN 978-3-8029-3835-1

Aufsichtspflicht, Haftung, Versicherung von Jugendgruppenleitern
ISBN 978-3-8029-7438-0

BGB – Bürgerliches Gesetzbuch
ISBN 978-3-8029-7418-2

HGB, GmbHG, AktG: Wirtschaftsgesetze kompakt
ISBN 978-3-8029-1900-8

Haftung und Versicherung von Managern
ISBN 978-3-8029-1546-8

Profi-Handbuch Fundraising
ISBN 978-3-8029-7420-5

Werdende Mütter brauchen Geld
ISBN 978-3-8029-3778-1

E-Mail: WALHALLA@WALHALLA.de
http://www.WALHALLA.de

Walhalla Fachverlag · Haus an der Eisernen Brücke · 93042 Regensburg
Telefon (09 41) 56 84-0 · Telefax (09 41) 56 84-111

Ulla Engler · Werner Hesse

Praxisratgeber Gemeinnützige GmbH

Gründung, Führung, Steuern und Finanzen

Arbeitshilfe mit kommentiertem Muster-Gesellschaftsvertrag

WALHALLA Rechtshilfen

WALHALLA FACHVERLAG

Bibliografische Information der Deutschen Nationalbibliothek

Die Deutsche Nationalbibliothek verzeichnet diese Publikation in der Deutschen Nationalbibliografie; detaillierte bibliografische Daten sind im Internet über http://dnb.d-nb.de abrufbar.

Zitiervorschlag:
Ulla Engler, Werner Hesse, Praxisratgeber Gemeinnützige GmbH
Walhalla Fachverlag, Regensburg 2011

Hinweis: Unsere Werke sind stets bemüht, Sie nach bestem Wissen zu informieren. Die vorliegende Ausgabe beruht auf dem Stand von Januar 2011. Verbindliche Auskünfte holen Sie gegebenenfalls bei Ihrem Rechtsanwalt oder Notar ein.

Produktion: Walhalla Fachverlag, 93042 Regensburg
Umschlaggestaltung: grubergrafik, Augsburg
Druck und Bindung: Westermann Druck Zwickau GmbH
Printed in Germany
ISBN 978-3-8029-3841-2

Schnellübersicht

Seite

Die praktische Arbeitshilfe für die gemeinnützige GmbH

Im gemeinnützigen Bereich hat sich die GmbH in den letzten Jahren zur gängigsten Rechtsform nach dem eingetragenen Verein entwickelt. Darin zeigt sich das Bedürfnis sozial, kulturell oder sportlich Engagierter nach einer Organisationsform, die einen Ausdruck unternehmerischer Betätigung darstellt und zugleich die Vorzüge eines vergleichsweise geringen Kapitalbedarfs, eines übersichtlichen Gesellschafterkreises und einer Haftungsbeschränkung für die Gesellschafter in sich vereint.

In Fachbüchern zum GmbH-Recht werden die Besonderheiten des Gemeinnützigkeitsrechts häufig vernachlässigt. Diese Lücke soll die vorliegende Arbeitshilfe füllen. Basierend auf der Beratungserfahrung aus dem Paritätischen Wohlfahrtsverband werden alle wichtigen Fragen angesprochen, die sich typischerweise bei der Gründung und im Alltag einer gemeinnützigen GmbH stellen. Praktische Handlungsempfehlungen, Beispiele und ein Muster-Gesellschaftsvertrag ergänzen den Praxisratgeber.

Berücksichtigt ist auch die wichtigste Veränderung des GmbH-Rechts der letzten 30 Jahre durch das am 1. November 2008 in Kraft getretene „Gesetz zur Modernisierung des GmbH-Rechts und zur Bekämpfung von Missbräuchen" (MoMiG). Besonderes Augenmerk gilt der gemeinnützigen 1-Euro-GmbH.

Über Anregungen freut sich das Autorenteam – gerne per E-Mail an: gmbH@paritaet.org

Dr. Ulla Engler
Werner Hesse

1

Abkürzungen

AEAO	Anwendungserlass zur Abgabenordnung
AO	Abgabenordnung
BetrVG	Betriebsverfassungsgesetz
BFH	Bundesfinanzhof
BGB	Bürgerliches Gesetzbuch
BStBl.	Bundessteuerblatt
ErbStG	Erbschaftsteuer- und Schenkungsteuergesetz
EStDV	Einkommensteuer-Durchführungsverordnung
EStG	Einkommensteuergesetz
gem.	gemäß
GenG	Genossenschaftsgesetz
GewStG	Gewerbesteuergesetz
GmbH	Gesellschaft mit beschränkter Haftung
GmbHG	Gesetz betreffend die Gesellschaften mit beschränkter Haftung
GrEStG	Grunderwerbsteuergesetz
GrStG	Grundsteuergesetz
GrStR	Grundsteuerrichtlinien
GewStG	Gewerbesteuergesetz
HR	Handelsregister
HGB	Handelsgesetzbuch
InsO	Insolvenzordnung
i. V. m.	in Verbindung mit
KostO	Kostenordnung
KStG	Körperschaftsteuergesetz
MoMiG	Gesetz zur Modernisierung des GmbH-Rechts und zur Bekämpfung von Missbräuchen
o. Ä.	oder Ähnliches
UmwG	Umwandlungsgesetz
UStG	Umsatzsteuergesetz
Ziff.	Ziffer
zzgl.	zuzüglich

Gründung einer gemeinnützigen GmbH

2

2

Die Rechtsformen

Für Organisationen, die sich in der Gründungsphase befinden und die den Gemeinnützigkeitsstatus aus steuerlichen Gründen erlangen möchten, stellt sich die Frage der geeigneten Rechtsform. Aber auch bereits tätige eingetragene Vereine oder gemeinnützige GmbHen unterziehen ihre Rechtsformwahl nach einigen Jahren einer Überprüfung, etwa weil die wirtschaftliche Betätigung der Organisation zugenommen hat oder Haftungsrisiken verringert werden sollen.

Zur Disposition stehen in erster Linie:

- der eingetragene Verein (e. V.)
- die gemeinnützige GmbH (gGmbH)
- die Gesellschaft bürgerlichen Rechts (GbR bzw. BGB-Gesellschaft)
- die eingetragene Genossenschaft (e. G.)

Insbesondere die eingetragene Genossenschaft hat mit dem „Gesetz zur Einführung der Europäischen Genossenschaft und zur Änderung des Genossenschaftsrechts", das zum 18. August 2006 in Kraft trat, an Bedeutung gewonnen. Ein Ziel dieser Reform war die Erleichterung der Gründung von gemeinnützigen Genossenschaften.

In der Vergangenheit regelte das Genossenschaftsgesetz (GenG), dass eine Genossenschaft dem „Erwerb und der Wirtschaft" ihrer Mitglieder dient. Diese Formulierung führte oftmals dazu, dass Finanzverwaltungen Genossenschaften die Anerkennung der Gemeinnützigkeit mit der Begründung verweigerten, gemeinnützige Körperschaften hätten nach der Abgabenordnung (AO) die „Allgemeinheit" zu fördern und nicht nur ihre Mitglieder. Die Erweiterung des Förderzwecks in § 1 GenG öffnet nunmehr die Rechtsform der Genossenschaft auch für „soziale oder kulturelle Belange".

Welche Rechtsform im konkreten Einzelfall geeignet ist, hängt von vielen Faktoren ab und muss sorgfältig abgewogen werden. Zu berücksichtigen ist beispielsweise neben der Anzahl der erforderlichen Gründungsmitglieder das notwendige Mindestkapital, die Haftung für Verbindlichkeiten oder die Möglichkeit, den Gemeinnützigkeitsstatus erlangen zu können.

Die nachfolgende Tabelle soll einen Überblick über die wichtigsten Rechtsformen geben und als Entscheidungshilfe dienen.

2

Vergleich der Rechtsformen

	Gesellschaft mit beschränkter Haftung (GmbH)	**Eingetragener Verein (e. V.)**	**Eingetragene Genossenschaft (e. G.)**	**Gesellschaft bürgerlichen Rechts (GbR bzw. BGB-Gesellschaft)**
Rechtsgrundlage	GmbH-Gesetz (GmbHG)	§§ 21 ff. BGB	Genossenschaftsgesetz (GenG)	§§ 705 ff. BGB
Mindestanzahl der Gründungsmitglieder	1 Person (§ 1 GmbHG)	7 Personen (§ 56 BGB)	3 Personen (§ 4 GenG)	2 Personen
Zweck	jeder gesetzlich zulässige Zweck (§ 1 GmbHG)	nicht auf einen wirtschaftlichen Geschäftsbetrieb gerichtet (§ 21 BGB)	Förderung des Erwerbs oder der Wirtschaft der Mitglieder (§ 1 GenG); soziale oder kulturelle Belange (§ 1 GenG)	gemeinsamer Zweck (§ 705 BGB)
Mindestkapital	25.000 Euro (§ 5 GmbHG) (Ausnahme: 1-Euro-GmbH, § 5a GmbHG)	nicht erforderlich	nicht erforderlich, kann jedoch in der Satzung festgelegt werden (§ 8a GenG)	nicht erforderlich
Haftung für Verbindlichkeiten	Haftung beschränkt auf Vermögen der Gesellschaft (§ 13 Abs. 2 GmbHG)	Haftung beschränkt auf Vermögen des Vereins	Haftung beschränkt auf Vermögen der Genossenschaft (§ 2 GenG)	persönliche und gemeinsame Haftung aller Gesellschafter
Gemeinnützigkeitsstatus (Befreiung von der Körperschaft- und Gewerbesteuer)	Befreiung gem. § 5 Abs. 1 Nr. 9 KStG, § 3 Nr. 6 GewStG	Befreiung gem. § 5 Abs. 1 Nr. 9 KStG, § 3 Nr. 6 GewStG	Befreiung gem. § 5 Abs. 1 Nr. 9 KStG, § 3 Nr. 6 GewStG	keine Befreiung
Obligatorische Organe	Geschäftsführer (§ 35 GmbHG), Gesellschafterversammlung (§ 48 GmbHG)	Vorstand (§ 26 BGB), Mitgliederversammlung (§ 32 BGB)	Vorstand (§ 9 GenG), Aufsichtsrat (§ 9 GenG), Generalversammlung (§ 43 GenG)	Gesellschafter
Eintragung	Handelsregister (§ 10 GmbHG)	Vereinsregister (§ 21 BGB)	Genossenschaftsregister (§ 10 GenG)	nicht erforderlich
Besonderheiten			Pflichtprüfung zur Feststellung der wirtschaftlichen Verhältnisse und der Ordnungsmäßigkeit der Geschäftsführung (§ 53 GenG); Pflichtmitgliedschaft in einem Prüfungsverband (§ 54 GenG)	keine juristische Person des privaten Rechts

Gründungsvoraussetzungen

2

Nach dem Gesetz betreffend die Gesellschaften mit beschränkter Haftung darf die GmbH zu jedem gesetzlich zulässigen Zweck errichtet werden. Die Gründung setzt jedoch den Abschluss eines Gesellschaftsvertrages voraus, der gemäß § 2 GmbHG der notariellen Beurkundung bedarf.

Bestandteile des Gesellschaftsvertrags

- die Firma und der Sitz der Gesellschaft
- der Gegenstand des Unternehmens
- der Betrag des Stammkapitals
- der Betrag der von jedem Gesellschafter auf das Stammkapital zu leistenden Einlagen (zur vereinfachten Gründung vgl. nächsten Abschnitt „Vereinfachtes Gründungsverfahren")

§ 7 Abs. 2 GmbHG verlangt, dass die Gesellschafter bereits vor der Anmeldung zur Eintragung ins Handelsregister die von ihnen übernommene Stammeinlage wenigstens teilweise eingezahlt haben. Damit bestehen bereits vor der Eintragung ein Gesellschaftsvermögen und ein Personenzusammenschluss, der Träger dieses Vermögens ist.

Bei der Gründung einer GmbH werden üblicherweise drei Stadien unterschieden:

- die Vorgründungsgesellschaft
- die Vorgesellschaft oder Vor-GmbH
- die in das Handelsregister eingetragene GmbH

Vorgründungsgesellschaft

Die Vorgründungsgesellschaft ist das erste Gründungsstadium im Gründungsprozess einer GmbH. Es handelt sich hierbei in der Regel um eine Gesellschaft bürgerlichen Rechts, deren Zweck allein auf die Gründung einer Gesellschaft gerichtet ist und auf die die §§ 705 ff. BGB Anwendung finden. Ein förmlicher Gründungsakt ist nicht erforderlich. Die Vorgründungsgesellschaft endet gemäß § 726 BGB mit der Erreichung ihres vereinbarten Zwecks, das heißt mit Abschluss des notariell beurkundeten Gesellschaftsvertrags gemäß § 2 GmbHG. Die Gesellschafter einer Gesellschaft bürgerlichen Rechts haften persönlich.

Werden zum Zeitpunkt der Vorgründungsgesellschaft bereits Handelsgeschäfte getätigt, liegt eine Offene Handelsgesellschaft (OHG) gemäß § 105 HGB vor. Auch hier haften die Gesellschafter der Vorgründungsgesellschaft uneingeschränkt mit ihrem Privatvermögen für die Verbindlichkeiten.

Die Vorgründungsgesellschaft ist von der Vorgesellschaft zu trennen, die durch Abschluss des Gesellschaftsvertrages entsteht. Rechte und Verbindlichkeiten müssen durch besonderes Rechtsgeschäft auf die Vorgesellschaft übertragen werden, wenn sie in die Vorgesellschaft und später in die zu gründende Gesellschaft übergehen sollen.

Vorgesellschaft/Vor-GmbH

Die Vorgesellschaft, oder auch Vor-GmbH, bildet das zweite Durchgangsstadium im Prozess der Gründung einer GmbH. Sie beginnt mit dem Zustandekommen des Gesellschaftsvertrages.

Mit der Eintragung in das Handelsregister endet die Vorgesellschaft und sie wird zur GmbH als juristische Person gemäß § 13 GmbHG. Diese tritt dann in die Rechte und Pflichten der Vorgesellschaft ein.

Obwohl die Vorgesellschaft keine volle Rechtsfähigkeit besitzt, trägt sie bereits die Firma der künftigen GmbH mit dem Zusatz „in Gründung“. Die Vorgesellschaft ist Trägerin von Rechten und Pflichten, grundbuch- sowie parteifähig und kann unter eigenem Namen klagen und verklagt werden. Sowohl im Innenverhältnis der Gesellschafter als auch im Außenverhältnis zu Dritten finden die Regelungen des Gesellschaftsvertrages sowie die Bestimmungen des GmbHG Anwendung, soweit diese nicht die Rechtsfähigkeit der Gesellschaft voraussetzen. Eine reine Haftungsbeschränkung auf das Gesellschaftsvermögen greift noch nicht.

Die in der Vorgesellschaft begründeten Rechte und Pflichten werden mit der Eintragung der Vorgesellschaft in das Handelsregister zu Rechten und Pflichten der GmbH. Ein weiterer Übertragungsakt ist nicht notwendig.

In das Handelsregister eingetragene GmbH

Die Registereintragung hat konstitutive Wirkung für das Entstehen der GmbH als juristische Person gemäß § 13 Abs. 1 GmbHG und als Handelsgesellschaft gemäß § 13 Abs. 3 GmbHG. Auf die Bekanntmachung der Eintragung gemäß § 10 GmbHG kommt es nicht an.

Wichtig: Mit der Eintragung in das Handelsregister haftet für die Verbindlichkeiten der Gesellschaft gemäß § 13 Abs. 2 GmbHG nur das Gesellschaftsvermögen, nicht der Gesellschafter selbst. Das unterscheidet die eingetragene GmbH einerseits von der Vorgründungsgesellschaft, in welcher die Gesellschafter für die Verbindlichkeiten der Gesellschaft persönlich und unbeschränkt haften, andererseits von der Vorgesellschaft. In dieser sind die rechtsgeschäftlichen Verpflichtungen zwar in erster Linie aus dem Gesellschaftsvermögen zu tilgen, daneben kann aber auch eine unmittelbare Haftung der Gesellschafter im Rahmen der Gründerhaftung und Handelndenhaftung in Betracht kommen.

Vereinfachtes Gründungsverfahren

Zum 1. November 2008 trat das „Gesetz zur Modernisierung des GmbH-Rechts und zur Bekämpfung von Missbräuchen" (MoMiG) in Kraft. Ziel des Gesetzgebers war, die Rechtsform der GmbH für den deutschen Mittelstand attraktiver zu machen und so den Wirtschaftsstandort Deutschland zu stärken. Hierfür sollte unter anderem die Gründung von Unternehmen erleichtert und beschleunigt werden. Aus diesem Grund wurde in § 2 Abs. 1a GmbHG ein vereinfachtes Gründungsverfahren eingefügt.

Einfache Standardgründungen von Gesellschaften, die höchstens drei Gesellschafter und einen Geschäftsführer haben, können in einem vereinfachten Verfahren erfolgen. Für die Gründung im vereinfachten Verfahren ist ein dem Gesetz beigefügtes Musterprotokoll zu verwenden. Dieses vereint Satzung, Geschäftsführerbestellung und Gesellschafterlisten in einem Dokument, um den Beratungsbedarf für GmbH-Gründer zu reduzieren. Die Notwendigkeit einer notariellen Beurkundung bleibt jedoch erhalten.

Das Musterprotokoll ist allerdings nicht auf die Gründung gemeinnütziger GmbHen zugeschnitten und kann dazu auch nicht genutzt werden. Nach Auffassung des Bundesministeriums der Justiz ist das Musterprotokoll nur für sehr einfache Standardgründungen vorgesehen. Um eine solche handelt es sich angesichts der steuerrechtlichen Voraussetzungen, die für die Anerkennung der Gemeinnützigkeit erfüllt sein müssen, bei der Gründung einer gemeinnützigen GmbH jedoch nicht. Zudem schreibt das Steuerrecht für die steuerrechtliche Anerkennung der Gemeinnützigkeit in § 60 AO und der Anlage 1 zu § 60 AO vielfältige Satzungsklauseln vor, bei denen es sich um Abweichungen vom GmbH-Recht handelt und die nach § 2 Abs. 1a GmbHG die Verwendung des Musterprotokolls ausschließen.

Anmeldung beim Handelsregister

Das Handelsregister ist ein Verzeichnis über bestimmte, im Handelsverkehr wesentliche Tatsachen. Es offenbart die wichtigsten Rechtsverhältnisse der Kaufleute, indem es zum Beispiel Auskunft darüber gibt, wer ein Unternehmen vertreten darf oder wer für Verbindlichkeiten haftet. Damit dient es zum einen Unternehmensinteressen, weil eine Eintragung in das Handelsregister entsprechende Mitteilungen an Geschäftspartner entbehrlich macht. Zum anderen dient es aber auch dem Bedürfnis dieser Geschäftspartner und der Allgemeinheit auf Information.

Das Handelsregister ist öffentlich, das heißt, jeder kann das Handelsregister und die zum Handelsregister eingereichten Schriftstücke (z. B. den Gesellschaftsvertrag der GmbH) einsehen und Kopien verlangen. Außerdem hat das Gericht jede Eintragung im Bundesanzeiger und zusätzlich in mindestens einer regionalen Tageszeitung bekannt zu machen.

2

Zuständigkeit Handelsregister

Gemäß § 7 GmbHG ist die GmbH bei dem Handelsregister des Amtsgerichts anzumelden, in dessen Bezirk die GmbH ihren Sitz hat. Der Sitz der GmbH ist in § 1 des Gesellschaftsvertrages festgelegt.

Praxis-Tipp:

Das Handelsregister ist elektronisch verfügbar unter: www.handelsregister.de

Allerdings sind nur die Recherche von Firmen und der Abruf von Veröffentlichungen kostenfrei. Für alle übrigen Abrufe fallen Kosten an. Alle Vorgänge, die zur Eintragung ins Handelsregister angemeldet werden müssen, sind zudem kostenfrei im Unternehmensregister verfügbar unter: www.unternehmensregister.de

Inhalt der Anmeldung

§ 8 GmbHG schreibt vor, welche Unterlagen und Auskünfte bei der Anmeldung im Handelsregister vorzulegen sind.

Checkliste: Anmeldung im Handelsregister

Vorzulegen sind:

- der Gesellschaftsvertrag und die Vollmachten der Vertreter, falls diese anstelle der Gesellschafter den Gesellschaftsvertrag unterzeichnet haben (oder beglaubigte Abschriften)
- die Legitimation der Geschäftsführer, sofern diese nicht im Gesellschaftsvertrag bestellt sind
- eine von den Anmeldenden unterschriebene Liste der Gesellschafter, aus welcher Name, Vorname, Geburtsdatum und Wohnort der Gesellschafter sowie die Beträge und die laufenden Nummern der von jedem Gesellschafter übernommenen Geschäftsanteile ersichtlich sind

- im Fall einer Sachgründung die zugrunde liegenden Verträge, der Sachgründungsbericht sowie Unterlagen darüber, dass der Wert der Sacheinlagen den Betrag der dafür übernommenen Geschäftsanteile erreicht
- die Versicherung, dass die gesetzlich geforderten Anteile auf die Stammeinlagen geleistet wurden und sich in der freien Verfügung der Geschäftsführer befinden
- die Versicherung der Geschäftsführer, dass kein Berufs- oder Gewerbeausübungsverbot und keine Straftat ihrer Bestellung entgegenstehen und sie über ihre unbeschränkte Auskunftspflicht gegenüber dem Gericht belehrt worden sind
- die Angabe einer inländischen Geschäftsanschrift
- Art und Umfang der Vertretungsbefugnis der Geschäftsführer

Eintragung einer „gGmbH" ins Handelsregister

Mit rechtskräftigem Beschluss vom 13. Dezember 2006 (Az. 31 Wx 84/06) entschied das OLG München, dass die Abkürzung „gGmbH" nicht im Handelsregister eingetragen werden kann. In der Begründung führte das Gericht aus, dass „gGmbH" kein zulässiger Rechtsformzusatz im Sinne des § 4 GmbHG („Firma") sei. Es könne dahinstehen, ob in der ausgeschriebenen Form die Bezeichnung „gemeinnützige Gesellschaft mit beschränkter Haftung" als Bestandteil der Firma zulässig wäre.

Wichtig: Eintragungen in das Handelsregister erfolgen nur in wenigen Fällen von Amts wegen. Grundsätzlich wird das Handelsregistergericht nur aufgrund einer Anmeldung tätig, welche in notariell beglaubigter Form vom Geschäftsführer einzureichen ist. Bei jeder Anmeldung muss somit ein Notar eingeschaltet werden.

Organe

Die GmbH hat zwingend zwei Organe:

2

- den Geschäftsführer (§§ 6, 35 ff. GmbHG)
- die Gesellschafterversammlung (§ 48 GmbHG)

Im GmbH-Vertrag können weitere Organe vorgesehen werden, zum Beispiel ein Aufsichtsrat.

Geschäftsführer

Die GmbH muss gemäß § 6 GmbHG einen oder mehrere Geschäftsführer haben. Nur eine natürliche Person kann Geschäftsführer sein. Die Geschäftsführer sind die gesetzlichen Vertreter der GmbH. Eine im Gesellschaftsvertrag vorgenommene Beschränkung der Vertretungsmacht der Geschäftsführer wirkt nicht nach außen. Ist eine GmbH ohne Geschäftsführer, erfolgt analog § 29 BGB (Vereinsrecht) die Notbestellung durch das Registergericht.

Ob der Geschäftsführer sein Amt ehrenamtlich oder hauptamtlich ausübt, ist durch das GmbHG nicht vorgegeben. In der Praxis erhalten GmbH-Geschäftsführer in der Regel eine Vergütung. Diese Vergütung sowie die Arbeitsbedingungen sind im Anstellungsvertrag zu regeln.

Für ausgegliederte Vereinseinrichtungen werden oftmals Vereinsmitarbeiter zu GmbH-Geschäftsführern berufen. Bei dieser Rechtsgestaltung ist zu berücksichtigen, was mit den bisherigen arbeitsrechtlichen Beziehungen zu dem Verein geschehen soll. Schließt der Vereinsmitarbeiter mit seinem Arbeitgeber einen schriftlichen Geschäftsführerdienstvertrag, wird vermutet, dass das bis dahin bestehende Arbeitsverhältnis mit Beginn des Geschäftsführerdienstverhältnisses einvernehmlich beendet wird, soweit nicht klar und deutlich etwas anderes vereinbart worden ist.

Während das GmbHG von einer relativ starken Position des Geschäftsführers in der GmbH ausgeht, verfährt die Praxis oft anders: Die Vertretungsmacht des GmbH-Geschäftsführers wird dadurch eingeschränkt, dass er für bestimmte Rechtsgeschäfte die Zustimmung der Gesellschafter einholen muss.

Gesellschafterversammlung

Das oberste Organ der GmbH ist die Gesellschafterversammlung, die für die Festlegung der Unternehmenspolitik zuständig ist. Den Aufgabenkreis der Gesellschafterversammlung regelt § 46 GmbHG.

Aufgabenkreis der Gesellschafterversammlung
■ Feststellung des Jahresabschlusses und Verwendung des Ergebnisses ■ Entscheidung über die Offenlegung eines Einzelabschlusses nach internationalen Rechnungslegungsstandards (§ 325 Abs. 2a HGB) und über die Billigung des von den Geschäftsführern aufgestellten Abschlusses ■ Billigung eines von den Geschäftsführern aufgestellten Konzernabschlusses ■ Einforderung der Einlagen ■ Rückzahlung von Nachschüssen ■ Teilung, Zusammenlegung sowie Einziehung von Geschäftsanteilen ■ Bestellung, Abberufung und Entlastung von Geschäftsführern ■ Festlegung der Maßregeln zur Prüfung und Überwachung der Geschäftsführung ■ Bestellung von Prokuristen und Handlungsbevollmächtigten zum gesamten Geschäftsbetrieb ■ Geltendmachung von Ersatzansprüchen, welche der Gesellschaft aus der Gründung oder Geschäftsführung gegen Geschäftsführer oder Gesellschafter zustehen, sowie Vertretung der Gesellschaft in Prozessen, welche sie gegen die Geschäftsführer zu führen hat

Aber: Im Gesellschaftsvertrag kann von diesen Vorgaben abgewichen werden.

Die Beschlüsse in der Gesellschafterversammlung werden in der Regel mit einfacher Mehrheit gefasst. Die Stimmanteile der einzelnen Gesellschafter sind abhängig von der Höhe ihrer

Stammeinlagen. Diese Geschäftsanteile sind gemäß § 15 GmbHG übertragbar, somit veräußerlich und vererblich.

Aufsichtsrat

Der Aufsichtsrat ist ein Kontrollgremium bei Kapitalgesellschaften und Organisationen. Seine Einrichtung ist teilweise gesetzlich vorgeschrieben, teilweise im Gesellschaftsvertrag vereinbart.

GmbHen mit in der Regel mehr als 500 Arbeitnehmern müssen gemäß § 1 Abs. 1 Nr. 3 des Gesetzes über die Drittelbeteiligung der Arbeitnehmer im Aufsichtsrat (Drittelbeteiligungsgesetz) einen Aufsichtsrat bilden. Seine Zusammensetzung sowie seine Rechte und Pflichten bestimmen sich nach § 90 Abs. 3, 4, 5 Satz 1 und 2, nach den §§ 95 bis 114, 116, 118 Abs. 3, § 125 Abs. 3 und 4 sowie den §§ 170, 171, 268 Abs. 2 AktG.

Verfügt eine GmbH über 500 oder weniger Arbeitnehmer, kann ein Aufsichtsrat gemäß § 52 GmbHG fakultativ durch eine Regelung im Gesellschaftsvertrag eingerichtet werden. Die Vorschriften des Aktiengesetzes gelten dann entsprechend, außer der Gesellschaftsvertrag bestimmt etwas anderes (vgl. Muster-Gesellschaftsvertrag Kapitel 3). Deshalb ist das Ob und Wie einer Installation eines Aufsichtsrates sehr sorgfältig zu überlegen.

Werden Aufgaben auf einen Aufsichtsrat übertragen, ist zu regeln, welche Berichtspflichten der Aufsichtsrat gegenüber der Gesellschafterversammlung haben soll und wie er wirksam kontrolliert werden kann.

Ein fakultativer Aufsichtsrat kann auch als „Beirat“ o. Ä. bezeichnet werden. Zu berücksichtigen ist, dass als „Organ“ nur ein Gremium mit substanziellen Befugnissen bezeichnet wird. Ein Zusammenschluss von Sachverständigen, der lediglich beratend tätig wird, ohne Kompetenzen innezuhaben, stellt unabhängig von seiner Bezeichnung kein Organ dar.

Ausgliederung einer gemeinnützigen GmbH aus einem Verein

Oft entscheiden Vereine, Betriebsteile in eine selbstständige steuerbegünstigte GmbH zu verlagern. Der Verein kann alleiniger oder anteiliger Gesellschafter dieser gemeinnützigen GmbH sein.

Vor- und Nachteile einer GmbH-Gründung

Die Verselbstständigung einer Vereinseinrichtung in eine gemeinnützige GmbH bietet sich vor allem dann an, wenn das Vereinsvermögen geschützt werden soll. Die Ausgliederung ermöglicht eine Haftungsverlagerung vom Verein auf die GmbH.

Dagegen steht die Gefahr, durch die rechtliche Verselbstständigung günstige Rechtspositionen zu verlieren. Das Zweckbetriebsprivileg der Selbstversorgungseinrichtungen (§ 68 Nr. 2 AO) könnte so entfallen.

Außerdem kann es zu einer Umsatzsteuerpflicht bei einem Leistungsaustausch zwischen Verein und GmbH kommen. Diese kann jedoch durch eine umsatzsteuerliche Organschaft gemäß § 2 Abs. 2 Nr. 2 UStG vermieden werden (vgl. „Steuerrechtliches Verhältnis zwischen GmbH und Verein“).

Aufbringung des Stammkapitals durch den Verein

Vor der Ausgründung einer gemeinnützigen GmbH muss der Verein zunächst überlegen, wie das erforderliche Stammkapital in Höhe von 25.000 Euro aufgebracht werden soll.

In der Praxis gibt es immer wieder rechtliche Unsicherheiten, aus welchen Mitteln ein gemeinnütziger Gesellschafter seinen Kapitalanteil nehmen darf. Gemäß § 55 AO sind alle Mittel einer gemeinnützigen Körperschaft für die satzungsmäßigen Zwecke zu verwenden.

Handelt es sich bei der zu gründenden GmbH um eine gemeinnützige Körperschaft und bleiben Verein und GmbH eng miteinander verflochten, ist die GmbH Zweckbetrieb des Vereins und die Mittelaufbringung unproblematisch, denn die Ausstattung eines Zweckbetriebes ist erlaubt.

Gründung einer gemeinnützigen GmbH

Ist die GmbH nicht Hilfsperson des Vereins, etwa weil dieser nur einer von mehreren Gesellschaftern ist, ist die Kapitalausstattung problematisch, insbesondere wenn die GmbH nicht steuerbegünstigt ist. Es wird die Auffassung vertreten, dass ein Verein seine freie Rücklage zur Kapitalausstattung verwenden darf. Möglich wäre auch ein gezielter Spendenaufruf. Hierbei würde es sich aber nicht um von der Einkommensteuer abziehbare Spenden handeln.

Entstehung der GmbH

Möchte ein gemeinnütziger Verein eine Einrichtung in eine GmbH verselbstständigen, bieten sich zwei Wege an:

Er kann eine GmbH durch einen notariellen Vertrag gründen. Auf diese GmbH wird anschließend die zu verselbstständigende Einrichtung übertragen. Eventuell könnte die Einrichtung auch als Sacheinlage in die GmbH eingebracht werden. Wird keine Sachgründung vorgenommen, sind die Stammeinlagen bar zu erbringen. Wählt der Träger diesen Weg, hat er mit seinen Vertragspartnern den Übergang der Rechtsverhältnisse auf diese neue Betriebsgesellschaft zu vereinbaren. Lediglich für wenige Rechtsbeziehungen sieht das Gesetz einen automatischen Übergang auf den neuen Träger vor. Der wichtigste Fall sind die Arbeitsverhältnisse: § 613a BGB bestimmt, dass die Arbeitsverhältnisse bei Übertragung eines Betriebs auf den neuen Betriebsinhaber übergehen.

Wird dagegen eine Ausgliederung nach Umwandlungsgesetz vorgenommen, führt dies zu einer Gesamtrechtsnachfolge. Der Verein kann als übertragender Rechtsträger durch Ausgliederung (nach Umwandlungsgesetz) eine GmbH durch eine Sachgründung errichten. Diese ist Gesamtrechtsnachfolgerin in Bezug auf alle Rechtsbeziehungen, die für die übertragene Einrichtung gelten. Gesamtrechtsnachfolge bedeutet, dass alle Rechte und Pflichten übertragen werden. Eine solche Rechtsfolge kommt nur dann nicht zustande, wenn das Gesetz ausdrücklich bestimmt, dass ein bestimmtes Recht nicht übertragen werden kann.

Der bisherige Träger der Einrichtung erhält durch die Ausgliederung nach dem Umwandlungsgesetz als Gegenleistung alle

Kapitalanteile an der neu gegründeten GmbH. Da durch diese Umwandlung weitgehend auch in die Rechte der Vertragspartner des bisherigen Trägers eingegriffen wird, ist das Umwandlungsverfahren ziemlich aufwändig gestaltet. An verschiedenen Stellen ist ein Notar einzubeziehen.

Ablauf des Umwandlungsverfahrens

- **Ausgliederungsplan**
  Der Vereinsvorstand hat einen Ausgliederungsplan zu erarbeiten. In diesem ist festzulegen, welche Vermögenswerte auf die neue GmbH übergehen sollen. Zudem ist diesem Plan auch der Gesellschaftsvertrag beizufügen. Der Ausgliederungsplan wird dem Betriebsrat des Vereins zur Kenntnis zugeleitet.
- **Ausgliederungsbericht**
  Ergänzend stellt der Vorstand einen Ausgliederungsbericht auf. In diesem sind die wirtschaftlichen und rechtlichen Folgen der Ausgliederung darzulegen.
- **Ausgliederungsunterlagen**
  Die Ausgliederungsunterlagen (Ausgliederungsplan, Ausgliederungsbericht und die Jahresbeschlüsse der vergangenen drei Jahre, eventuell auch ein Zwischenabschluss) sind in der Vereinsgeschäftsstelle zur Ansicht für die Vereinsmitglieder auszulegen.
- **Ausgliederungsbeschluss**
  Den Ausgliederungsbeschluss fasst die Mitgliederversammlung des Vereins mit $^3/_4$-Mehrheit.
- **Unterzeichnung des Ausgliederungsplans**
  Anschließend ist der Ausgliederungsplan durch den Vereinsvorstand zu unterzeichnen. Auch hierfür ist die notarielle Beurkundung erforderlich.
- **Ausgliederungsanmeldung**
  Mit der Anmeldung der Ausgliederung bei Vereins- und Handelsregister und der Eintragung im Handelsregister entsteht die GmbH und die Gesamtrechtsnachfolge wird vollzogen.

Gründung einer gemeinnützigen GmbH

Der Gesellschaftsvertrag muss gemäß § 3 GmbHG zwingend folgende Regelungen enthalten:

2

- Name, Sitz und Gegenstand des Unternehmens
- Höhe des Stammkapitals
- Umfang der jeweiligen Einlagen

Für die steuerbegünstigte GmbH enthält die AO ergänzend zwingende Vertragsbestimmungen. Diese sind weitgehend identisch mit den zwingenden Gemeinnützigkeitsvorschriften der Vereinssatzungen.

Stellung des Vereinsvorstands in der ausgegliederten GmbH

Verselbstständigt ein Verein eine Einrichtung in einer GmbH, wird dieser Verein in der Regel Alleingesellschafter sein. Wer nimmt nun die Gesellschafterstellung in der GmbH wahr?

Der Verein handelt durch sein Vertretungsorgan, den Vorstand. Selbstverständlich kann dieser auch dritte Personen, beispielsweise den Vereinsgeschäftsführer damit beauftragen, die Gesellschafterstellung für den Vorstand wahrzunehmen. Die Mitgliederversammlung des Vereins hat jedoch keinen unmittelbaren Einfluss auf die Geschäftstätigkeit der GmbH. Der GmbH-Vertrag bestimmt, inwieweit der Vereinsvorstand als Gesellschafter in die Geschäftsführung der Gesellschaft eingreifen kann.

Steuerrechtliches Verhältnis zwischen GmbH und Verein

Nach der Rechtsprechung des Bundesfinanzhofs gehört die Beteiligung einer steuerbegünstigten Körperschaft an einer Kapitalgesellschaft grundsätzlich zur Vermögensverwaltung. Sie stellt jedoch einen wirtschaftlichen Geschäftsbetrieb dar, wenn tatsächlich ein entscheidender Einfluss auf die laufende Geschäftsführung der Kapitalgesellschaft ausgeübt wird oder ein Fall der Betriebsspaltung vorliegt.

Handelt es sich bei der Kapitalgesellschaft um eine steuerbegünstigte Körperschaft, zum Beispiel eine gemeinnützige GmbH, die dem Verein als Hilfsperson zur Verwirklichung von dessen satzungsgemäßen Zielen zuzuordnen ist, besteht eine enge Verflechtung zwischen Verein und GmbH. Diese Verflechtung kann eine umsatzsteuerliche Organschaft gemäß § 2 Abs. 2 Nr. 2 UStG darstellen, sofern die GmbH finanziell, wirtschaftlich und organisatorisch in das Unternehmen des Vereins eingegliedert ist.

In diesem Fall ist die GmbH umsatzsteuerlich unselbstständig. Die Folge ist, dass es sich bei Leistungen zwischen dem Verein und der GmbH um steuerlich unbeachtliche Innenumsätze handelt und die Umsatzsteuer entfällt. Zudem werden alle Handlungen der GmbH umsatzsteuerlich dem Verein zugerechnet. Dies führt allerdings auch dazu, dass der Verein für die Steuerschulden der GmbH haftet.

Arbeitsrechtliche Aspekte

Bei einer Ausgliederung nach Umwandlungsgesetz enthält das Gesetz eine Reihe von Regelungen, die die Rechte der Arbeitnehmer und des Betriebsrats schützen sollen. Im Ausgliederungsplan sind die Rechtsfolgen für die Arbeitnehmer zu benennen und der Betriebsrat ist über die geplante Ausgliederung zu informieren.

Die §§ 321 ff. UmwG enthalten Regelungen zum Kündigungsschutz und zum Übergangsmandat des Betriebsrats. Die wichtigste Rechtsfolge enthält jedoch § 613a BGB, der bei jeder Übertragung eines Betriebs auf einen neuen Betriebsinhaber gilt. Der neue Betriebsinhaber (die Betriebsgesellschaft) tritt in die Arbeitsverhältnisse ein.

Die Arbeitsverhältnisse unterliegen einem weitgehenden Bestandsschutz. Um darüber hinaus rechtliche Nachteile für die Arbeitnehmer zu vermeiden, bleiben bei Ausgliederungen von Vereinseinrichtungen aber oftmals die Arbeitsverhältnisse zum bisherigen Träger (dem Verein) weiter bestehen. Einvernehmlich werden die Arbeitsverträge dahingehend geändert, dass der Einsatz der Arbeitnehmer bei einem anderen Unternehmer (der Betriebsgesellschaft) erfolgt. Hierbei handelt es sich nicht um eine Arbeitnehmerüberlassung im Sinne des Arbeitnehmerüberlassungsgesetzes, sondern um eine zulässige sogenannte Konzernleihe.

Unternehmergesellschaft

Ziel des „Gesetzes zur Modernisierung des GmbH-Rechts und zur Bekämpfung von Missbräuchen" (MoMiG) war, die Rechtsform der GmbH für den deutschen Mittelstand attraktiver zu machen und so den Wirtschaftsstandort Deutschland zu stärken.

Dazu war zunächst angedacht, das Mindeststammkapital der GmbH abzusenken, um die GmbH gegenüber ausländischen Rechtsformen, beispielsweise der englischen Limited, konkurrenzfähig zu machen. Da sich dieses Vorhaben jedoch politisch nicht durchsetzen ließ – unter anderem wurde ein mangelnder Gläubigerschutz durch ein geringeres Stammkapital angeführt –, schuf der Gesetzgeber für kapitalschwache Existenzgründer eine Einstiegsvariante zur GmbH, die sogenannte Unternehmergesellschaft gemäß § 5a GmbHG.

Die Unternehmergesellschaft wird auch als „Mini-GmbH" bezeichnet. Sie kann mit einem Stammkapital von weniger als 25.000 Euro, sogar mit nur 1 Euro, gegründet werden. Sie muss die Bezeichnung „Unternehmergesellschaft (haftungsbeschränkt)" oder „UG (haftungsbeschränkt)" führen. Es handelt sich damit um eine existenzgründerfreundliche Variante der klassischen GmbH, nicht jedoch um eine eigene Rechtsform.

Die Unternehmergesellschaft wird weitestgehend wie eine klassische GmbH gegründet. Zu berücksichtigen ist, dass gemäß § 5a Abs. 2 GmbHG jedoch keine Sacheinlagen zulässig sind. Zudem muss das Stammkapital sofort in voller Höhe als Bareinlage eingezahlt werden.

Gemäß § 5a Abs. 3 GmbHG ist eine gesetzliche Rücklage zu bilden, in die ein Viertel des um einen Verlustvortrag aus dem Vorjahr geminderten Jahresabschlusses einzustellen ist (Thesaurierungspflicht).

Erlaubte Verwendungszwecke einer Rücklage

- für eine Kapitalerhöhung aus Gesellschaftsmitteln
- zum Ausgleich eines Jahresfehlbetrags, soweit er nicht durch einen Gewinnvortrag aus dem Vorjahr gedeckt ist
- zum Ausgleich eines Verlustvortrags aus dem Vorjahr, soweit er nicht durch einen Jahresüberschuss gedeckt ist

§ 5a Abs. 5 GmbHG bestimmt, dass für den Fall, dass die Gesellschaft ihr Stammkapital auf mindestens 25.000 Euro erhöht, die Thesaurierungspflicht entfällt und die Unternehmergesellschaft zu einer „normalen" GmbH wird. Dieses Ansparmodell soll dem Anliegen des Gesetzgebers gerecht werden, eine Einstiegsvariante zur klassischen GmbH zur Verfügung zu stellen.

Eine Unternehmergesellschaft kann auch für gemeinnützige Zwecke gegründet werden. Insbesondere ist die durch § 5a GmbHG vorgeschriebene Rücklagenbildung bis zum Erreichen des Stammkapitals von 25.000 Euro nach Auffassung des Bundesministeriums der Finanzen nicht als Verstoß gegen den Grundsatz der zeitnahen Mittelverwendung gemäß §§ 55, 58 AO zu werten.

Praxis-Tipp:

Fraglich ist, warum der Gesetzgeber eine Gründung mit einem Mindestkapital von 1 Euro zulässt. Für die Gründung einer GmbH fällt – auch in einem vereinfachten Verfahren – ein Mindest-Gründungsaufwand von 300 Euro an. Damit besteht von Anfang an eine Unterbilanz und somit ein Insolvenzgrund, auf den durch „Sanierungsmaßnahmen" oder innerhalb von drei Wochen durch Stellung eines Insolvenzantrags reagiert werden muss (§ 15a InsO).

Vermeiden ließe sich das Problem nur, wenn die Gesellschafter in einem Gründungsprotokoll den gesamten Gründungsaufwand auf sich nähmen. Alternativ sollte eine Kapitalausstattung der Unternehmergesellschaft erfolgen, die ausreicht, um die Kosten des Notars, des Registers und des Kreditinstituts für die Eröffnung und Führung eines Kontos zu decken.

2

Geschäftsordnungen

Der Gesellschaftsvertrag ist das Grundgesetz der gemeinnützigen GmbH. Als solches sollte er möglichst kurz, klar und übersichtlich sein.

Erwünschte Detailregelungen können in Geschäftsordnungen außerhalb des Gesellschaftsvertrages verlagert werden. Im Gesellschaftsvertrag heißt es dann nur: „Das Nähere regelt eine von der Gesellschafterversammlung zu verabschiedende Geschäftsordnung."

Aufgrund der nicht unbeträchtlichen Bedeutung von Geschäftsordnungen sollte die Gesellschafterversammlung die Kompetenz zu ihrer Verabschiedung haben. Denkbar ist aber auch die Zuständigkeit der Geschäftsführung, wenn es um ihre innere Organisation geht (Einladungen, Beschlussfassung etc.).

Typische Themenbereiche für Geschäftsordnungen von GmbHen sind:

- Aufgaben und Arbeitsweise des Aufsichtsrats
- Aufgaben und Arbeitsweise der Geschäftsführung

Hinweise zum Gesellschaftsvertrag

- Für Geschäftsordnungen sollten Ermächtigungsgrundlage und Zuständigkeit in den Gesellschaftsvertrag aufgenommen werden.
- Der Inhalt der Geschäftsordnung darf den Gesellschaftsvertrag nur ausfüllen.
- Der Gesellschaftsvertrag kann nicht mittels Geschäftsordnung außer Kraft gesetzt werden.
- Der zu behandelnde Gegenstand ist klar strukturiert und möglichst abschließend zu regeln. Dabei ist darauf zu achten, die Geschäftsordnung nicht um aktuelle Probleme herum zu formulieren, sondern eine generelle Regelung zu schaffen, die dem Wandel des Gesellschaftslebens standhält. Oft tritt genau die Situation ein, die bei Abfassung der Geschäftsordnung nicht bedacht wurde.
- Bei Verabschiedung mehrerer Geschäftsordnungen sollen sich diese nicht widersprechen.

Muster-Gesellschaftsvertrag und Musterbrief

Vorbemerkung zum Muster-Gesellschaftsvertrag

Der nachfolgende Muster-Gesellschaftsvertrag enthält die Vorgaben, die vom GmbHG zur Gründung einer GmbH und von der AO (§ 60 und Anlage 1 zur AO) zur Erlangung der Gemeinnützigkeit zwingend vorgeschrieben sind.

Formulierungen, die im Fettdruck erscheinen, sind nach Maßgabe der jeweiligen Begründung zwingend vorgegeben und sollten daher nicht – auch nicht zum Zweck der sprachlichen Verbesserung – geändert werden.

Wichtig: Der Gesellschaftsvertrag bedarf der notariellen Beurkundung (gemäß § 2 Abs. 1 GmbHG). Gemäß § 2 Abs. 1a GmbHG ist zwar grundsätzlich ein vereinfachtes Gründungsverfahren zulässig, allerdings ist dies nicht bei der Gründung einer gemeinnützigen GmbH möglich (vgl. Kapitel 2 „Vereinfachtes Gründungsverfahren").

Muster-Gesellschaftsvertrag: Gemeinnützige GmbH

3

§ 1
Firma und Sitz der Gesellschaft

1. Die Firma der Gesellschaft lautet: ... gemeinnützige GmbH. [1]
2. Die Gesellschaft hat ihren Sitz in ... [2]

§ 2
Zweck und Gegenstand der Gesellschaft

1. Die Gesellschaft verfolgt ausschließlich und unmittelbar – gemeinnützige – mildtätige – kirchliche Zwecke im Sinne des Abschnittes "Steuerbegünstigte Zwecke" der Abgabenordnung.[3]

2. Zweck der Gesellschaft ist ...[4]

3. Der Gesellschaftszweck wird insbesondere verwirklicht durch ...[5]

4. Gegenstand der Gesellschaft ist ...[6]

§ 3
Gemeinnützigkeit[7]

1. Die Gesellschaft ist selbstlos tätig; sie verfolgt nicht in erster Linie eigenwirtschaftliche Zwecke.

2. Mittel der Gesellschaft dürfen nur für die satzungsmäßigen Zwecke verwendet werden. Die Gesellschafter dürfen keine Gewinnanteile und auch keine sonstigen Zuwendungen aus Mitteln der Gesellschaft erhalten. Sie erhalten bei ihrem Ausscheiden oder bei Auflösung der Gesellschaft oder bei Wegfall steuerbegünstigter Zwecke nicht mehr als ihre eingezahlten Kapitalanteile und den gemeinen Wert ihrer geleisteten Sacheinlagen zurück.[8]

3. Es darf keine Person durch Ausgaben, die dem Zweck der Gesellschaft fremd sind, oder durch unverhältnismäßig hohe Vergütungen begünstigt werden.

1 Gemäß §§ 3 Abs. 1 Nr. 1, 4 GmbHG muss der Gesellschaftsvertrag die Firma enthalten. Die Firma der Gesellschaft muss die Bezeichnung „Gesellschaft mit beschränkter Haftung" oder eine allgemein verständliche Abkürzung dieser Bezeichnung führen. Zudem sollte der Hinweis auf die Gemeinnützigkeit der Gesellschaft im Namen enthalten sein.

2 Gemäß §§ 3 Abs. 1 Nr. 1, 4a GmbHG muss der Gesellschaftsvertrag den Sitz der Gesellschaft enthalten. Der Sitz der Gesellschaft muss sich im Inland befinden.

3 Wir empfehlen dringend die Übernahme der Formulierung, da sie in der Anlage 1 zu § 60 AO vorgegeben ist.

4 Wir empfehlen dringend die Übernahme der Formulierung, da sie in der Anlage 1 zu § 60 AO vorgegeben ist. Zwar ist grundsätzlich die Angabe des Gesellschaftszwecks im Gesellschaftsvertrag einer GmbH nicht erforderlich, aufgrund der Mustersatzung für gemeinnützige Körperschaften in Anlage 1 zu § 60 AO besteht für gemeinnützige GmbHen jedoch eine Ausnahme.
In Anlehnung an die Bestimmungen der §§ 52, 53 AO ist der Zweck der GmbH anzugeben, zum Beispiel Förderung der Jugend- und Altenhilfe, Förderung des Wohlfahrtswesens oder Förderung des bürgerschaftlichen Engagements.

5 Wir empfehlen dringend die Übernahme der Formulierung, da sie in der Anlage 1 zu § 60 AO vorgegeben ist. Die Zweckverwirklichung kann zum Beispiel durch Errichtung und Unterhaltung eines Krankenhauses, Pflege-, Kinder- oder Jugendheims oder eines Kindergartens erfolgen.

6 Gemäß § 3 Abs. 1 Nr. 2 GmbHG muss der Gesellschaftsvertrag den Gegenstand des Unternehmens enthalten. Der Gegenstand der Gesellschaft kann zum Beispiel sein „die Trägerschaft von Zweckbetrieben im Sinne des Abschnitts „Steuerbegünstigte Zwecke" der Abgabenordnung, insbesondere von ..."

7 Wir empfehlen dringend die Übernahme der Formulierung, da sie in der Anlage 1 zu § 60 AO vorgegeben ist.

8 § 3 Abs. 1 Nr. 2 Satz 3 ist nur erforderlich, wenn der Gesellschaftsvertrag einen Anspruch auf Rückgewähr von Vermögen einräumt.

3

§ 4
Dauer der Gesellschaft

1. Die Gesellschaft wird auf unbestimmte Zeit errichtet.[9]
2. Das Geschäftsjahr der Gesellschaft ist das Kalenderjahr.
3. Das erste Geschäftsjahr ist das Rumpfgeschäftsjahr von der Eintragung ... bis 31. 12. ...

§ 5
Stammkapital und Stammeinlagen

1. Das Stammkapital der Gesellschaft beträgt ... Euro (in Worten: ... Euro).[10]
2. Gesellschafter sind
   ... mit einer Stammeinlage von ... Euro,
   ... mit einer Stammeinlage von ... Euro,
   ... mit einer Stammeinlage von ... Euro.[11]
3. Stammeinlagen sind in voller Höhe sofort zur Einzahlung fällig.[12]

§ 6
Organe der Gesellschaft[13]

Die Organe der Gesellschaft sind:

1. die Gesellschafterversammlung
2. die Geschäftsführung
3. der Aufsichtsrat [14]

§ 7
Gesellschafterversammlung

1. Die Gesellschafterversammlung vertritt die Interessen der Gesellschaft. Dabei achtet sie insbesondere auf die Einhaltung der ideellen Zielsetzungen, wie sie in §§ 2, 3 beschrieben sind, sowie auf die langfristige Substanzerhaltung der Gesellschaft.
2. Die Mitglieder der Gesellschafterversammlung wählen aus ihrer Mitte einen 1. Vorsitzenden sowie einen 2. Vorsitzenden.
3. Der 1. Vorsitzende, stellvertretend der 2. Vorsitzende leitet die Gesellschafterversammlung.

[9] Eine Befristung des Unternehmens ist gemäß § 3 Abs. 2 GmbHG möglich, stellt aber die Ausnahme dar.

[10] Gemäß §§ 3 Abs. 1 Nr. 1, 5 GmbHG muss der Gesellschaftsvertrag den Betrag des Stammkapitals enthalten. Dieses muss grundsätzlich mindestens 25.000 Euro betragen. Eine Ausnahme stellt die Unternehmergesellschaft gemäß § 5a GmbHG dar: Hier darf das Stammkapital auch weniger als 25.000 Euro betragen (vgl. Kapitel 2 „Unternehmergesellschaft"). Die Stammeinlage kann auch durch Einbringen von im Gesellschaftsvertrag festgelegten Sachwerten (Sachen, Rechte etc.) geleistet werden. Eine Bargründung ist jedoch in der Regel unproblematisch.

[11] Gemäß § 3 Nr. 4 GmbHG muss der Gesellschaftsvertrag die Zahl und die Nennbeträge der Geschäftsanteile enthalten, die jeder Gesellschafter gegen Einlage auf das Stammkapital (Stammeinlage) übernimmt. Bei nur einem Gesellschafter kann formuliert werden: „Das Stammkapital besteht aus einer Stammeinlage in Höhe von ... Euro, die der Gründungsgesellschafter, der Verein x, übernommen hat."

[12] Gemäß § 7 Abs. 2 GmbHG muss der Mindestbetrag des Stammkapitals, der vor der Eintragung zwingend eingezahlt sein muss, nur das halbe Mindeststammkapital ausmachen. Wir empfehlen jedoch eine Einzahlung in voller Höhe.

[13] Die gesetzlich vorgeschriebenen Organe der GmbH sind die Gesellschafterversammlung und die Geschäftsführung. Bei über 500 Beschäftigten kommt als weiteres Organ einer GmbH ein Aufsichtsrat verpflichtend hinzu. Bei unter 500 Beschäftigten kann er freiwillig eingesetzt werden.

[14] Soweit kein Aufsichtsrat vorgeschrieben ist, ist die Einrichtung fakultativ. Er könnte auch als „Beirat" bezeichnet werden, vgl. Kapitel 2 „Aufsichtsrat".

4. Der 1. Vorsitzende, stellvertretend der 2. Vorsitzende, stellt eine Anwesenheitsliste auf, die er bzw. sie zu unterschreiben hat. Die Liste enthält die Namen der Gesellschafter und ihrer Vertreter.
5. Alljährlich findet spätestens im Juni eine ordentliche Gesellschafterversammlung statt.[15]
6. In der ordentlichen Gesellschafterversammlung erstattet die Geschäftsführung Bericht über das abgelaufene Geschäftsjahr sowie über die Geschäftslage und -entwicklung.
7. Im Übrigen finden Gesellschafterversammlungen nach Bedarf statt.[16]
8. Die Gesellschafterversammlungen werden durch die Geschäftsführung einberufen.[17] Die Einberufung erfolgt mittels eingeschriebener Briefe an den/die Gesellschafter/in unter gleichzeitiger Mitteilung des Tagungsortes, des Tagungszeitpunktes und der Tagesordnung.[18] Hierbei ist eine Einladungsfrist von mindestens zwei Wochen zu beachten.[19] In wichtigen Fällen kann die Frist zur Einberufung von Gesellschafterversammlungen auf eine Frist von mindestens einer Woche verkürzt werden.
9. Die Gesellschafterversammlung gibt sich eine Geschäftsordnung.

§ 8
Zuständigkeit der Gesellschafterversammlung[20]

Die Gesellschafterversammlung beschließt über:

- Änderung des Gesellschaftsvertrages[21]
- Erhöhung oder Herabsetzung des Stammkapitals und Erwerb eigener Geschäftsanteile
- Teilung sowie die Einziehung von Geschäftsanteilen
- Bestellung, Überwachung, Entlastung und Abberufung von Geschäftsführern
- Bestellung und Abberufung der Aufsichtsratsmitglieder
- Erteilung von Einzel- oder Gesamtprokura
- Genehmigung und Überwachung des Wirtschafts-, Stellen- und Investitionsplanes für das laufende Geschäftsjahr

[15] Das GmbHG legt nicht fest, in welchem Turnus eine ordentliche Gesellschafterversammlung stattzufinden hat. Es ist jedoch sinnvoll, nach Vorlage des Jahresabschlusses diese jährlich durchzuführen.

[16] Außerordentliche Gesellschafterversammlungen sind einzuberufen, wenn es das Interesse der Gesellschaft erfordert (§ 49 Abs. 2 GmbHG), wenn sich aus der Jahresbilanz oder einer im Laufe des Geschäftsjahres aufgestellten Bilanz ergibt, dass die Hälfte des Stammkapitals verloren ist (§ 49 Abs. 3 GmbHG) oder Gesellschafter, deren Geschäftsanteile zusammen mindestens 10 Prozent des Stammkapitals entsprechen, dies verlangen (§ 50 Abs. 1 GmbHG).

[17] Die Zuständigkeit der Geschäftsführer für die Einberufung ist zwingend in § 49 Abs. 1 GmbHG festgelegt.

[18] § 51 Abs. 1 GmbHG fordert die Zustellung der Einladung mittels eingeschriebener Briefe. Alternativ ist auch ein Einwurf-Einschreiben möglich.

[19] Gemäß § 51 Abs. 1 Satz 1 GmbHG muss die Frist mindestens eine Woche betragen. Es wird jedoch geraten, die Frist auf mindestens zwei Wochen zu verlängern.

[20] Die hauptsächlichen Aufgaben der Gesellschafter sind in § 46 GmbHG festgelegt. Der Gesellschaftsvertrag kann allerdings bei jedem der in § 46 genannten Punkte eine anderweitige Entscheidungszuständigkeit vorsehen, soweit es sich nicht um zwingendes Recht handelt wie etwa § 26 GmbHG (Nachschusspflicht), § 53 GmbHG (Form der Satzungsänderung) oder § 60 Abs. 1 Nr. 2 GmbHG (Auflösung durch Beschluss).

[21] Gemäß § 53 GmbHG kann eine Änderung des Gesellschaftsvertrages nur durch Beschluss der Gesellschafter erfolgen. Der Beschluss mit 3/4 Mehrheit gefasst werden und bedarf der notariellen Beurkundung. Der Gesellschaftsvertrag kann hierzu noch andere Erfordernisse aufstellen.

- Genehmigung des Geschäftsberichtes und des Jahresabschlusses
- Gewinnverwendung
- die Beteiligung an anderen Unternehmen; Berufung und Entsendung von Geschäftsführern bzw. Organmitgliedern in andere Unternehmen, soweit diese Gesellschaft erhebliche Kapitalanteile hält
- Wahl des Abschlussprüfers
- Eröffnung und Schließung von Betriebsteilen
- Tarifverträge
- Darlehens- und Wechselgeschäfte
- Grundstücksgeschäfte jeder Art
- Bürgschaften

§ 9
Beschlussfassung der Gesellschafterversammlung

1. Die Gesellschafterversammlung ist beschlussfähig, wenn mindestens so viele Gesellschafter anwesend oder vertreten sind, dass sie die Mehrheit aller vorhandenen Stimmen auf sich vereinigen. Ist dies nicht der Fall, ist eine neue Versammlung mit gleicher Tagesordnung einzuberufen, die ohne Rücksicht auf die Höhe des vertretenen Stammkapitals immer beschlussfähig ist. Hierauf ist in der Einladung besonders hinzuweisen.
2. Auch ohne ordnungsgemäße Einladung ist die Gesellschafterversammlung beschlussfähig, wenn sämtliche Gesellschafter vertreten sind und kein Widerspruch gegen die Beschlussfassung erhoben wird.[22]
3. Die Beschlüsse der Gesellschafterversammlung werden, soweit das Gesetz und dieser Vertrag keine andere Mehrheit vorschreiben, mit einfacher Stimmenmehrheit gefasst.[23]
4. Jeder Euro eines Geschäftsanteils gewährt eine Stimme.[24]
5. Folgende Beschlüsse bedürfen der Mehrheit von $3/4$ der abgegebenen Stimmen:
   - Änderung des Gesellschaftsvertrages[25]
   - Kapitalerhöhung und Kapitalherabsetzung
   - Auflösung der Gesellschaft[26]

[22] Vgl. § 51 Abs. 3 GmbHG

[23] Vgl. § 47 Abs. 1 GmbHG

[24] Vgl. § 47 Abs. 2 GmbHG

[25] Vgl. § 53 GmbHG

[26] Vgl. § 60 Abs. 1 Nr. 2 GmbHG. Der Gesellschaftsvertrag kann jedoch das Mehrheitserfordernis verschärfen oder abmildern. Bezüglich des Vermögens der Gesellschaft ist § 15 der Satzung zu beachten.

6. Von jeder Gesellschafterversammlung ist ein Protokoll anzufertigen. Der Schriftführer wird durch den 1. Vorsitzenden, stellvertretend durch den 2. Vorsitzenden, bestimmt. Das Protokoll soll enthalten:
   - Ort und Zeit der Versammlung
   - Name, Stammeinlagen und Stimmen der anwesenden oder vertretenen Gesellschafter
   - Tagesordnung und Anträge
   - das Ergebnis der Abstimmung sowie den Wortlaut der gefassten Beschlüsse
   - Angaben zur Erledigung sonstiger Anträge
7. Das Protokoll ist von dem 1. Vorsitzenden, stellvertretend von dem 2. Vorsitzenden, und dem Schriftführer zu unterschreiben. Die Niederschrift über die Gesellschafterversammlung ist den Gesellschaftern binnen einer Frist von 30 Tagen nach der Versammlung zuzustellen. Die Anfechtung von Beschlüssen der Gesellschafterversammlung ist nur innerhalb von 14 Tagen, vom Tage der Zustellung des Protokolls an gerechnet, zulässig.

§ 10
Geschäftsführung

1. Die Geschäftsführung ist für die Führung der laufenden Geschäfte verantwortlich und wirkt an der strategischen Planung mit. Sie hat dabei der ideellen Ausrichtung der Gesellschaft nach den §§ 2, 3 in besonderem Maße Rechnung zu tragen.[27]
2. Die Gesellschaft hat einen oder mehrere Geschäftsführer. Wenn mehrere Geschäftsführer bestellt sind, vertreten jeweils zwei gemeinschaftlich handelnd oder ein Geschäftsführer in Gemeinschaft mit einem Prokuristen die Gesellschaft.[28]
3. Die Geschäftsführer sind für Rechtsgeschäfte mit anderen gemeinnützigen Organisationen von den Beschränkungen des § 181 BGB befreit.[29]
4. Der/Die Geschäftsführer erhält/erhalten eine Dienstanweisung.
5. Die Geschäftsführung ist an die Beschlüsse der Gesellschaftsorgane gebunden.

[27] Die GmbH muss einen oder mehrere Geschäftsführer haben. Ohne Geschäftsführer ist die GmbH gemäß § 6 GmbHG nicht handlungsfähig. Die Bestellung des Geschäftsführers kann entweder im Gesellschaftsvertrag oder durch Beschluss der Gesellschafterversammlung erfolgen (vgl. § 9 der Satzung).

[28] Die Vorgaben entsprechen dem sogenannten Vier-Augen-Prinzip.

[29] Alternative 1: „... können befreit werden."
Alternative 2: „Für ein einzelnes Rechtsgeschäft können der/die Geschäftsführer jeweils durch Beschluss der Gesellschafterversammlung von den Beschränkungen des § 181 BGB befreit werden."
Eine vollständige Aufhebung der Beschränkung von § 181 BGB wird vom Paritätischen und in der Regel von „Aktion Mensch" im Rahmen der Zuschussvergabe nicht akzeptiert. Sie birgt auch erhebliche Risiken bei Interessenskollisionen in sich.

6. Sind mehrere Geschäftsführer bestellt, geben sich diese eine Geschäftsordnung, die der Zustimmung der Gesellschafter bedarf.[30]

§ 11
Aufsichtsrat[31]

1. Die Gesellschaft hat einen Aufsichtsrat. Für diesen gelten die Bestimmungen dieses Gesellschaftsvertrages.
2. Der Aufsichtsrat überwacht und berät die Geschäftsführung. Er wirkt maßgeblich an der strategischen Planung mit, die von der Geschäftsführung vorbereitet und im Detail ausgearbeitet wird.[32]
3. Der Aufsichtsrat wird von der Geschäftsführung laufend über die wirtschaftliche Entwicklung und wesentliche Vorkommnisse unterrichtet. Er kann durch Beschluss jederzeit von der Geschäftsführung Auskünfte und Berichte in allen Angelegenheiten verlangen, Einsicht in die Bücher und Schriften der Gesellschaft nehmen, Betriebsbegehungen und alle sonst erforderlichen Maßnahmen durchführen. Mit diesen Aufgaben der Überwachung und Prüfung kann der Aufsichtsrat auch sachverständige Dritte beauftragen.
4. Der Aufsichtsrat besteht aus höchstens fünf Mitgliedern.[33] Er wird von der Gesellschafterversammlung gewählt.[34]
5. Der Aufsichtsrat wählt aus seiner Mitte für die Dauer seiner Amtszeit einen 1. Vorsitzenden und einen 2. Vorsitzenden.
6. Die Amtszeit beträgt vier Jahre; Wiederwahl ist zulässig.
7. Der Aufsichtsrat entscheidet durch Beschluss. Er ist nur beschlussfähig, wenn mindestens die Hälfte seiner Mitglieder anwesend ist. Beschlüsse werden mit der Mehrheit der abgegebenen Stimmen gefasst. Bei Stimmengleichheit ist die Stimme des 1. Vorsitzenden maßgebend.[35]
8. Der Aufsichtsrat gibt sich eine Geschäftsordnung, die auch die Anzahl und den Zeitpunkt der Sitzungen des Aufsichtsrats innerhalb eines Wirtschaftsjahres beinhaltet.

30 Die Geschäftsordnung sollte u. a. Ressortaufteilung, Form und Verfahren der Beschlussfassung, Informationspflichten und interne Regelungen zur Außenvertretung enthalten.

31 Zu den Einzelheiten vgl. Kapitel 2 „Aufsichtsrat". Das Organ kann zum Beispiel auch als Beirat bezeichnet werden.

32 Dem Aufsichtsrat können weitere Aufgaben durch die Satzung ausdrücklich zugewiesen werden. Zu nennen sind zum Beispiel die Stellungnahme zum Geschäftsplan der Gesellschaft, die regelmäßige Beurteilung der Umsetzung des Geschäftsplans, die Prüfung des Jahresabschlusses, des Lageberichts und des Vorschlags für die Verwendung des Bilanzgewinns oder die Behandlung des Bilanzverlusts.

33 Um eine Pattsituation zu vermeiden, sollte eine ungerade Anzahl von Aufsichtsratsmitgliedern gewählt werden.

34 Der Gesellschaftsvertrag kann alternativ regeln, dass die Aufsichtsratsmitglieder durch die einzelnen Gesellschafter entsandt werden. Damit würde den Gesellschaftern mehr Autonomie eingeräumt.

35 Beim erhöhten Stimmrecht des 1. Vorsitzenden handelt es sich um ein Sonderrecht, das auf § 29 Mitbestimmungsrecht zurückgeht. Sonderrechte können jederzeit in Anspruch genommen werden; allerdings kann auf sie auch verzichtet werden.

9. Gemäß § 52 Abs. 1 GmbHG sind die Vorgaben des Aktiengesetzes nicht entsprechend anzuwenden.[36]

§ 12
Verfügung über Geschäftsanteile

1. Verfügungen über Geschäftsanteile oder Anteile von Geschäftsanteilen, insbesondere die Veräußerung, Abtretung oder Verpfändung oder Nießbrauchsbestellung an andere Personen sowie der Eintritt neuer Gesellschafter bedürfen der Zustimmung der Gesellschafterversammlung, die darüber einstimmig zu beschließen hat.
2. Ein zu veräußernder Geschäftsanteil ist der Gesellschaft selbst oder, nach dieser den übrigen Gesellschaftern gleichmäßig anzubieten. Das Angebot hat mittels Einschreibebrief zu erfolgen. Die Gesellschaft oder die einzelnen Gesellschafter haben innerhalb der Frist von einem Monat nach Aufgabe des Angebotes bei der Post zu erklären, ob sie das Angebot annehmen.
3. Bei Tod eines Gesellschafters sind die Erben verpflichtet, der Gesellschaft selbst oder, nach dieser den übrigen Gesellschaftern den erlangten Geschäftsanteile anzubieten.

§ 13
Einziehung von Geschäftsanteilen[37]

1. Die Gesellschafterversammlung kann die Einziehung von Geschäftsanteilen des/der betroffenen Gesellschafter/s mit dessen Zustimmung jederzeit beschließen.
2. Die Zustimmung des/der betroffenen Gesellschafter/s ist nicht erforderlich, wenn
   - über das Vermögen des/der Gesellschafters/in das Insolvenzverfahren angeordnet ist,
   - die Zwangsvollstreckung in den Geschäftsanteil des/der Gesellschafters/in betrieben ist,
   - in der Person des/der Gesellschafters/in ein wichtiger Grund gegeben ist, der die Ausschließung aus der Gesellschaft

36 Im Gesellschaftsvertrag ist festzulegen, ob die aktienrechtlichen Bestimmungen zur Bestellung eines Aufsichtsrats entsprechend anzuwenden sind. Von einer entsprechenden Anwendung ist abzuraten.

37 Werden Geschäftsanteile eingezogen, bedeutet das die Vernichtung dieser Geschäftsanteile und der entsprechenden Mitgliedschaftsrechte an der GmbH. Hintergrund ist häufig der Ausschluss eines missliebigen Gesellschafters. Gemäß § 74 GmbHG darf die Entziehung nur erfolgen, soweit sie im Gesellschaftsvertrag zugelassen ist.

rechtfertigt. Ein solcher Grund liegt vor, wenn ein weiteres Verbleiben des/der betroffenen Gesellschafters/in in der Gesellschaft für diese untragbar ist, insbesondere, wenn der/die Gesellschafter/in eine ihm/ihr nach dem Gesellschaftsvertrag obliegende wesentliche Verpflichtung vorsätzlich oder aus grober Fahrlässigkeit verletzt.[38]

3. Statt der Einziehung kann die Gesellschafterversammlung beschließen, dass der Anteil von der Gesellschaft erworben oder auf eine von ihr benannte Person übertragen wird.
4. Die Beschlüsse werden mit einfacher Mehrheit ohne Stimmrecht des/der betroffenen Gesellschafter/s gefasst.
5. Für den Fall einer Liquidation sind der/die Geschäftsführer für das Amt des/der Liquidators/en berufen. Abweichend von Vorstehendem kann die Gesellschafterversammlung einen anderen Liquidator bestimmen.
6. Der Abfindungsanspruch des Gesellschafters ist gemäß § 3 Nr. 2 der Satzung beschränkt auf seine Einlagen in Höhe des Buchwertes zum Einbringungszeitpunk, soweit diese nicht durch Verlust aufgezehrt sind.[39]

§ 14
Ausscheiden aus der Gesellschaft

Jeder Gesellschafter kann mit einer Frist von sechs Monaten zum Ende des Geschäftsjahres seinen Austritt aus der Gesellschaft erklären. Im Falle des Austritts oder der Ausschließung eines Gesellschafters wird diese nicht aufgelöst, sondern – nach Ausscheiden des betroffenen Gesellschafters – von den übrigen Gesellschaftern fortgesetzt.[40]

§ 15
Auflösung der Gesellschaft[41]

Bei Auflösung der Gesellschaft oder bei Wegfall steuerbegünstigter Zwecke fällt das Vermögen der Gesellschaft, soweit es die eingezahlten Kapitalanteile der Gesellschafter und den gemeinen Wert der von den Gesellschaftern geleisteten Sacheinlagen übersteigt,[42]

[38] Auch die Zulässigkeit einer Zwangseinziehung muss von vornherein im Gesellschaftsvertrag verankert sein.

[39] Sofern keine abweichende gesellschaftsvertragliche Vereinbarung besteht, enthält ein ausscheidender Gesellschafter eine Abfindung in Höhe des Verkehrswertes seines Geschäftsanteils. Gemeinnützigkeitsrechtlich ist der Abfindungsanspruch auf die eingezahlten Kapitalanteile und den gemeinen Wert der Sacheinlagen zu begrenzen. Bei gemeinnützigen GmbHen kann ein Abfindungsanspruch auch gesellschaftsvertraglich ausgeschlossen werden.

[40] Alternativ: „Im Falle eines nur aus wichtigem Grund möglichen Austritts oder einer Ausschließung aus der Gesellschaft wird diese nicht aufgelöst, sondern – nach Ausscheiden des betroffenen Gesellschafters – von den übrigen Gesellschaftern fortgesetzt." Zur Abfindung des Gesellschafters vgl. Fußnote zu § 13 Nr. 6 der Satzung.

[41] Wir empfehlen dringend die Übernahme der Formulierung, da sie in der Anlage 1 zu § 60 AO vorgegeben ist.

[42] Der Satzteil „soweit es die eingezahlten Kapitalanteile der Gesellschafter und den gemeinen Wert der von den Gesellschaftern geleisteten Sacheinlagen übersteigt" ist nach der Mustersatzung in Anlage 1 zu § 60 AO nur erforderlich, sofern der Gesellschaftsvertrag einen Anspruch auf Rückgewährt von Vermögen einräumt.

1. an – den – die – das (Bezeichnung der juristischen Person des öffentlichen Rechts oder einer anderen steuerbegünstigten Körperschaft), der – die – das – es unmittelbar und ausschließlich für gemeinnützige, mildtätige oder kirchliche Zwecke zu verwenden hat.

oder

2. an eine juristische Person des öffentlichen Rechts oder eine andere steuerbegünstigte Körperschaft zwecks Verwendung für (Angabe eines bestimmten gemeinnützigen, mildtätigen oder kirchlichen Zwecks).[43]

§ 16
Gründungsaufwand

Den mit der Gründung der Gesellschaft verbundenen Aufwand in Höhe von ca. ... Euro trägt die Gesellschaft.

§ 17
Bekanntmachungen

Die Bekanntmachungen der Gesellschaft erfolgen, soweit sie gesetzlich oder durch behördliche Anordnung notwendig sind, im Bundesanzeiger oder in dem an dessen Stelle tretenden amtlichen Veröffentlichungsblatt.

§ 18
Salvatorische Klausel

Sofern einzelne Bestimmungen des Gesellschaftsvertrages unwirksam sind oder werden, soll die Wirksamkeit der übrigen Bestimmungen des Gesellschaftsvertrages nicht berührt werden. Für diesen Fall soll die nichtige Bestimmung des Gesellschaftsvertrages durch eine rechtsgültige Regelung ersetzt werden, die dem angestrebten wirtschaftlichen Zweck, soweit als möglich, entspricht. In gleicher Weise ist im Wege der ergänzenden Vertragsauslegung zu verfahren, sofern sich bei der Durchführung des Gesellschaftsvertrages herausstellt, dass der Gesellschaftsvertrag eine ergänzungsbedürftige Lücke enthält.

(Ort, Datum) (Unterschriften Gesellschafter)

[43] Zum 1. Januar 2007 wurde § 61 Abs. 2 AO aufgehoben. Danach ist eine Satzungsregelung nicht mehr zulässig, die besagt, dass eine gemeinnützige Körperschaft – sofern sie aus zwingenden Gründen noch keinen künftigen Vermögenszweck nennen kann – in der Satzung festlegen kann, dass das Vermögen bei Auflösung oder Wegfall des bisherigen Zweckes erst nach Einwilligung des Finanzamts einem steuerbegünstigten Zweck zugeführt wird. Der Empfänger muss nunmehr in der Satzung bereits konkret benannt werden.

Musterbrief: Antrag auf Steuerbegünstigung

X gemeinnützige GmbH ...., den ....

An das
Finanzamt
– Abt. Körperschaften –
(für den Ort der GmbH zuständiges Finanzamt mit Körperschaftsteuerstelle)

Antrag auf Steuerbegünstigung wegen Gemeinnützigkeit (und Mildtätigkeit)

Sehr geehrte Damen und Herren,

in der Anlage übersenden wir eine Abschrift unseres Gesellschaftsvertrages vom .... § 2 des Gesellschaftsvertrages bringt zum Ausdruck, dass ausschließlich und unmittelbar gemeinnützige (und mildtätige) Zwecke im Sinne der §§ 51 bis 68 Abgabenordnung verfolgt werden. Wir beantragen die steuerliche Anerkennung der begünstigten Zwecke.

Mit freundlichen Grüßen

____

(Unterschrift durch Geschäftsführung)

Hinweis:

Die steuerliche Anerkennung kann und sollte parallel zur Eintragung im Handelsregister beantragt werden, um Zeitverzögerungen zu vermeiden.

Das Finanzamt stellt nach Prüfung des Gesellschaftsvertrages zunächst eine vorläufige Bescheinigung aus, in der es sich die endgültige Entscheidung nach Überprüfung der GmbH-Geschäftsführung vorbehält. Die Gemeinnützigkeitsanerkennung kann nur erhalten bleiben, wenn die GmbH-Geschäftsführung den Vorgaben des Gemeinnützigkeitsrechts und des Gesellschaftsvertrages entspricht.

Sofern die GmbH auch mildtätig im Sinne des § 53 AO ist, sollte sie sich dies wegen der Gebührenermäßigung nach § 144 Abs. 2 KostO ausdrücklich bestätigen lassen.

Führung einer gemeinnützigen GmbH

Gesellschafterversammlung

Funktion und Aufgaben

Die Gesellschafterversammlung ist eines der beiden notwendigen Organe der GmbH. Auch wenn eine GmbH nur einen Gesellschafter hat, spricht man von der Gesellschafterversammlung.

Die Gesellschafterversammlung repräsentiert die Gesellschafter als Kapitaleigner und ist das höchste Organ der GmbH. In ihr findet die zentrale Meinungs- und Willensbildung statt.

§ 46 GmbHG weist der Gesellschafterversammlung bestimmte originäre Aufgaben zu. Dieser Aufgabenkatalog kann gemäß § 45 Abs. 2 GmbHG durch den Gesellschaftsvertrag erweitert werden. Es können auch Aufgaben aus diesem Katalog im Gesellschaftsvertrag anderen Organen zugewiesen werden.

Während einige Aufgaben durchaus der Geschäftsführung zugeordnet werden können, ist dies für Aufgaben, die mit Bestellung und Kontrolle der Geschäftsführung zu tun haben, nicht vorstellbar. Bei einer sehr großen Zahl von Gesellschaftern kann es zum Beispiel zweckmäßig sein, die Feststellung des Jahresabschlusses oder die Bestellung der Geschäftsführer einem Aufsichtsrat zu übertragen.

Einberufung: Form und Fristen

§§ 47 bis 51 GmbHG enthalten Regelungen zu Einberufung und Durchführung von Gesellschafterversammlungen. Diese gelten nur, wenn der Gesellschaftsvertrag keine Abweichungen enthält. Bei Abfassung des Gesellschaftsvertrages sollte deshalb sorgfältig geprüft werden, ob die gesetzlichen Regelungen den Bedürfnissen entsprechen und welche Abweichungen sinnvoll erscheinen.

Nur form- und fristgerecht einberufene Gesellschafterversammlungen können wirksame Beschlüsse fassen. Die Einberufung ist Aufgabe der Geschäftsführer. Andere Personen können somit nicht wirksam eine Gesellschafterversammlung einberufen. Gesellschafter, die allein oder zusammen mit anderen mindestens 10 Prozent des Stammkapitals halten, können die Einberufung einer Gesellschafterversammlung verlangen. Sie müssen dabei

Zweck und Gründe nennen. Nur wenn die Geschäftsführung dieses Verlangen nicht erfüllt, können die entsprechenden Gesellschafter selbst eine Gesellschafterversammlung einberufen.

§ 51 GmbHG sieht vor, dass die Einberufung mittels eingeschriebenen Briefes erfolgt. Dadurch soll der Nachweis erleichtert werden, dass die Einladung den Gesellschafter tatsächlich erreicht hat. Wenn im Gesellschaftsvertrag stattdessen ein einfacher Brief vorgesehen wird, sollte hinzugefügt werden, dass dieser beim Empfänger zwei Tage nach Aufgabe bei der Post als eingegangen gilt.

Zudem regelt § 51 GmbHG, dass eine Einladungsfrist von einer Woche eingehalten wird, das heißt dass der Gesellschafter die Einladung eine Woche vor der Gesellschafterversammlung erhält.

Beispiel:

Soll die Versammlung an einem Freitag stattfinden, muss die Einladung am Donnerstag der Vorwoche eingehen. Fällt dieser Donnerstag auf einen Feiertag, muss die Einladung bereits am Mittwoch zugestellt werden.

Diese verhältnismäßig kurze Frist dient der im Geschäftsleben oft erforderlichen schnellen Handlungsfähigkeit. Andererseits ist sie gerade für Gesellschafter gemeinnütziger GmbHen sehr knapp bemessen. Sieht der Gesellschaftsvertrag eine längere Frist vor, ist zu überlegen, ob nicht daneben bei bestimmten Anlässen – zum Beispiel Insolvenzgefahr oder Abberufung der Geschäftsführung – eine kurze Einladungsfrist vorgesehen werden sollte.

In der Einladung ist der Zweck der Gesellschafterversammlung anzugeben, üblicherweise in Form einer Tagesordnung. Erweiterungen der Tagesordnung können nach § 51 GmbHG bis zu drei Tage vor der Versammlung eingebracht werden.

Die gesetzlichen Vorgaben zu Form und Frist der Einladung gelten nicht, wenn alle Gesellschafter anwesend sind und unter Verzicht auf die Vorschriften zu Form und Frist eine Gesellschafterversammlung durchführen. Das heißt, dass ein 100-Prozent-Gesellschafter (Alleingesellschafter) jederzeit eine Gesellschafterversammlung durchführen kann. Dass eine Gesellschafterversammlung unter Verzicht auf die Einhaltung der Vorschriften zu Form und Frist abgehalten wurde, sollte in der Niederschrift zu der Versammlung ausdrücklich festgehalten werden. Der Alleingesellschafter ist durch § 48 GmbHG zu einer entsprechenden Niederschrift ausdrücklich verpflichtet.

Einberufungsgründe

Im Gesellschaftsvertrag sollte festgelegt werden, wann eine Gesellschafterversammlung üblicherweise einberufen wird, zum Beispiel vier Monate nach Abschluss des Geschäftsjahres. § 49 GmbHG hält darüber hinaus die Geschäftsführer zur Einberufung einer Gesellschafterversammlung an, wenn es das Gesellschaftsinteresse erfordert. Solche Anlässe können ganz unterschiedlicher Natur sein, etwa:

- Ausscheiden eines Geschäftsführers und entsprechende Nachfolgeregelung
- Wegbrechen eines Geschäftsfeldes
- Abschluss eines Geschäftes, das der Zustimmung der Gesellschafterversammlung bedarf

Die Geschäftsführer müssen unverzüglich, das heißt ohne schuldhaftes Zögern, eine Gesellschafterversammlung einberufen, wenn sich aus der Jahres- oder einer Zwischenbilanz ergibt, dass die Hälfte des Stammkapitals verloren ist, sich somit die Frage der Insolvenz stellt. Ein ähnlicher wichtiger Grund ist die drohende oder eingetretene Zahlungsunfähigkeit.

Schriftliche Beschlussfassung

Nach § 48 GmbHG können Beschlüsse im schriftlichen Verfahren auch ohne Durchführung einer Gesellschafterversammlung gefasst werden, wenn alle Gesellschafter mit einem bestimmten Beschluss einverstanden sind oder zumindest mit einer schriftlichen Beschlussfassung. Bei Abfassung des Gesellschaftsvertrages sollten weitere Einzelheiten überlegt werden: Was heißt schriftliches Verfahren – (eingeschriebener) Brief, Fax, E-Mail? Wie wird der Abstimmungsvorgang organisiert und dokumentiert?

Durchführung der Gesellschafterversammlung

Regelungen zur Durchführung einer Gesellschafterversammlung können in den Gesellschaftsvertrag aufgenommen oder in einer Geschäftsordnung niedergelegt werden. Das ist jedoch nicht zwingend erforderlich. Üblicherweise leitet der Mehrheitsgesellschafter die Versammlung, während die Geschäftsführung für das Protokoll verantwortlich ist.

Anders als in der Mitgliederversammlung eines Vereins hat nicht jeder Gesellschafter eine Stimme. Vielmehr führt gemäß § 47 GmbHG jeder Euro Geschäftsanteil zu einer Stimme. Der Gesellschafter mit einem Anteil von 7.500 Euro verfügt somit über 7.500 Stimmen. Gleichwohl wird der Gesellschafter üblicherweise nur durch eine Person vertreten, die ein entsprechendes Stimmgewicht repräsentiert. Abweichungen müssten im Gesellschaftsvertrag verankert werden. Es können auch Sonderrechte einzelner Gesellschafter vorgesehen werden.

Jeder Gesellschafter kann sich durch schriftliche Vollmacht vertreten lassen. Oft sehen Gesellschaftsverträge vor, dass nur bestimmte Berufsgruppen bevollmächtigt werden können, um die gewünschte Fachkompetenz zu sichern. Ob und inwieweit das Stimmrecht auf andere Gesellschafter übertragen werden darf, ist eine ebenfalls erwägenswerte Frage.

Zu beachten ist § 47 Abs. 4 GmbHG, der Interessenkollisionen zulasten der Gesellschaft ausschließen will. Ein Gesellschafter darf nicht abstimmen, wenn es um ein Rechtsgeschäft oder einen Rechtsstreit zwischen ihm und der Gesellschaft geht. Er darf auch nicht mitstimmen, wenn es darum geht, dass die Gesellschaft auf Ansprüche ihm gegenüber verzichtet.

Im Übrigen gelten für den Ablauf einer Gesellschafterversammlung die üblichen Spielregeln demokratischer Willensbildungsprozesse, soweit nicht der Gesellschaftsvertrag oder eine Geschäftsordnung Festlegungen, zum Beispiel zur Rede- oder Beratungszeit, enthalten.

Notarielle Beurkundung

Wichtig: Änderungen des Gesellschaftsvertrages bedürfen nach § 53 GmbHG der notariellen Beurkundung. Es muss daher ein

Notar zur Versammlung hinzugezogen werden, der die Anwesenden belehrt, die jeweiligen Beschlüsse vorliest, sie von den Gesellschaftern unterschreiben lässt und durch seine eigene Unterschrift besiegelt.

Geschäftsführung

Vertretung der GmbH

Die GmbH ist als juristische Person nicht handlungsfähig. Deshalb muss sie mindestens einen Geschäftsführer als notwendiges Organ haben, das Handlungen im Rechts- und Geschäftsverkehr vornehmen kann. Wesentliche Funktion und Aufgabe der Geschäftsführung ist demzufolge die gesetzliche Vertretung der GmbH. Diese Funktion kann um Vollmachten für weitere Personen oder die Erteilung von Prokura ergänzt, aber nicht ersetzt werden.

Nach § 6 GmbHG muss der Geschäftsführer eine voll geschäftsfähige natürliche Person sein. Geschäftsführer darf dagegen nicht sein, wer in den letzten fünf Jahren wegen bestimmter Vermögensstraftaten rechtskräftig verurteilt worden ist.

Häufig wird mit dem Bild der GmbH als Kapitalgesellschaft verbunden, dass die Geschäftsführung selbstverständlich hauptberuflich und gegen Entgelt erfolge. Dies ist gesetzlich nicht vorgezeichnet. Die GmbH-Geschäftsführung kann haupt- oder nebenberuflich, ehrenamtlich, bezahlt und unbezahlt erfolgen. Dessen ungeachtet übernehmen GmbH-Geschäftsführer eine hohe Verantwortung, indem sie den Willen der Gesellschafter zur Bewirtschaftung eines Gesellschaftskapitals zur Erreichung eines bestimmten Zieles persönlich verkörpern.

Eine GmbH muss mindestens einen Geschäftsführer haben. Wenn mehrere Geschäftsführer bestellt werden sollen, ist zu entscheiden und im Gesellschaftsvertrag zu regeln, ob alle Geschäftsführer allein vertretungsberechtigt sein sollen oder beispielsweise nach dem Vier-Augen-Prinzip immer nur gemeinsam mit einem weiteren Geschäftsführer oder einem Prokuristen die Gesellschaft im Rechtsverkehr vertreten sollen. Wird keine ausdrückliche Regelung getroffen, sind alle Geschäftsführer nur gemeinschaftlich vertretungsberechtigt.

Der Handlungsspielraum der Geschäftsführer kann durch Gesellschaftsvertrag oder Beschluss der Gesellschafterversammlung eingeschränkt werden. Gegenüber Dritten (z. B. Vertragspartnern) wirken solche Beschränkungen nur, wenn sie im Handelsregister eingetragen sind. Außenstehende sollen sich darauf verlassen können, dass Geschäftsführer unbeschränkte Handlungsvollmacht haben.

Anstellungsverhältnis

GmbH-Geschäftsführer stehen regelmäßig in zwei Rechtsbeziehungen zur GmbH. Zunächst sind sie gesellschaftsrechtlich Organ der GmbH. Als solches können sie jederzeit eingesetzt und auch abberufen werden, wenn der Gesellschaftsvertrag nichts anderes vorsieht.

Daneben besteht in aller Regel ein Arbeitsverhältnis zwischen GmbH und Geschäftsführer. Hier unterliegt der Geschäftsführer als Arbeitnehmer den allgemeinen Arbeitnehmerschutzrechten. Der Schutz des Arbeitsrechts ist dabei sicherlich nicht so dicht wie bei einem „normalen Arbeitnehmer“. Auch die Arbeitsgerichte sehen die besondere Stellung eines Geschäftsführers und akzeptieren seine Kündigung eher aus Gründen des gestörten Vertrauensverhältnisses oder der unbefriedigten Erwartung an seine Leistung als bei anderen Beschäftigten.

Mit Sicherheit ist der Geschäftsführer kein Beschäftigter im Sinne von § 5 BetrVG. Für ihn ist der Betriebsrat nicht zuständig, Betriebsvereinbarungen gelten nicht. Wie weit ihm Arbeitnehmerschutzrechte aus allgemeinem Arbeitsrecht zugebilligt werden, hängt ganz entscheidend von den konkreten Konditionen ab: Höhe der Vergütung und Vorgaben durch Gesellschafter.

Der Arbeitsvertrag des Geschäftsführers sollte mit der gesellschaftsrechtlichen Bestellung als GmbH-Geschäftsführer verknüpft werden, beispielsweise berechtigt die Abberufung als Geschäftsführer zur ordentlichen Kündigung des Arbeitsverhältnisses. Da hier letztlich aus der Schutzfunktion des Arbeitsrechtes heraus immer Risiken für die GmbH bestehen, ist es ratsam, im

Arbeitsvertrag von vornherein Trennungsklauseln vorzusehen, zum Beispiel eine Abfindung in Höhe von einem Monatsgehalt je Beschäftigungsjahr, höchstens aber 12 Monatsgehälter. Dies mag zwar aufwändig erscheinen, erspart aber erfahrungsgemäß lange Auseinandersetzungen zu einem Zeitpunkt, zu der die GmbH Ruhe braucht und Handlungsfähigkeit benötigt.

Oft findet man auch eine zeitlich befristete Anstellung für etwa fünf Jahre als GmbH-Geschäftsführer entsprechend der gesellschaftsrechtlichen Entscheidung. Dies ist arbeitsrechtlich zulässig. Häufig werden sich besonders geeignete Persönlichkeiten auf eine Befristung nur gegen entsprechende Aufschläge auf das Gehalt einlassen. Aus Sicht der GmbH muss in einem befristeten Anstellungsvertrag sichergestellt werden, dass eine vorzeitige Kündigung möglich ist, ohne das Gehalt für die gesamte Laufzeit des Vertrages zahlen zu müssen. Hier kann eine arbeitsrechtliche Beratung angezeigt sein.

Gegenüber den weiteren Beschäftigten nehmen die Geschäftsführer die Arbeitgeberfunktionen wahr.

Geschäftsführungsverantwortung

Die Geschäftsführer verantworten die laufenden Geschäfte. Sie haben das Interesse der Gesellschaft zu verfolgen, gegebenenfalls auch gegenüber einzelnen Gesellschaftern. Zudem haben sie die Anzeigepflichten gegenüber dem Handelsregister sowie etwaige gewerberechtliche Auflagen und Verpflichtungen zu befolgen. Außerdem müssen sie die wirtschaftliche Situation im Auge behalten, die Gesellschafter über krisenhafte Entwicklungen informieren und gegebenenfalls Insolvenz anmelden.

Die Geschäftsführer sind persönlich verantwortlich für die Einhaltung der steuerlichen und sozialversicherungsrechtlichen Pflichten. Das heißt, sie sind verantwortlich für die rechtzeitige und richtige Abgabe von Steuererklärungen und Sozialversicherungsanmeldungen wie auch für die rechtzeitige und vollständige Abführung von Steuern und Sozialversicherungsbeiträgen.

Sind mehrere Geschäftsführer bestellt, ist es sinnvoll, durch Geschäftsordnung zu regeln, wer für welchen Bereich Verantwortung tragen soll und wie die Abstimmung untereinander zu erfolgen hat. Die Zuordnung einzelner Aufgaben und Verantwortungsbereiche entbindet allerdings keinen der Geschäftsführer, Verantwortung für zentrale Bereiche wahrzunehmen.

Nach § 34 AO müssen alle Geschäftsführer die steuerlichen Pflichten erfüllen. Sie haften nach § 69 AO persönlich für nicht oder nicht rechtzeitig abgeführte Steuern, wenn sie ihre Pflichten vorsätzlich oder grob fahrlässig nicht beachtet haben. Gleiches gilt für Sozialversicherungsbeiträge und Säumniszuschläge. Auch die insolvenzrechtlichen Pflichten treffen alle Geschäftsführer, unabhängig von dem ihnen individuell anvertrauten Geschäftsbereich. In einer mehrköpfigen Geschäftsführung sollte es deshalb ein besonderes Berichtswesen geben, anhand dessen alle Geschäftsführer erkennen können, ob die gesetzlichen Pflichten laufend eingehalten werden.

Strafvorschriften

§ 78 ff. GmbHG enthalten einige Bußgeld- und Strafvorschriften für bestimmte Fehlhandlungen von GmbH-Geschäftsführern. Sie sind Pflichtlektüre für jeden GmbH-Geschäftsführer. Dabei geht es insbesondere um die Anmeldepflichten gegenüber dem Handelsregister, Insolvenzverschleppung und Verletzung von Geschäftsgeheimnissen.

Prokuristen

Die GmbH-Geschäftsführung kann den Beschäftigten der GmbH Handlungsvollmachten erteilen. Diese werden im Rechtsverkehr üblicherweise Anerkennung finden. Für Handelsgesellschaften, zu denen auch die gemeinnützige GmbH zählt, gibt es eine besondere Form einer weitreichenden Bevollmächtigung, nämlich die Erteilung einer Prokura. Prokuristen zeichnen üblicherweise „ppa".

Die Prokura ist in §§ 48 bis 53 HGB geregelt. Prokuristen können alle Rechtshandlungen ausführen, soweit sie nicht dem GmbH-Geschäftsführer höchstpersönlich obliegen, wie die Zeichnung des Jahresabschlusses, Anmeldungen zum Handelsregister oder die Einberufung einer Gesellschafterversammlung.

Die Prokura kann im Außenverhältnis nicht beliebig eingeschränkt werden. Auch die gesetzlich möglichen Einschränkungen der Handlungsvollmacht eines Prokuristen wirken gegenüber Dritten nur, wenn sie im Handelsregister eingetragen sind.

Eine Einschränkung der Prokura kann zum einen in der Art erfolgen, dass der Prokurist nicht allein, sondern nur gemeinsam mit einem Geschäftsführer oder einem anderen Prokuristen zeichnungsberechtigt ist. Zum anderen kann die Prokura auf Tätigkeiten für eine oder mehrere Unternehmensniederlassungen beschränkt werden. Diese müssen aber genau bezeichnet werden können.

Geschäftsverkehr und Buchführung

Die GmbH – auch die gemeinnützige – ist gemäß § 13 GmbHG Handelsgesellschaft im Sinne des HGB. Damit ist das HGB vollständig anwendbar, soweit es sich nicht um spezielle Regelungen für bestimmte Gesellschaftsformen oder um spezielle Geschäfte wie zum Beispiel Frachtgeschäfte handelt.

Unternehmensregister

Alle Vorgänge, die zur Eintragung ins Handelsregister angemeldet werden müssen, sind für jedermann kostenfrei im elektronischen Unternehmensregister nachlesbar. Dort einsehbar sind auch die gemäß § 325 ff. HGB beim elektronischen Bundesanzeiger einzureichenden Jahresabschlüsse:
www.unternehmensregister.de

Notwendige Bestandteile von Geschäftsbriefen

- Rechtsform (GmbH)
- Sitz
- Registergericht
- Registernummer
- alle Geschäftsführer
- ggf. der Vorsitzende des Aufsichtsrates
- Umsatzsteuer-Identifikationsnummer

Als Geschäftsbriefe gelten auch geschäftlich versendete E-Mails.

Handelsgeschäfte

Für die GmbH als Kaufmann gelten nicht die besonderen Verbraucherschutzbestimmungen des Mietrechts, für Abzahlungsgeschäfte, bezüglich der Verwendung von Allgemeinen Geschäftsbedingungen und dergleichen mehr. Auch die nur mit geringem Kapital ausgestattete gemeinnützige GmbH wird im Rechts- und Geschäftsverkehr wie ein kaufmännisch versierter Profi behandelt und genießt keinen Verbraucherschutz. Die GmbH sollte im eigenen Interesse über die nötige rechtliche und wirtschaftliche Kompetenz oder entsprechende Beratung verfügen.

Praxis-Tipp:

Mindestens sind die §§ 343 ff. HGB sorgfältig zu lesen und zu beachten. An dieser Stelle sei besonders hingewiesen auf:

- Geltung von Handelsbräuchen, § 346 HGB
- Sorgfaltspflichten, § 347 HGB
- Verzinsung ohne Verzug, § 353 HGB
- Provisionspflichten, § 354 HGB
- kaufmännisches Bestätigungsschreiben, § 362 HGB

Buchführung

§ 41 GmbHG verpflichtet die Geschäftsführer zur ordnungsgemäßen Buchführung. § 42 GmbHG verweist für die Bilanzierung auf §§ 242 und 264 HGB. Es handelt sich hier jeweils um Einleitungsvorschriften, denen weitere detaillierte Regelungen folgen, deren Inhalt zusammengefasst werden kann als Anforderungen an eine ordnungsmäßige kaufmännische Buchführung. Heutzutage lassen sich die Anforderungen – jedenfalls für kleine GmbHen – ohne Weiteres mit handelsüblichen EDV-Programmen erfüllen. Natürlich müssen die Belege geordnet aufbewahrt und nachvollziehbar zugeordnet werden können.

§ 42a GmbHG verpflichtet die Geschäftsführer, den Jahresabschluss den Gesellschaftern unverzüglich nach Fertigstellung vorzulegen. Sie müssen in die Lage versetzt werden, den Abschluss bis spätestens acht Monate nach Schluss des Geschäftsjahres zu beschließen. Bei kleinen Gesellschaften beträgt die Frist elf Monate. Diese Höchstfristen entsprechen nicht dem Bedürfnis der Gesellschafter nach zeitnaher Kenntnis von der wirtschaftlichen Situation der GmbH. Deshalb werden Jahresabschlüsse üblicherweise in den ersten drei Monaten, bei kleinen Gesellschaften in den ersten sechs Monaten nach Schluss des Geschäftsjahres vorgestellt.

Das HGB unterscheidet insbesondere bezüglich Bilanzierung und Lagebericht nach Gesellschaften verschiedener Größenklassen. Die Einzelheiten sind in §§ 242 ff. und 264 ff. HGB zu finden. Die Unterscheidung der Größenklassen erfolgt nach § 267 HGB wie folgt:

- Kleine Kapitalgesellschaften überschreiten mindestens zwei der drei nachstehenden Merkmale nicht:
  - 4,84 Mio. Euro Bilanzsumme nach Abzug eines auf der Aktivseite ausgewiesenen Fehlbetrags (§ 268 Abs. 3 HGB)
  - 9,68 Mio. Euro Umsatzerlöse in den zwölf Monaten vor dem Abschlussstichtag
  - im Jahresdurchschnitt 50 Arbeitnehmer.
- Mittelgroße Kapitalgesellschaften überschreiten mindestens zwei der drei vorgenannten Merkmale, aber mindestens zwei der drei nachstehenden Merkmale nicht:
  - 19,25 Mio. Euro Bilanzsumme nach Abzug eines auf der Aktivseite ausgewiesenen Fehlbetrags (§ 268 Abs. 3 HGB)
  - 38,5 Mio. Euro Umsatzerlöse in den zwölf Monaten vor dem Abschlussstichtag
  - im Jahresdurchschnitt 250 Arbeitnehmer
- Große Kapitalgesellschaften überschreiten mindestens zwei der drei zuletzt bezeichneten Merkmale.

Publizität

Nach § 325 HGB ist der Jahresabschluss spätestens zwölf Monate nach Abschluss des Geschäftsjahres im elektronischen Bundesanzeiger zu veröffentlichen: www.bundesanzeiger.de

Die Erfüllung dieser Pflicht wird systematisch überwacht. Bei Verletzung kann ein Bußgeld verhängt werden.

Haftung

Haftung der GmbH

Ein wesentlicher Grund für die Wahl der Rechtsform GmbH ist die Beschränkung der Haftung. Für Verbindlichkeiten haftet die GmbH nur mit ihrem Gesellschaftsvermögen. Für die Haftungsbeschränkung ist es unbeachtlich, ob es sich um Verbindlichkeiten aus Verträgen oder beispielsweise um Schadensersatzforderungen handelt. Zum Gesellschaftsvermögen gehört neben dem Stammkapital das von der GmbH im Verlauf ihrer Tätigkeit gebildete weitere Eigenkapital, insbesondere die Rücklagen.

Die Beschränkung der Haftung auf das Gesellschaftsvermögen greift erst ab Eintragung der Gesellschaft in das Handelsregister. Vorher sollten deshalb geschäftliche Aktivitäten auf das unbedingt Erforderliche beschränkt werden.

Haftung der Gesellschafter

Die Gesellschafter der GmbH haften nicht selbst für Verbindlichkeiten der Gesellschaft, aber natürlich gegenüber der GmbH dafür, Verbindlichkeiten zu erfüllen, die sie gegenüber der GmbH eingegangen sind. Das ist in erster Linie die Verpflichtung zur Einzahlung des übernommenen Gesellschaftsanteils.

Die Haftungsbeschränkung tritt allerdings erst mit Eintragung der GmbH ins Handelsregister ein. Werden bereits vor der Eintragung Geschäfte getätigt, haften die handelnden Personen nach § 11 GmbHG unbeschränkt persönlich.

Auch wenn die GmbH in finanzielle Schwierigkeiten gerät oder sogar insolvent geworden ist, haften die Gesellschafter nicht für Schulden der GmbH. Es besteht von Gesetzes wegen auch keine

Verpflichtung, der GmbH Liquidität zuzuführen oder die eigene Gesellschaftseinlage zu erhöhen (Nachschusspflicht). Im Gesellschaftsvertrag kann allerdings eine solche Nachschusspflicht geregelt sein. Insbesondere bei Eintritt in eine bestehende GmbH sollte der Gesellschaftsvertrag genau daraufhin überprüft werden, ob in irgendeiner Weise eine vertragliche Haftung geregelt ist, die die gesetzliche Haftungsbeschränkung ausweitet.

Wenn allerdings Zahlungen aus dem Vermögen der GmbH an Gesellschafter in solchem Umfang geleistet worden sind, dass die Gesellschaft nicht mehr über das volle Stammkapital verfügt, müssen diese Beträge an die GmbH zurückgezahlt werden. Diese sich aus §§ 30 und 31 GmbHG ergebende Verpflichtung bedeutet keine unmittelbare Haftung der Gesellschafter für Gesellschaftsschulden. Es geht lediglich darum, dass die Gesellschafter das Stammkapital in der Gesellschaft belassen müssen. Hierzu sind sie gegenüber der GmbH verpflichtet. Gläubiger der GmbH können diesen Anspruch der GmbH gegenüber ihren Gesellschaftern allerdings pfänden.

Auch in der Insolvenz einer GmbH kann es zu einer mittelbaren Haftung der Gesellschafter für Schulden der Gesellschaft kommen. Dies gilt insbesondere, wenn ein Gesellschafter der GmbH ein Darlehen gewährt hat. Wenn beispielsweise innerhalb eines Jahres vor der Beantragung des Insolvenzverfahrens die GmbH ein Darlehen an einen Gesellschafter zurückgezahlt hat, kann der Insolvenzverwalter diese Rückzahlung anfechten. Das führt dazu, dass der entsprechende Betrag wieder an die GmbH gezahlt werden muss und zur Befriedigung der anderen Gläubiger zur Verfügung steht. Auch eine etwaige Sicherungsübereignung zur Absicherung eines Gesellschafterdarlehens kann unter bestimmten Voraussetzungen im Fall der Insolvenz rückgängig gemacht werden.

Insgesamt ist die Behandlung von Darlehen und anderen Leistungen der Gesellschafter an die GmbH im Fall der Insolvenz rechtlich und wirtschaftlich risikoreich. Deshalb sollte Rechtsrat möglichst eingeholt werden, bevor ein Gesellschafter der GmbH ein Darlehen gibt.

In seltenen Fällen müssen GmbH-Gesellschafter den Gläubigern der GmbH gegenüber unmittelbar haften. Das ist der Fall, wenn Gesellschafter das Vermögen der GmbH durch Entnahmen derart schmälern, dass die GmbH nicht mehr in der Lage ist, ihre Geschäfte ordnungsgemäß abzuwickeln und damit in der Folge auch nicht in der Lage ist, die berechtigten Forderungen von Gläubigern zu erfüllen. Diese sogenannte Durchgriffshaftung setzt voraus, dass die Gesellschafter in der Absicht gehandelt haben, Gläubiger zu schädigen.

Es liegt auf der Hand, dass in solchen Fällen die Haftungsbegrenzung des GmbH-Rechts gerade nicht gelten kann. Es ist allerdings im Einzelfall schwierig, eine Schädigungsabsicht nachzuweisen.

Haftung der Geschäftsführer gegenüber der GmbH

Die GmbH ist eine juristische Person, die einen oder mehrere Geschäftsführer benötigt, um im Rechtsverkehr handeln zu können. Die Geschäftsführer stellen neben der Gesellschafterversammlung das zweite notwendige Organ einer GmbH dar.

Nach § 43 GmbHG sind die Geschäftsführer verpflichtet, im Rahmen der Geschäftsführung die Sorgfalt eines ordentlichen Kaufmanns anzuwenden. Geschäftsführer, die ihre Pflichten verletzen, sind der GmbH zum Schadensersatz verpflichtet. Dieser Anspruch unterliegt einer Verjährungsfrist von fünf Jahren.

Die Geschäftsführer müssen die wirtschaftlichen Interessen der GmbH – nicht der Gesellschafter – wahren und die Rechtsordnung beachten. Welche Qualifikation und welche Erfahrung die Geschäftsführer haben, spielt für die Anforderung an ihr Handeln keine Rolle.

Von den Geschäftsführern werden unternehmerische Entscheidungen erwartet, die sich im Nachhinein auch als falsch herausstellen können. Eine falsche Entscheidung führt jedoch nicht automatisch zu einer Haftung gegenüber der Gesellschaft.

Eine Haftung kommt nur in Betracht, wenn keine Informationen eingeholt wurden, zum eigenen oder eines anderen Vorteil gehandelt wurde oder im Verhältnis zum angestrebten Geschäftserfolg unverhältnismäßige Risiken eingegangen wurden.

Es gibt in dieser Frage keinen einheitlichen Maßstab. Eine etwaige Haftung hängt insbesondere ab von den Unternehmenszielen, Umsatzgrößen und der Kapitalausstattung. Mit dem Status der Gemeinnützigkeit sind jedenfalls ausgesprochen spekulative Geschäfte nicht vereinbar. Zur Eingrenzung und Klarstellung der Befugnisse der Geschäftsführer empfehlen sich Regelungen im Gesellschaftsvertrag und/oder in Geschäftsordnungen, welche Geschäfte zum Beispiel nur mit Zustimmung der Gesellschafterversammlung getätigt werden dürfen.

Solche Beschränkungen haben im Außenverhältnis keine Bedeutung. Sie machen somit etwaige Rechtsgeschäfte nicht unwirksam, bilden aber im Innenverhältnis zwischen GmbH und Geschäftsführern einen Maßstab für die Handlungsbefugnisse und die Erwartungen an die Geschäftsführer. Überschreiten die Geschäftsführer den Handlungsrahmen, haften sie der GmbH für alle daraus entstehenden Schäden.

Aus GmbHG und HGB folgen unmittelbar einige Verpflichtungen für die Geschäftsführer. Diese Gesetze und ihre etwaigen Veränderungen gehören zur unbedingten Pflichtlektüre.

Hat eine GmbH mehrere Geschäftsführer, stellt sich die Frage, wer für welches Verhalten einzustehen hat. Grundsätzlich gilt, dass derjenige Geschäftsführer haftet, dem persönlich Fehlverhalten zur Last zu legen ist, etwa weil er seine Handlungskompetenzen überschritten hat. Waren mehrere Geschäftsführer beteiligt, ist es möglich, dass mehrere oder alle Geschäftsführer haften.

Bei Installation einer mehrköpfigen Geschäftsführung empfiehlt sich eine Geschäftsordnung, die die verschiedenen Tätigkeitsbereiche eindeutig den einzelnen Geschäftsführern zuordnet, um Klarheit der Verantwortlichkeit herzustellen. Aber auch bei persönlicher Zuordnung von Geschäftsbereichen müssen sich alle Geschäftsführer ein Bild von der Situation der Gesellschaft machen. Wenn sie feststellen, dass ein Geschäftsführer die Interessen der GmbH verletzt, müssen sie einschreiten, zum Beispiel die Gesellschafter informieren, um Schaden von der GmbH abzuwenden.

Erteilt die Gesellschafterversammlung den Geschäftsführern Entlastung, verzichtet sie auf Ansprüche gegen die Geschäftsführer wegen fehlerhafter Geschäftsführung. Eine solche Entlastung wirkt aber nur insoweit, als die Geschäftsführer die Gesellschafterversammlung zutreffend über den Geschäftsverlauf unterrichtet haben.

Es kann auch im Anstellungsvertrag der Geschäftsführer oder im Gesellschaftsvertrag festgelegt werden, dass die Geschäftsführer nur für vorsätzliches und grob fahrlässiges Verhalten haften, nicht aber für einfache Fahrlässigkeit. Eine solche Einschränkung der Haftung gilt aber nur gegenüber der GmbH, nicht gegenüber Dritten. Das Gesellschaftsrecht kennt einige Bestimmungen, nach denen die Geschäftsführer für ihr (Fehl-)Verhalten Dritten gegenüber unmittelbar einstehen müssen.

Nach § 64 GmbHG sind die Geschäftsführer der GmbH zum Schadensersatz verpflichtet, wenn sie nach Zahlungsunfähigkeit oder Überschuldung Zahlungen an Dritte leisten. Im Fall der Insolvenzreife soll möglichst viel Masse erhalten bleiben, über deren Verteilung ein ordnungsgemäßes Insolvenzverfahren entscheiden soll. Von diesem Grundsatz gibt es enge Ausnahmen. Angesichts des Risikos der persönlichen Haftung sollte in einer Insolvenzsituation Rechtsrat eingeholt werden.

Die Erfüllung dieser Pflichten obliegt jedem Geschäftsführer. Das gilt auch für die Geschäftsführer, die nicht unmittelbar für den Finanzbereich der GmbH zuständig sind. Auch die nicht für den Finanzbereich zuständigen Geschäftsführer sollten sich somit regelmäßig einen Überblick durch Einblick etwa in Monatsabrechnungen verschaffen.

Haftung der Geschäftsführer gegenüber Dritten

Gegenüber Dritten, wie Geschäftspartnern, Kunden, Behörden, Mitarbeitern, treten die Geschäftsführer nicht als Privatpersonen, sondern als Organe der GmbH auf. Deshalb haften sie normalerweise auch nicht persönlich für eingegangene Verträge, wenn sie sie eindeutig im Namen der GmbH abschließen.

Diese Haftungsbeschränkung tritt allerdings erst mit Eintragung der GmbH ins Handelsregister ein. Werden bereits vor der

Eintragung Geschäfte getätigt, haften die handelnden Personen nach § 11 GmbHG unbeschränkt persönlich.

Eine persönliche Haftung der Geschäftsführer kann bestehen, wenn sie gegenüber einem Dritten eine schadensersatzpflichtige Handlung begangen haben. Hier wird regelmäßig nach § 31 BGB auch die GmbH haften müssen. Gläubiger können aber auch direkt auf die Geschäftsführer zugreifen, wenn diese:

- zum Beispiel im Rahmen eines Verkehrsunfalls unerlaubte Handlungen begangen haben
- im Rahmen von Schuldverhältnissen eine schuldhafte Vertragsverletzung begangen haben, etwa über den Wert einer verkauften Ware getäuscht haben
- schuldhaft falsche Abrechnungen gegenüber Kostenträgern vorgenommen haben
- schuldhaft falsche Auskünfte erteilt haben

Auch eine Verschleppung des Insolvenzantrags, die nach § 64 GmbHG zu einem Schadensersatzanspruch der GmbH gegenüber den Geschäftsführern führt, kann unter dem Gesichtspunkt der unerlaubten Handlung zu einem unmittelbaren Schadensersatzanspruch von Gläubigern der GmbH gegenüber den Geschäftsführern führen.

Im Zusammenhang mit der Gründung der GmbH, ihrer Kapitalausstattung und -erhaltung gibt es einige Haftungsbestimmungen, die die Geschäftsführer persönlich in die Verantwortung nehmen und auch nicht durch Gesellschaftsvertrag oder Anstellungsvertrag aufgehoben werden können.

Nach § 9a GmbHG haften Geschäftsführer und Gesellschafter für ausstehende Kapitaleinlagen, wenn die Eintragung der GmbH ins Handelsregister durch falsche Angaben erreicht wurde. Welche Kapitalanteile zum Zeitpunkt der Anmeldung zum Handelsregister eingezahlt sein müssen, ergibt sich aus § 7 GmbHG.

§ 30 GmbHG verbietet die Auszahlung von Gesellschaftsanteilen. Wird hiergegen verstoßen, kann das eine persönliche Haftung der Geschäftsführer zur Folge haben.

Nach § 34 AO haben die Geschäftsführer als gesetzliche Vertreter der GmbH die steuerlichen Pflichten der GmbH zu erfüllen. Dazu gehören vor allem Buchführung, Abgabe von Steuererklärungen und Zahlung von Steuerschulden. Grundsätzlich haftet die GmbH zunächst mit ihrem Vermögen für die Erfüllung der Steuerschulden. Werden diese vorsätzlich oder grob fahrlässig nicht oder nicht vollständig beglichen, haften die Geschäftsführer persönlich.

Die Erfüllung dieser Pflichten obliegt jedem Geschäftsführer. Das gilt auch für die Geschäftsführer, die nicht unmittelbar für den Finanzbereich der GmbH zuständig sind. Deshalb sollten sich auch diese regelmäßig einen Überblick durch Einblick in die Monatsabrechnungen verschaffen.

Haftung des Aufsichtsrates

Anders als die Aktiengesellschaft muss die GmbH keinen Aufsichtsrat haben. Wird jedoch ein Aufsichtsrat eingerichtet, gelten für diesen nach § 52 GmbHG die aktienrechtlichen Regelungen – einschließlich der Haftungsregelungen. Dabei kommt es nicht darauf an, ob das im Gesellschaftsvertrag benannte Gremium Aufsichtsrat, Beirat, Verwaltungsrat oder wie auch immer heißt. Entscheidend ist, ob es faktisch Aufsichts- und Überwachungsfunktionen gegenüber der Geschäftsführung besitzt.

Der Gesellschaftsvertrag kann vorsehen, dass die aktienrechtlichen Bestimmungen ganz oder teilweise keine Anwendung finden.

Haftung der Mitarbeiter

Die Mitarbeiter der GmbH sind Erfüllungsgehilfen oder Verrichtungsgehilfen der GmbH, für deren Handeln im Rahmen der ihnen jeweils zugewiesenen Aufgaben regelmäßig die GmbH einzustehen hat. Ausnahmsweise kann bei Überschreiten der persönlich eingeräumten Befugnisse oder auch bei unerlaubten Handlungen eine persönliche Haftung in Betracht kommen.

Versicherungsschutz

Insbesondere für die Geschäftsführer einer GmbH können sich Konstellationen ergeben, in denen eine persönliche Haftung für Fehlentscheidungen oder die Vernachlässigung von Pflichten nicht auszuschließen ist. Aus diesem Grund empfiehlt es sich, für angemessenen Haftpflichtversicherungsschutz zu sorgen.

Kapitalerhaltung und Insolvenz

§ 30 GmbHG verpflichtet zur Erhaltung des Stammkapitals. Wenn sich bei Aufstellung der Jahresbilanz oder auch unterjährig zeigt, dass die Hälfte des Stammkapitals verloren ist, muss der Geschäftsführer gemäß § 49 Abs. 3 GmbHG unverzüglich – ohne schuldhaftes Zögern – eine Gesellschafterversammlung einberufen. Die Unterlassung ist gemäß § 84 GmbHG strafbar.

Die Gesellschafter sollen entscheiden können, ob sie den Geschäftsbetrieb einstellen wollen oder gegebenenfalls Kapital nachschießen möchten.

Alle Geschäftsführer sind gemäß § 15a InsO verpflichtet, bei Überschuldung oder Zahlungsunfähigkeit die Eröffnung eines Insolvenzverfahrens beim Amtsgericht zu beantragen. Wenn die GmbH mangels Geschäftsführer handlungsunfähig ist, trifft diese Pflicht auch die Gesellschafter.

Leisten Geschäftsführer nach diesem Zeitpunkt Zahlungen an Dritte, sind sie der GmbH persönlich zum Schadensersatz verpflichtet. Die Insolvenzmasse soll möglichst ungeschmälert dem Insolvenzverwalter zur Verfügung stehen. Die Verpflichtung zum Schadensersatz besteht nicht, soweit die Zahlungen mit der Sorgfalt eines ordentlichen Geschäftsmanns vereinbar sind. Wegen der erheblichen persönlichen Risiken und der differenzierten Rechtsprechung sollte in einer solchen Situation Rechtsrat eingeholt werden.

Insbesondere bei engen wirtschaftlichen Verflechtungen zwischen GmbH und ihrem Allein- oder Hauptgesellschafter kann es im Interesse des Gesellschafters liegen, eine Insolvenz der GmbH abzuwenden. Dies kann in der Weise geschehen, dass Kapital nachgeschossen wird. Häufiger wird jedoch ein Rangrücktritt erklärt. Das bedeutet, dass rechtsverbindlich erklärt wird, dass eigene Forderungen gegen die GmbH, zum Beispiel aus Gesellschafterdarlehen oder Dienstleistungen, derzeit nicht geltend gemacht werden, dass also andere Gläubiger vorrangig bedient werden können. Dies führt dazu, dass diese Forderungen bei der Beurteilung einer Überschuldungssituation nicht berücksichtigt werden.

Beispiel:

Das Gesellschaftsvermögen beträgt 100.000 Euro. Gläubiger A und Gläubiger B haben jeweils Forderungen in Höhe von 60.000 Euro. Damit ist die GmbH überschuldet, weil die Schulden von 120.000 Euro das Gesellschaftsvermögen von 100.000 Euro übersteigen. Erklärt nun einer der beiden Gläubiger den Rangrücktritt, stehen dem Gesellschaftsvermögen von 100.000 Euro nur noch zu berücksichtigende Schulden in Höhe von 60.000 Euro gegenüber.

Veränderung der Gesellschaftsanteile

Die Höhe des Stammkapitals sowie die Zusammensetzung der Gesellschafter können mit der Zeit in mannigfacher Art verändert werden. Generell ist darauf hinzuweisen, dass damit in aller Regel eine Änderung des Gesellschaftsvertrages verbunden ist. Entsprechende Beschlüsse bedürfen demnach der Mehrheit, die der Gesellschaftsvertrag für Änderungen vorsieht – oft einer ⅔- oder ¾-Mehrheit. Außerdem bedarf eine wirksame Änderung des Gesellschaftsvertrages der notariellen Beurkundung und der anschließenden Anmeldung beim Handelsregister (§ 40 GmbHG).

Verkauf oder Abtretung von Anteilen

Soweit Anteile verkauft oder abgetreten werden, muss der entsprechende Vertrag notariell beurkundet werden. Die Geschäftsführung muss dem Handelsregister eine aktualisierte Liste der Gesellschafter vorlegen.

Gesellschaftsverträge enthalten regelmäßig Klauseln, wonach Anteile nicht beliebig verkauft oder abgetreten werden dürfen, weil alle Gesellschafter ein Interesse daran haben, auf die

Zusammensetzung des Gesellschafterkreises Einfluss zu nehmen. Daher ist es möglich, dass Vorkaufsrechte anderer Gesellschafter oder weiterer Personen zu beachten sind.

Bei einer gemeinnützigen GmbH ist außerdem zu berücksichtigen, dass wegen § 55 AO der Anteil nicht mit Gewinn veräußert werden darf. Der abgebende Gesellschafter darf nicht mehr erhalten, als er ursprünglich in die GmbH eingelegt hat.

Pfändung und Erben

Wird ein Gesellschafter insolvent, können seine Gläubiger auch den GmbH-Anteil pfänden und damit Gesellschafter werden. Da dies regelmäßig nicht im Interesse der übrigen Gesellschafter liegt, sehen GmbH-Verträge üblicherweise vor, dass im Fall der Insolvenz die GmbH befugt ist, den Anteil eines insolventen Gesellschafters einzuziehen. Die übrigen Gesellschafter entscheiden dann, ob ein neuer Gesellschafter gefunden werden soll, der eingezogene Anteil auf die übrigen Gesellschafter aufgeteilt werden oder ins Eigentum der GmbH fallen soll. Natürlich erfolgt eine solche Einziehung gegen Entschädigung, im Falle der gemeinnützigen GmbH in Höhe des eingezahlten unverzinsten Anteils.

Ein GmbH-Anteil ist vererblich. Auch im Erbfall würde somit ein bislang Unbeteiligter zum Gesellschafter werden. Deshalb wird in Gesellschaftsverträgen oft vorgesehen, dass die Gesellschaft im Erbfall entscheidet, ob der Erbe oder die Erben in die Gesellschaft eintreten sollen oder ob der Anteil gegen Abfindung eingezogen wird.

Heraufsetzung des Stammkapitals

Das Gesellschaftskapital kann dadurch heraufgesetzt werden, dass die Gesellschafter weiteres Kapital nachschießen, dass weitere Gesellschafter hinzugenommen werden oder eine Heraufsetzung des Kapitals aus Mitteln der Gesellschaft (Gewinnen) erfolgt.

Bei einer gemeinnützigen GmbH ist zu beachten, dass Kapitalerhöhungen aus Mitteln der Gesellschaft nicht dazu führen, § 55 AO zu umgehen. Auch nach einer derartigen Kapitalerhöhung dürfen ausscheidende Gesellschafter nicht mehr erhalten, als sie ursprünglich eingezahlt haben. In der Bilanz der Gesellschafter führt eine solche Kapitalerhöhung damit auch nicht zu einer Höherbewertung des Anteils an einer gemeinnützigen GmbH.

Herabsetzung des Stammkapitals

Das Stammkapital kann auch herabgesetzt werden. Da dies eher selten erfolgt und nach § 58 ff. GmbHG ein aufwändiges Verfahren zu beachten ist, wird hier nicht auf Einzelheiten eingegangen.

Jedenfalls darf das Mindeststammkapital von 25.000 Euro nicht unterschritten werden.

Einziehung von Geschäftsanteilen

Es wurde bereits darauf hingewiesen, dass GmbH-Gesellschafter üblicherweise bestimmen wollen, wer Mitgesellschafter wird. Deshalb wird für Situationen, in denen eine Fremdbestimmung droht (Insolvenz des Gesellschafters, Erbfall), die Einziehung des Anteils durch Beschluss der Gesellschafterversammlung vorgesehen. Ohne eine solche Regelung wäre die Einziehung nach § 34 GmbHG nicht möglich.

Erwerb eigener Anteile

Die GmbH darf zum Beispiel im Rahmen einer Einziehung grundsätzlich auch eigene Anteile erwerben. Dies ist nach § 3 GmbHG nur zulässig, soweit solche Anteile vollständig eingezahlt sind und der Erwerb aus freien Rücklagen möglich ist.

Kündigung, Auflösung, Liquidation

Eine GmbH wird üblicherweise auf unbestimmte Zeit gegründet. Ausnahmsweise wird ein bestimmter Termin der Beendigung oder auch die Erfüllung einer Bedingung festgelegt, zum Beispiel das Ende eines bestimmten Projektes wie Gartenschau, Kultursommer o. Ä.

Das GmbHG kennt kein Recht, die Gesellschaft aufzukündigen. Ein solches Recht wird üblicherweise auch nicht im Gesellschaftsvertrag vorgesehen, weil es normalerweise nicht im Interesse der Gesellschafter liegt, dass ein einzelner Gesellschafter durch einseitige Kündigungserklärung den Fortbestand der Gesellschaft in Frage stellt. Vielmehr ist es üblich, dass ein Gesellschafter gegen Abfindung ausscheiden kann. Bei der gemeinnützigen GmbH darf die Abfindung wegen § 55 AO nicht höher sein als der ursprünglich eingezahlte Beitrag.

Das Ende der GmbH ist ihre Auflösung. § 60 GmbHG nennt abschließend die Auflösungsgründe, worunter die Auflösung durch Beschluss der Gesellschafter der häufigste ist. Hier ist eine $^{3}/_{4}$-Mehrheit der in der Gesellschafterversammlung abgegebenen Stimmen erforderlich. Der Gesellschaftsvertrag kann eine andere Mehrheit vorsehen.

Der Auflösungsbeschluss muss zur Eintragung ins Handelsregister angemeldet werden. Die Gläubiger werden durch öffentliche Bekanntmachung (üblicherweise Bundesanzeiger) aufgefordert, etwaige Ansprüche gegen die GmbH anzumelden.

Die Auflösung erfolgt durch Liquidation. Hierzu sind die Geschäftsführer verpflichtet, wenn nicht eigenständige Liquidatoren bestimmt worden sind. Wurden Liquidatoren bestimmt, müssen sie ins Handelsregister eingetragen werden. Die Anmeldung erfolgt durch die letzten Geschäftsführer.

Die Liquidatoren müssen nach § 70 GmbHG die laufenden Geschäfte beenden, bestehende Verbindlichkeiten erfüllen und Forderungen einziehen. Vorhandene Sachwerte sind in Geld umzusetzen.

Die flüssigen Mittel müssen bis mindestens ein Jahr nach Bekanntmachung der Auflösung verwahrt werden (Sperrjahr). Danach werden sie an die Gesellschafter entsprechend ihren Anteilen verteilt. Bei der gemeinnützigen GmbH ist § 55 AO zu beachten, wonach kein Gesellschafter mehr erhalten darf, als er ursprünglich eingezahlt hatte. Etwaiges Restvermögen ist an die heimfallberechtigte Körperschaft auszukehren (§ 61 AO).

Steuern und Steuerbefreiungen

5

Grundlagen des Gemeinnützigkeitsrechts

Für Organisationen mit ideeller Zielrichtung sieht das Steuerrecht eine Reihe von Steuervergünstigungen und -befreiungen vor. Diese Sonderregelungen sind in den einzelnen Steuergesetzen, beispielsweise dem Körperschaftsteuergesetz (KStG) und dem Umsatzsteuergesetz (UStG), aufgeführt.

Die Voraussetzungen, unter denen eine Organisation als „gemeinnützig" anerkannt ist, das heißt Steuervergünstigungen genießt, sind in den §§ 51 bis 68 AO geregelt. Das Bundesministerium der Finanzen hat einen Anwendungserlass zur AO herausgegeben, der für die Finanzämter bindende Auslegungsregelungen zu den einzelnen Vorschriften der AO enthält. Gemeinnützigen Organisationen kann der Erlass als praxisnahe Kommentierung dienen.

Die AO verwendet den Begriff „steuerbegünstigte Zwecke" in den §§ 51 bis 68 als Oberbegriff für gemeinnützige, mildtätige und kirchliche Zwecke.

§ 52 AO Gemeinnützige Zwecke

Nach § 52 AO verfolgt eine Körperschaft gemeinnützige Zwecke, „wenn ihre Tätigkeit darauf gerichtet ist, die Allgemeinheit auf materiellem, geistigem oder sittlichem Gebiet selbstlos zu fördern". Welche Betätigungen unter den Voraussetzungen des § 52 Abs. 1 AO konkret als eine Förderung der Allgemeinheit anzuerkennen sind, bestimmt sich nach dem detaillierten Zweckkatalog des § 52 Abs. 2 AO, welcher durch das Gesetz zur weiteren Stärkung des bürgerschaftlichen Engagements vom 10. Oktober 2007 neu gefasst wurde.

Beispiele:

- Förderung von Kunst und Kultur
- Förderung der Jugend- und Altenhilfe
- Förderung des Wohlfahrtswesens
- Förderung des bürgerschaftlichen Engagements
- Förderung des Sports

§ 53 AO Mildtätige Zwecke

Nach § 53 AO verfolgt eine Körperschaft mildtätige Zwecke, wenn „ihre Tätigkeit darauf gerichtet ist, Personen selbstlos zu unterstützen". Die Unterscheidung zwischen gemeinnützigen und mildtätigen Zwecken hat durch die Reform des Gemeinnützigkeitsrechts im Jahr 2007 weitgehend an Bedeutung verloren, da alle steuerbegünstigten Zwecke seither gleichbehandelt werden. Lediglich im Gewerbesteuergesetz (GewStG) und im UStG finden sich vereinzelt Vergünstigungen, die weiter an § 53 AO anknüpfen.

§ 53 AO unterscheidet zwischen körperlicher, geistiger und seelischer Hilfsbedürftigkeit zum einen und wirtschaftlicher Hilfsbedürftigkeit zum anderen.

§ 54 AO Kirchliche Zwecke

Nach § 54 AO verfolgt eine Körperschaft kirchliche Zwecke, wenn „ihre Tätigkeit darauf gerichtet ist, eine Religionsgemeinschaft, die Körperschaft des öffentlichen Rechts ist, selbstlos zu fördern". Die Regelung ergänzt die persönliche Steuerbefreiung der Kirchen als Körperschaften des öffentlichen Rechts.

Rechtsgrundsätze der Gemeinnützigkeit

Die Gewährung von Steuervergünstigungen aufgrund Gemeinnützigkeit ist nicht nur an die Verfolgung bestimmter Zwecke geknüpft, sondern es ist auch eine bestimmte Art und Weise der Zweckverfolgung erforderlich.

Selbstlosigkeit

Verfolgt eine gemeinnützige GmbH gemeinnützige, mildtätige oder kirchliche Zwecke, werden ihr Steuervergünstigungen gewährt, wenn sie bei ihrer Zweckverfolgung selbstlos handelt (§ 55 AO). Das Selbstlosigkeitsgebot verlangt, dass eine gemeinnützige GmbH nicht in erster Linie eigenwirtschaftliche Zwecke verfolgt.

Zu den Ausprägungen der Selbstlosigkeit gehört auch der Grundsatz der zeitnahen Mittelverwendung. Im Unterschied zu gewerblichen Altenheimen oder Pflegediensten darf bei gemeinnützigen GmbHen, die steuerbegünstigte Zwecke im Sinne der AO verfolgen, die Mehrung eigenen Vermögens oder des Vermögens ihrer Mitglieder nicht im Vordergrund stehen. Zudem dürfen die Mittel der gemeinnützigen GmbH nur für die satzungsgemäßen Zwecke verwendet werden. Die Gesellschafter erhalten keine Gewinnanteile oder sonstigen Zuwendungen aus Mitteln der gemeinnützigen GmbH. Das steuerbegünstigte Vermögen muss auf Dauer dem steuerbegünstigten Zweck dienen.

Bei Auflösung der gemeinnützigen GmbH oder Verlust ihrer Gemeinnützigkeit ist die gemeinnützige GmbH verpflichtet, ihr Vermögen gemeinnützigen Zwecken zuzuführen. Zwar darf der Gesellschaftsvertrag einen Anspruch auf Rückgewähr von Vermögen an die Gesellschafter einräumen. Dieser darf jedoch nicht mehr als die eingezahlten Kapitalanteile und den gemeinen Wert der geleisteten Sacheinlagen umfassen. Weicht die gemeinnützige GmbH in ihrer Satzung von diesem Grundsatz der Vermögensbindung ab, führt dies zu einer Nachversteuerung für einen Zeitraum von zehn Kalenderjahren (§ 61 Abs. 3 AO).

Die gemeinnützige GmbH muss ihre Mittel zeitnah für ihre steuerbegünstigten Zwecke verwenden. Nach Auffassung der Finanzverwaltung ist eine zeitnahe Mittelverwendung gegeben, wenn die Mittel spätestens in dem auf den Zufluss folgenden Kalender- oder Wirtschaftsjahr verwendet werden.

Ausschließlichkeit

Auch muss eine gemeinnützige GmbH ihre satzungsgemäßen Ziele ausschließlich verfolgen (§ 56 AO). Eine teilweise Gemeinnützigkeit gibt es folglich nicht.

Unmittelbarkeit

Das Unmittelbarkeitsprinzip ist erfüllt, wenn die steuerbegünstigte Körperschaft ihre Zwecke selbst verwirklicht (§ 57 AO). Grundlage der Steuervergünstigung ist somit nur das eigene Handeln der Körperschaft.

Ausnahmen von den Rechtsgrundsätzen

Zu den genannten Rechtsgrundsätzen der Gemeinnützigkeit gibt es eine Reihe von Ausnahmen, die teilweise in der AO selbst geregelt sind, sich aber auch aus der Praxis der Finanzverwaltung ergeben.

So zählt die Beeinflussung der politischen Meinungsbildung grundsätzlich zwar nicht zu den gemeinnützigen Zwecken im Sinne des § 52 AO. Viele gemeinnützige Organisationen verfolgen aber auch sozialpolitische, ökologische oder kulturpolitische Ziele, zum Beispiel die Verbesserung der gesellschaftlichen Stellung von Menschen mit Behinderung. Eine gewisse Beeinflussung der politischen Meinungsbildung schließt die Gemeinnützigkeit nicht aus. Eine gemeinnützige GmbH kann im Rahmen ihres Gesellschaftszwecks zu tagespolitischen Themen Stellung nehmen.

Gemäß § 55 Abs. 1 AO darf eine gemeinnützige GmbH „nebenbei“ auch eigenwirtschaftliche Zwecke verfolgen. Einer gemeinnützigen GmbH ist es deshalb auch erlaubt, sich Mittel für ihre satzungsgemäßen Zwecke durch außerhalb dieser Zwecke liegende wirtschaftliche Betätigungen zu verschaffen. Diese Eigenmittelbeschaffung darf jedoch nicht in den Vordergrund der Gesellschaftstätigkeit rücken.

Eine Liste wichtiger steuerlich unschädlicher Betätigungen enthält § 58 AO. In dieser Vorschrift wird unter anderem geregelt, dass eine steuerbegünstigte Organisation ihre Mittel teilweise einer anderen, ebenfalls steuerbegünstigten Organisation zur Verwendung für steuerbegünstigte Zwecke zuwenden darf. Eine steuerbegünstigte Körperschaft darf auch Mittel zur Verwirklichung der steuerbegünstigten Zwecke einer anderen Körperschaft beschaffen. Diese Vorschrift erfasst die sogenannten Fördervereine, die selbst nicht unmittelbar gemeinnützige Zwecke verfolgen, sondern andere gemeinnützige Einrichtungen oder Organisationen unterstützen.

Die Ziffern 6 und 7 des § 58 AO regeln, welche Rücklagen eine steuerbegünstigte GmbH bilden darf. Es ist erlaubt, Rücklagen zu bilden, um die satzungsgemäßen Zwecke nachhaltig erfüllen zu können. So kann eine gemeinnützige GmbH etwa eine zweckgebundene Rücklage zur Errichtung eines neuen Einrichtungsgebäudes, zum Erwerb von Sportgeräten oder zur Anschaffung von Fahrzeugen für ihren ambulanten Pflegedienst bilden. In engeren Grenzen sind freie Rücklagen und Rücklagen zum Erwerb von Gesellschaftsrechten zur Erhaltung einer Kapitalbeteiligung erlaubt.

Neben diesen gesetzlich geregelten Rücklagen ist anerkannt, dass Betriebsmittelrücklagen, Rücklagen in der Vermögensverwaltung und in wirtschaftlichen Geschäftsbetrieben gebildet werden dürfen (vgl. AEAO Ziff. 3 zu § 55 Abs. 1 Nr. 1).

Formelle Voraussetzung der Steuervergünstigung, Verfahren der Anerkennung

Als formelle Voraussetzung der Steuervergünstigung verlangt § 59 AO, dass sich aus der Satzung ergibt, welchen Zweck die gemeinnützige GmbH verfolgt, dass dieser Zweck den materiellen Anforderungen der §§ 52 bis 55 AO entspricht und er ausschließlich und unmittelbar verfolgt wird. Die tatsächliche Geschäftsführung der gemeinnützigen GmbH muss den Bestimmungen des Gesellschaftsvertrages entsprechen. Den Nachweis hierüber hat die gemeinnützige GmbH gemäß § 63 Abs. 3 AO durch ordnungsgemäße Aufzeichnungen über die Einnahmen und Ausgaben zu führen.

Die Satzungszwecke und die Art ihrer Verwirklichung müssen nach § 60 AO so genau bestimmt sein, dass aufgrund der Satzung geprüft werden kann, ob die Voraussetzungen für die Steuerbegünstigungen vorliegen. Der Gesellschaftsvertrag muss den künftigen Verwendungszweck des Gesellschaftsvermögens für den Fall der Auflösung oder des Wegfalls der Gemeinnützigkeit exakt bestimmen (§ 61 AO).

Sind die Voraussetzungen der § 51 ff. AO gegeben, ist eine gemeinnützige GmbH steuerbegünstigt. Es gibt kein formelles Anerkennungsverfahren zur Erlangung der Gemeinnützigkeit, vielmehr wird die Gemeinnützigkeit von Amts wegen durch das Finanzamt im Veranlagungsverfahren durch einen Freistellungsbescheid festgestellt. Die Veranlagung erfolgt für die Vergangenheit.

Eine gemeinnützige GmbH sollte sich aber bereits bei ihrer Gründung an das Finanzamt wenden und eine sogenannte vorläufige Bescheinigung der Anerkennung der Gemeinnützigkeit beantragen. Mit dieser vorläufigen Bescheinigung bestätigt das Finanzamt, dass der Gesellschaftsvertrag den förmlichen Anforderungen der §§ 60 und 61 AO genügt. Die vorläufige Bescheinigung des Finanzamtes gibt der gemeinnützigen GmbH keinen Anspruch darauf, im späteren Veranlagungsverfahren vom Finanzamt als steuerbegünstigt behandelt zu werden. Erst im Veranlagungsverfahren, das in der Regel drei Jahre nach Beantragung der vorläufigen Bescheinigung durchgeführt wird, wird festgestellt, ob die GmbH tatsächlich steuerbegünstigte Zwecke verfolgt hat. Die vorläufige Bescheinigung ermöglicht der GmbH, als „gemeinnützige Organisation" im Rechtsverkehr aufzutreten. Sie kann zum Beispiel Zuschüsse und Gebührenermäßigungen in Anspruch nehmen. Spenden an eine solche GmbH sind gemäß § 10b EStG abzugsfähig (vgl. Abschnitt „Spenden").

Wird im Veranlagungsverfahren die Zuerkennung der Gemeinnützigkeit verweigert, kann die GmbH im Einspruchsverfahren und eventuell anschließend im finanzgerichtlichen Verfahren Rechtsschutz suchen.

Tätigkeitsfelder der gemeinnützigen GmbH und ihre steuerliche Behandlung

In der gemeinnützigen GmbH sind steuerlich der ideelle Bereich, die Vermögensverwaltung und die wirtschaftliche Betätigung zu unterscheiden. Im Rahmen der wirtschaftlichen Betätigung sind die Zweckbetriebe von den steuerpflichtigen wirtschaftlichen Geschäftsbetrieben abzugrenzen. Diese Systematik gilt für alle Körperschaften, die steuerbegünstigte Zwecke verfolgen.

Ideeller Bereich

Zum ideellen Bereich zählen alle Einnahmen, die die gemeinnützige GmbH erzielt, ohne eine Gegenleistung erbringen zu müssen. Hierzu gehören zum Beispiel Bußgelder und Spenden. Für Einnahmen im ideellen Bereich werden keine Ertragsteuern erhoben.

Vermögensverwaltung

Vermögensverwaltung liegt vor, wenn Vermögen genutzt wird, zum Beispiel Kapitalvermögen verzinslich angelegt oder unbewegliches Vermögen langfristig vermietet oder verpachtet wird (§ 14 AO). Auch die Vermögensverwaltung ist bei steuerbegünstigten GmbHen ertragsteuerfrei. Die Abgrenzung der Vermögensverwaltung von der wirtschaftlichen Betätigung kann im Einzelfall schwierig sein.

Zweckbetrieb

Zweckbetriebe dienen dazu, die satzungsgemäßen Zwecke der gemeinnützigen GmbH zu verwirklichen. § 68 AO enthält eine Aufzählung von Zweckbetrieben. So sind unter anderem Altenwohn- und Pflegeheime, Kindergärten, Werkstätten für behinderte Menschen, kulturelle Einrichtungen und Wissenschafts- und Forschungseinrichtungen als Zweckbetrieb anerkannt. Neben diesen einzelnen im Gesetz genannten Zweckbetrieben sieht § 66 AO vor, dass eine Einrichtung der Wohlfahrtspflege grundsätzlich ein Zweckbetrieb ist, wenn mindestens zwei Drittel der Leistungen hilfsbedürftigen Personen zugute kommen.

§ 67a AO legt fest, dass sportliche Veranstaltungen eines Sportvereins ein Zweckbetrieb sind, wenn die Einnahmen die Besteuerungsgrenze nicht übersteigen. Die §§ 66, 67a und 68 AO sind Spezialregelungen zu § 65 AO, der eine allgemeine Zweckbetriebsdefinition enthält. Zweckbetriebe sind von der Körperschaft- und Gewerbesteuer befreit.

Wirtschaftlicher Geschäftsbetrieb

Wirtschaftliche Betätigungen, die keine Zweckbetriebe sind, sind steuerpflichtig. So unterliegen die sogenannten Mittelbeschaffungsbetriebe der Körperschaft- und Gewerbesteuer. Der Satzungszweck wird durch solche Betriebe nicht unmittelbar verwirklicht, sondern es werden Mittel erwirtschaftet, die anschließend für den Satzungszweck eingesetzt werden sollen. § 64 Abs. 3 AO enthält aber für steuerbegünstigte GmbHen eine weitere Steuervergünstigung hinsichtlich ihrer wirtschaftlichen Geschäftsbetriebe. Nach dieser Vorschrift unterfallen solche Betriebe nicht der Körperschaft- und Gewerbesteuer, deren Einnahmen einschließlich Umsatzsteuer insgesamt nicht 35.000 Euro im Jahr übersteigen. Mehrere wirtschaftliche Geschäftsbetriebe einer gemeinnützigen GmbH werden als ein wirtschaftlicher Geschäftsbetrieb behandelt (§ 64 Abs. 2 AO). Übersteigen die Einnahmen diese Besteuerungsgrenze, unterliegen sie insgesamt den Ertragsteuern.

Die Zuordnung klassischer sozialer Tätigkeitsfelder zu den steuerbegünstigten Zweckbetrieben ist unproblematisch. Schwieriger ist die Einordnung neuerer Tätigkeitsfelder in die genannten Tätigkeitsbereiche der gemeinnützigen GmbH. Die Abgrenzung zwischen Vermögensverwaltung, Zweckbetrieb und steuerpflichtigem wirtschaftlichen Geschäftsbetrieb ist nicht immer eindeutig. So kann zum Beispiel ein Arbeitsbeschaffungsprojekt Zweckbetrieb sein, wenn besonders benachteiligte Personengruppen Nutznießer dieses Projektes sind. Solche Beschäftigungsinitiativen können aber auch eine steuerpflichtige gewerbliche Tätigkeit darstellen.

Weitere Folgen der Gemeinnützigkeit

Neben den steuerlichen Vorteilen, die eine gemeinnützige GmbH genießt, kann sie weitere Vorteile in Anspruch nehmen. So sind steuerbegünstigte Körperschaften in einigen Bundesländern von Verwaltungs- und Justizverwaltungsgebühren befreit (vgl. Abschnitt „Gebührenbefreiungen"). Mildtätige GmbHen erhalten Ermäßigungen bei Notargebühren. Die Steuerbegünstigung ist Voraussetzung dafür, Bußgelder zu erhalten, die in Strafverfahren verhängt worden sind. Auch Zuwendungen öffentlicher Stellen oder von Stiftungen sind oftmals davon abhängig, dass der Begünstigte gemeinnützige oder mildtätige Zwecke verfolgt.

Steuerbegünstigte Organisationen profitieren auch davon, dass Spenden an sie für den Spender von der Steuer absetzbar sind (vgl. Abschnitt „Spenden"). Zudem sind bestimmte nebenberufliche Tätigkeiten für eine steuerbegünstigte Organisation einkommensteuerrechtlich privilegiert (vgl. Abschnitt „Übungsleiter- und Ehrenamtspauschale").

Körperschaftsteuer

Die Körperschaftsteuer ist die Einkommensteuer juristischer Personen und wirtschaftlich selbstständiger Zweckvermögen. Erzielt eine gemeinnützige GmbH Einnahmen, ist stets an die Körperschaftsteuerpflicht zu denken. Die Körperschaftsteuer ist im Körperschaftsteuergesetz (KStG) geregelt.

Persönliche Steuerpflicht

5

Die persönliche Steuerpflicht einer gemeinnützigen GmbH ergibt sich aus den allgemeinen Vorschriften des KStG. Gemäß § 1 KStG unterliegen der unbeschränkten Steuerpflicht neben Genossenschaften, rechtsfähigen und nichtrechtsfähigen Vereinen auch Kapitalgesellschaften, das heißt Aktiengesellschaften und GmbHen.

Nach § 5 Abs. 1 Nr. 9 KStG sind gemeinnützige Körperschaften von der Körperschaftsteuer befreit. Dies gilt jedoch nicht, sofern ein wirtschaftlicher Geschäftsbetrieb unterhalten wird, der nicht Zweckbetrieb ist.

Um die Besteuerung gemeinnütziger Organisationen im Rahmen der Körperschaft- und Gewerbesteuer zu vereinfachen, hat der Gesetzgeber in § 64 Abs. 3 AO eine Besteuerungsgrenze in Höhe von 35.000 Euro eingeführt. Übersteigen die Einnahmen einschließlich Umsatzsteuer aus wirtschaftlichen Geschäftsbetrieben, die keine Zweckbetriebe sind, diese Grenze nicht, fällt keine Körperschaft- und Gewerbesteuer an.

Wichtig: Die Feststellung, ob die Einnahmen unter der Besteuerungsgrenze liegen, ist für jedes Jahr gesondert zu treffen.

Sachliche Steuerpflicht

Werden Einkünfte aus einem wirtschaftlichen Geschäftsbetrieb erzielt, die folglich nicht unter den Befreiungstatbestand des § 5 Abs. 1 Nr. 9 KStG fallen, und wird die Besteuerungsgrenze des § 64 Abs. 3 AO überschritten, ist das körperschaftsteuerpflichtige Einkommen der GmbH gemäß § 7 ff. KStG zu ermitteln. Auf das so ermittelte Einkommen ist nach Abzug des Freibetrags nach

§ 24 KStG der allgemeine Körperschaftsteuertarif von 15 Prozent zzgl. Solidaritätszuschlag anzuwenden.

Gewerbesteuer

Die Gewerbesteuer wird als Gewerbeertragsteuer auf die objektive Ertragskraft eines Gewerbebetriebes erhoben. Sie trägt als deren wichtigste originäre Einnahmequelle maßgeblich zur Finanzierung der Gemeinden bei. Die Gewerbesteuer ist im Gewerbesteuergesetz (GewStG) geregelt.

Persönliche Steuerpflicht

Die persönliche Steuerpflicht einer gemeinnützigen GmbH ergibt sich aus den allgemeinen Vorschriften des GewStG. Gemäß § 2 GewStG unterliegen der Gewerbesteuer gewerbliche Unternehmen im Sinne des Einkommensteuergesetzes (EStG).

Gemäß § 3 Nr. 6 GewStG sind gemeinnützige Körperschaften von der Gewerbesteuer befreit. Dies gilt jedoch nicht, sofern ein wirtschaftlicher Geschäftsbetrieb unterhalten wird, der nicht Zweckbetrieb ist. Zudem besteht für gemeinnützige Organisationen auch im Bereich der Gewerbesteuer die Besteuerungsgrenze in Höhe von 35.000 Euro gemäß § 64 Abs. 3 AO.

Sachliche Steuerpflicht

Werden Einkünfte aus einem wirtschaftlichen Geschäftsbetrieb erzielt, die folglich nicht unter den Befreiungstatbestand des § 3 Nr. 6 GewStG fallen, und wird die Besteuerungsgrenze des § 64 Abs. 3 AO überschritten, ist der Gewerbeertrag nach § 7 GewStG zu ermitteln. Dieser ist der nach den Vorschriften des EStG oder des KStG zu ermittelnde Gewinn aus dem Gewerbebetrieb, vermehrt und vermindert um die in den §§ 8 und 9 GewStG bezeichneten Beträge.

Erbschaft- und Schenkungsteuer

Die Erbschaftsteuer besteuert den Erwerb von Todes wegen, die Schenkungsteuer Schenkungen und andere unentgeltliche Zuwendungen unter Lebenden. Beide Steuerarten sind in einem einheitlichen Gesetz, dem Erbschaftsteuer- und Schenkungsteuergesetz (ErbStG), geregelt, welches die Steuer vom Erwerber erhebt.

Zuwendungen an gemeinnützige Körperschaften sind gemäß § 13 Abs. 1 Nr. 16b ErbStG steuerbefreit. Auch Zuwendungen, die ausschließlich gemeinnützigen, kirchlichen oder mildtätigen Zwecken gewidmet sind, sofern die Verwendung zu dem bestimmten Zweck gesichert ist, sind nach § 13 Abs. 1 Nr. 17 ErbStG von der Erbschaft- und Schenkungsteuer befreit.

5 Grundsteuer

Die Grundsteuer ist eine Steuer auf das Eigentum an Grundstücken und deren Bebauung. Sie wird als Realsteuer von den Gemeinden und Städten erhoben und ist im Grundsteuergesetz (GrStG) geregelt.

Grundbesitz gemeinnütziger und mildtätiger Organisationen, der für gemeinnützige oder mildtätige Zwecke genutzt wird, ist nach § 3 Abs. 1 Nr. 3b GrStG von der Grundsteuer befreit. Ergänzend dazu bestimmt § 7 GrStG, dass die Befreiung nur eintritt, „wenn der Steuergegenstand für den steuerbegünstigten Zweck unmittelbar benutzt wird. Unmittelbare Benutzung liegt vor, sobald der Steuergegenstand für den steuerbegünstigten Zweck hergerichtet wird."

Beispiel:

Überlässt eine gemeinnützige Körperschaft einer anderen gemeinnützigen Körperschaft Räume gegen Entgelt, die für deren steuerbegünstigte Zwecke genutzt werden, bleibt die Steuerbefreiung erhalten.

Hingegen fehlt es an einer unmittelbaren Benutzung, wenn auf dem Grundbesitz ein steuerpflichtiger wirtschaftlicher Geschäftsbetrieb unterhalten wird.

Bei einer teilweisen Nutzung für steuerbegünstigte Zwecke hat nach § 8 GrStG eine Aufteilung nach dem Verhältnis der Nutzflächen zu erfolgen.

Grunderwerbsteuer

Die Grunderwerbsteuer fällt beim Erwerb eines Grundstücks an. Sie ist wie die Umsatzsteuer eine Verkehrssteuer und wird im Grunderwerbsteuergesetz (GrEStG) geregelt.

Wie auch bei der Umsatzsteuer besteht für gemeinnützige Körperschaften keine generelle Befreiungsvorschrift.

Umsatzsteuer

Die Umsatzsteuer ist eine Verkehrssteuer, die den Austausch von Leistungen (Umsatz) besteuert. Sie erfasst den Umsatz unabhängig vom Gewinn. Die Erfüllung der Voraussetzungen der §§ 51 bis 68 AO befreit nicht von der Umsatzsteuerpflicht. Die Folge ist, dass gemeinnützige Organisationen zwar – bis auf ihre wirtschaftlichen Geschäftsbetriebe – von der Körperschaftsteuer und der Gewerbesteuer befreit sind, nicht jedoch von der Umsatzsteuer. Die Umsatzsteuer folgt eigenen Gesetzmäßigkeiten, die an dieser Stelle vereinfacht dargestellt werden.

Systematik

Das UStG findet Anwendung auf die in § 1 UStG aufgeführten Umsätze. Danach ist eine Lieferung und sonstige Leistung nur steuerbar, wenn sie von einem Unternehmer im Inland gegen Entgelt im Rahmen seines Unternehmens ausgeführt wird. Sind einzelne Tatbestandsvoraussetzungen nicht erfüllt, etwa wenn die Leistung im Ausland ausgeführt wird, liegt kein steuerbarer Umsatz vor.

Generell sind alle Leistungen und Lieferungen umsatzsteuerpflichtig, die nicht ausdrücklich von der Umsatzsteuer befreit sind. Allerdings ist zwischen dem regulären Umsatzsteuersatz von 19 Prozent und dem ermäßigten Steuersatz von 7 Prozent gemäß § 12 Abs. 2 UStG zu unterscheiden. Letzterer gilt unter anderem für Theater-, Konzert- und Museumsbesuche, Zirkusvorführungen oder Zweckbetriebe.

§ 4 UStG formuliert in den Nummern 1 bis 28 Tatbestände für Steuerbefreiungen. Allerdings entbehren die Befreiungen aufgrund verschiedener Änderungen im Laufe der Jahre einer einheitlichen Systematik. Manche Steuerbefreiungen sind wettbewerbsneutral und befreien Leistungen von der Umsatzsteuer, unabhängig davon, ob sie von gemeinnützigen oder von gewerblichen Einrichtungsträgern erbracht werden.

Systematik der Umsatzsteuer

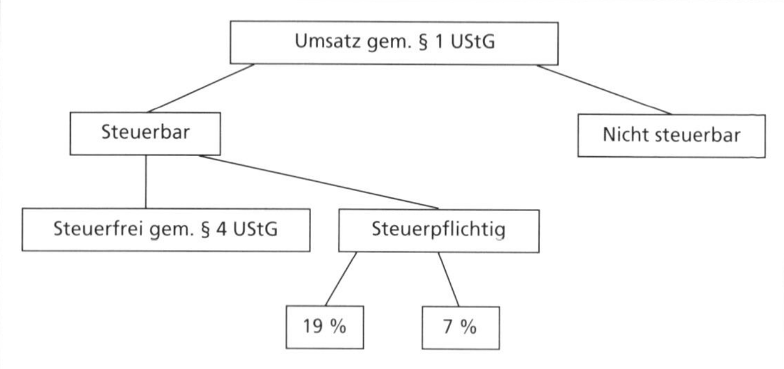

Berechnung der Umsatzsteuer und Vorsteuerabzug

Die Umsatzsteuerschuld ergibt sich aus der Differenz zwischen eingenommener und bezahlter Umsatzsteuer. Die in eigenen Rechnungen ausgewiesene Umsatzsteuer ist an das Finanzamt abzuführen, jedoch unter Abzug der an Dritte bezahlten Umsatzsteuer (Vorsteuer). Übersteigt die Vorsteuer, zum Beispiel im Zusammenhang mit Baukosten oder der Anschaffung größerer Vorräte, die Umsatzsteuer, kommt es zu einer Vorsteuererstattung durch das Finanzamt. Die nachfolgende Rechnung soll diesen Vorgang verdeutlichen.

Beispiel:

Das Unternehmen A verkauft Ware zum Nettobetrag von 1.000 Euro an das Unternehmen B, das diese Ware zu einem Nettopreis von 1.200 Euro an das Unternehmen C weiterveräußert.

Rechnung A an B:
1.000 Euro zzgl. 19 % USt 190 Euro = 1.190 Euro
A muss 190 Euro Umsatzsteuer an das Finanzamt abführen.

Rechnung B an C:
1.200 Euro zzgl. 19 % USt 228 Euro = 1.428 Euro
B muss 228 Euro Umsatzsteuer abzüglich 190 Euro bereits an A geleistete Vorsteuer an das Finanzamt abführen, das heißt 38 Euro.

In der Praxis wird der Vorsteuerabzug nicht bei jedem einzelnen Umsatz geltend gemacht, sondern jeweils nach Ablauf eines Voranmeldungszeitraums (Kalendermonat, Kalendervierteljahr) in den Voranmeldungen oder Jahreserklärungen für das Finanzamt summarisch von der Umsatzsteuerschuld abgezogen. Die Umsatzsteuerschuld wird vom steuerpflichtigen Umsatz errechnet.

Die bei der Durchführung von Satzungsaufgaben gemeinnütziger Organisationen erzielten Entgelte sind teilweise steuerbefreit. Für steuerfreie Umsätze ist in der Regel der Vorsteuerabzug ausgeschlossen (§ 15 Abs. 2 UStG). Das bedeutet, dass die auf die Einkäufe von Waren zur Erbringung des Satzungszweckes, zum Beispiel von Lebensmitteln für stationäre Einrichtungen, entfallenden Umsatzsteuerbeträge nicht als Vorsteuer geltend gemacht werden können und damit Kosten für die steuerbefreite GmbH darstellen.

Ebenso ist der Vorsteuerabzug bei Anwendung der Kleinunternehmerregelung des § 19 UStG versagt. Der Kleinunternehmer kann sich aber entscheiden, Umsatzsteuer zu entrichten (Umsatzsteueroption gemäß § 19 Abs. 2 UStG).

Der Vorsteuerabzug ist von Bedeutung, wenn ein sogenannter steuerpflichtiger wirtschaftlicher Geschäftsbetrieb zur Einnahmeerzielung unterhalten wird, beispielsweise ein Kiosk zum Verkauf von Getränken oder Süßwaren. Dann ist es erforderlich, die Vorsteuer auf die eingekauften Waren zu erfassen und gegen die an das Finanzamt abzuführende Umsatzsteuer zu verrechnen.

§ 23a UStG erlaubt zur Vereinfachung anstelle der einzelnen den Eingangsrechnungen zu entnehmenden Vorsteuern eine pauschale Abrechnung der Vorsteuer in Höhe von 7 Prozent. Dadurch entfallen die Aufzeichnungspflichten zur Erfassung der Vorsteuern. Die Pauschalierung kann von Nachteil sein, wenn die Entwicklung der Höhe der Vorsteuerbelastung in der Zukunft nicht überblickt werden kann und zum Beispiel aufgrund von Investitionen höhere Vorsteuerbeträge anfallen, als es dem Satz von 7 Prozent entspricht. Die Pauschalierung ist nicht zulässig, wenn der steuerpflichtige Umsatz im vorangegangenen Kalenderjahr 35.000 Euro überstiegen hat.

Wichtige Umsatzsteuerbefreiungen für gemeinnützige Organisationen

- § 4 Nr. 14 UStG befreit unter anderem ärztliche Heilbehandlungen oder Krankenhausbehandlungen, die von bestimmten Einrichtungen erbracht werden, sowie Leistungen der integrierten Versorgung.
- § 4 Nr. 16 UStG befreit Leistungen, die von im Einzelnen näher definierten Einrichtungen zur Betreuung oder Pflege körperlich, geistig oder seelisch hilfsbedürftiger Personen erbracht werden.
- § 4 Nr. 18 UStG befreit die Leistungen der amtlich anerkannten Verbände der freien Wohlfahrtspflege und ihrer Mitgliedsorganisationen, wenn diese Organisationen ausschließlich und unmittelbar gemeinnützigen, mildtätigen oder kirchlichen Zwecken dienen, die Leistungen unmittelbar dem nach der Satzung oder sonstigen Verfassung begünstigten Personenkreis zugute kommen und die Entgelte für die in Betracht kommenden Leistungen hinter den durchschnittlich für gleichartige Leistungen von Erwerbsunternehmen verlangten Entgelten zurückbleiben.

- § 4 Nr. 20 UStG befreit kulturelle Einrichtungen wie beispielsweise Theater, Orchester, Museen oder zoologische Gärten, die von Gebietskörperschaften oder vergleichbaren Trägern geführt werden.
- § 4 Nr. 21 UStG befreit unter bestimmten Voraussetzungen die unmittelbar dem Schul- und Bildungszweck dienenden Leistungen privater Schulen und anderer allgemeinbildender oder berufsbildender Einrichtungen.
- § 4 Nr. 23 UStG befreit die Gewährung von Beherbergung, Beköstigung und der üblichen Naturalleistungen durch Einrichtungen, wenn sie überwiegend Jugendliche für Erziehungs-, Ausbildungs- oder Fortbildungszwecke oder für Zwecke der Säuglingspflege bei sich aufnehmen, soweit die Leistungen an die Jugendlichen oder an die bei ihrer Erziehung, Ausbildung, Fortbildung oder Pflege tätigen Personen ausgeführt werden.
- § 4 Nr. 25 UStG befreit die ambulanten und stationären Leistungen der Jugendhilfe nach § 2 Abs. 2 SGB VIII und die Inobhutnahme nach § 42 SGB VIII, wenn diese Leistungen von Trägern der öffentlichen Jugendhilfe oder anderen Einrichtungen mit sozialem Charakter erbracht werden.

Spenden

Eine wichtige Einnahmequelle für gemeinnützige Organisationen sind Spenden. Spenden an eine steuerbegünstigte Körperschaft für steuerbegünstigte Zwecke können zu geringerer steuerlicher Belastung beim Spender führen. Voraussetzung dafür ist, dass die gesetzlichen Vorschriften beachtet werden. Verstöße führen auch zu Nachteilen beim Spendenempfänger. Spenden zur Verwendung in steuerpflichtigen wirtschaftlichen Geschäftsbetrieben können nicht abgesetzt werden.

Spenden sind Ausgaben, die freiwillig und unentgeltlich für die in § 10b EStG bzw. § 9 Abs. 1 Nr. 2 KStG genannten Zwecke geleistet werden. Sie können bis zu 20 Prozent des Gesamtbetrags der Einkünfte als Sonderausgaben abgezogen werden.

Wichtig: Freiwilligkeit liegt vor, wenn eine Leistung ohne rechtliche Verpflichtung erbracht wird.

Unentgeltlich ist eine Leistung, wenn ihr keine Gegenleistung des Spendenempfängers gegenübersteht oder zwischen Leistung und Gegenleistung kein unmittelbarer Zusammenhang besteht. Besteht jedoch eine auch nur teilweise Entgeltlichkeit, etwa wenn sich Leistung und Gegenleistung nicht decken (z. B. bei Aufwendungen für Wohlfahrtsbriefmarken oder Wohlfahrtslose), steht dies nach der Rechtsprechung einem steuerlichen Abzug der Ausgabe als Spende entgegen.

Nicht als Spende abziehbar – auch nicht teilweise – ist beispielsweise das Schulgeld, das Eltern an den Trägerverein einer Privatschule für den Unterricht ihrer Kinder bezahlen, da die Eltern eine Gegenleistung erhalten. Zuwendungen zugunsten von Schulen fallen nur dann unter § 10b EStG, wenn sie unentgeltlich, das heißt ohne Gegenleistung erfolgen. Schulgeld als Entgelt für Leistungen einer staatlich genehmigten oder nach Landesrecht erlaubten Ersatzschule oder einer nach Landesrecht anerkannten allgemeinbildenden Ergänzungsschule (z. B. Waldorfschule) ist allerdings nach § 10 Abs. 1 Nr. 9 EStG in Höhe von 30 Prozent des Entgelts, höchstens 5.000 Euro, als Sonderausgabe absetzbar. Dabei muss der Entgeltanteil für Beherbergung, Betreuung und Verpflegung abgezogen werden.

Ebenfalls nicht als Spende abziehbar sind gemäß § 10b Abs. 1 Satz 8 EStG Mitgliedsbeiträge an Körperschaften, die den Sport, kulturelle Betätigungen, die in erster Linie der Freizeitgestaltung dienen, die Heimatpflege und Heimatkunde und die Förderung der Tier- und Pflanzenzucht etc. fördern.

Sachspenden

Spenden müssen nicht unbedingt in Form von Geld geleistet werden. Auch Sachspenden können steuerlich abgesetzt werden, da als Ausgaben auch Zuwendungen von Wirtschaftsgütern gelten. Sachspenden sind mit dem gemeinen Wert anzusetzen, zu dem sie im gewöhnlichen Geschäftsverkehr zu veräußern wären (Bruttopreis inkl. Umsatzsteuer). Gehörte die Sachspende jedoch zu einem Betriebsvermögen, erfolgt die Bewertung der Spende gemäß § 6 Abs. 1 Nr. 4 EStG mit dem Buchwert.

Bei neuen Wirtschaftsgütern wird in der Regel die quittierte Einkaufsrechnung als Nachweis für die Wertangabe auf der Spendenbestätigung verlangt. Schwieriger ist die Ermittlung des Werts von Kunstgegenständen und gebrauchten Gegenständen. Angesichts der nur schwer einzuschätzenden Verwertungsmöglichkeiten von Kunstgegenständen ist deren Wert besonders sorgfältig zu ermitteln. In Zweifelsfällen sollte Rücksprache mit dem Körperschaftsteuerfinanzamt gehalten werden.

Bei getragener Kleidung lässt sich ein Marktwert meist nur schwer feststellen. Soweit gebrauchte Kleidung überhaupt einen Marktwert hat, sind für die Schätzung des Werts der Neupreis, der Zeitraum zwischen Anschaffung und Weggabe sowie der tatsächliche Erhaltungszustand die maßgeblichen Faktoren. Diese sind im Einzelnen durch den Steuerpflichtigen nachzuweisen.

Eine verbilligte Überlassung von Waren rechtfertigt keinen Spendenabzug in Höhe des Preisnachlasses. Der Verzicht auf Geltendmachung eines Teils der Forderung kann jedoch eine Spende darstellen.

Nutzungen und Leistungen

Nutzungen und Leistungen sind keine Spenden. So ist etwa die unentgeltliche Nutzungsüberlassung eines Wirtschaftsguts (z. B. die unentgeltliche Überlassung von Räumen, PKW oder anderen Wirtschaftsgütern) nicht als Spende abzugsfähig. Ebenso wenig stellen unentgeltliche ehrenamtliche Arbeitsleistungen eine Ausgabe im Sinne von § 10b EStG bzw. § 9 Abs. 1 Nr. 2 KStG dar.

Der Verzicht auf eine Forderung aufgrund einer entgeltlichen Arbeitsleistung oder PKW-Nutzung kann aber eine Spende sein, denn der Verzicht auf einen Erstattungsanspruch stellt eine Ausgabe dar. Ein solcher Verzicht kann aber nur dann als Spende geltend gemacht werden, wenn die gemeinnützige GmbH einen Erstattungsanspruch ausdrücklich vorgesehen hat (z. B. im Gesellschaftsvertrag oder einem Vertrag). Ein derartiger Anspruch darf nicht unter der Bedingung eines Verzichts eingeräumt worden sein.

Eine entsprechende Formulierung könnte lauten: „Ehrenamtliche Mitarbeiterinnen und Mitarbeiter haben Anspruch auf Ersatz der Auslagen (insbesondere Reisekosten), die ihnen im Auftrag der Organisation entstehen." Aufgrund der leichteren Abänderbarkeit empfiehlt sich die Aufnahme dieser Regelung in einen Vertrag mit ehrenamtlichen Mitarbeiterinnen und Mitarbeitern, anstatt sie in den Gesellschaftsvertrag einzufügen.

Spenden im Sinne des § 10b EStG oder § 9 Abs. 1 Nr. 2 KStG, die eine steuerbegünstigte GmbH erhält, fallen unter keine Einkunftsart im Sinne des § 8 KStG i. V. m. § 2 Abs. 1 EStG. Sie bleiben daher bei der GmbH körperschaft- und gewerbesteuerfrei. Ebenfalls unterliegen sie nicht der Umsatzsteuer, da Spenden unentgeltlich gewährt werden und es deshalb mangels Leistungsaustauschs an der sogenannten Steuerbarkeit fehlt.

Zuwendungsbestätigung

Voraussetzung für die Abzugsfähigkeit der Geld- oder Sachspenden in der Steuererklärung des Spenders ist die Ausstellung einer Zuwendungsbestätigung durch den Empfänger, in der bestätigt wird, dass er die Zuwendungen erhalten hat und zweckentsprechend verwenden wird. Die Zuwendungsbestätigung (vgl. nachfolgendes Muster) muss Folgendes beinhalten:

- Name und Anschrift des Spenders
- Betrag oder bei Sachspenden Art und Wert der Sachspende sowie Datum der Zuwendung
- Zugehörigkeit des Empfängers zum begünstigten Personenkreis (gemeinnützigen oder mildtätigen Zwecken dienend)
- Verwendung der Zuwendung (für gemeinnützige oder mildtätige Zwecke)
- Angabe des Finanzamtes, der Steuernummer und des aktuellen Körperschaftsteuerfreistellungsbescheids
- Ort, Datum, Unterschrift des Spendenempfängers

Berechtigt zur Ausstellung von Zuwendungsbestätigungen sind nur die Empfänger, die gemeinnützige, mildtätige oder kirchliche Zwecke verfolgen und vom Finanzamt durch Freistellungsbescheid anerkannt sind. Zu den gemeinnützigen Zwecken im Sinne des § 52 Abs. 2 AO zählen unter anderem die Förderung von Kunst und Kultur, die Förderung des Wohlfahrtswesens, insbesondere der Zwecke der Spitzenverbände der Freien Wohlfahrtspflege einschließlich ihrer Mitgliedsorganisationen und die Förderung des Sports.

Zuwendungsbestätigungen werden von der Finanzverwaltung grundsätzlich nicht anerkannt, wenn das Datum des letzten Körperschaftsteuerfreistellungsbescheids länger als fünf Jahre seit dem Tag der Ausstellung der Zuwendungsbestätigungen zurückliegt. Für vorläufige Bescheinigungen über die Spendenabzugsberechtigung beträgt der Zeitraum drei Jahre.

Die Finanzverwaltung lässt aus Vereinfachungsgründen Erleichterungen bei der Erteilung von Spendennachweisen zu. Der Bareinzahlungsbeleg oder die Buchungsbestätigung eines Kreditinstituts genügt, wenn

- die Spende den Betrag von 200 Euro nicht übersteigt und der steuerbegünstigte Verwendungszweck und die Körperschaftsteuerfreistellung auf dem vom Empfänger hergestellten Einzahlungsbeleg schon aufgedruckt sind (§ 50 Abs. 2 Nr. 2 EStDV) oder
- zur Hilfe in Katastrophenfällen Spenden auf ein Sonderkonto eines Spitzenverbands der Freien Wohlfahrtspflege einschließlich seiner Mitgliedsorganisationen innerhalb eines von den Finanzministerien der Länder festgesetzten Zeitraums geleistet werden (§ 50 Abs. 2 Nr. 1 EStDV).

Wer vorsätzlich oder grob fahrlässig eine unrichtige Bestätigung ausstellt oder veranlasst, dass Zuwendungen nicht zu den in der Bestätigung angegebenen steuerbegünstigten Zwecken verwendet werden, haftet für die entgangene Steuer in Höhe von 30 Prozent des zugewendeten Betrags (§ 10b Abs. 4 Satz 3 EStG). Für das Fehlverhalten der haupt- und ehrenamtlichen Mitarbeiter hat in der Regel die GmbH einzustehen. Missbräuche, etwa durch die Ausstellung von Gefälligkeitsbescheinigungen, haben einen Entzug der Gemeinnützigkeit zur Folge (vgl. Anwendungserlass zu § 63 AO). Damit soll der Vertrauensschutz des gutgläubigen

Spenders bezüglich der Richtigkeit einer Zuwendungsbestätigung gewährleistet werden. Der Spender kann darauf vertrauen, dass die Zuwendungsbestätigung richtig ist und ihm den Spendenabzug ermöglicht, auch wenn die Zuwendung ohne sein Wissen vom Spendenempfänger zu nicht steuerbegünstigten Zwecken verwendet wurde.

Muster-Zuwendungsbestätigung

Aussteller (Bezeichnung und Anschrift der steuerbegünstigten Einrichtung)

Bestätigung über Geldzuwendungen/Mitgliedsbeitrag
im Sinne des § 10b des Einkommensteuergesetzes an eine der in § 5 Abs. 1 Nr. 9 des Körperschaftsteuergesetzes bezeichneten Körperschaften, Personenvereinigungen oder Vermögensmassen

Name und Anschrift des Zuwendenden:

Betrag der Zuwendung - in Ziffern -	- in Buchstaben -	Tag der Zuwendung:

Es handelt sich um den Verzicht auf Erstattung von Aufwendungen Ja ☐ Nein ☐

☐ Wir sind wegen Förderung (Angabe des begünstigten Zwecks / der begünstigten Zwecke) .... nach dem letzten uns zugegangenen Freistellungsbescheid bzw. nach der Anlage zum Körperschaftsteuerbescheid des Finanzamtes ...., StNr. ...., vom ....nach § 5 Abs. 1 Nr. 9 des Körperschaftsteuergesetzes von der Körperschaftsteuer und nach § 3 Nr. 6 des Gewerbesteuergesetzes von der Gewerbesteuer befreit.

☐ Wir sind wegen Förderung (Angabe des begünstigten Zwecks / der begünstigten Zwecke) .... durch vorläufige Bescheinigung des Finanzamtes ...., StNr. ...., vom .... ab .... als steuerbegünstigten Zwecken dienend anerkannt.

Es wird bestätigt, dass die Zuwendung nur zur Förderung (Angabe des begünstigten Zwecks / der begünstigten Zwecke)

verwendet wird.

Nur für steuerbegünstigte Einrichtungen, bei denen die Mitgliedsbeiträge steuerlich nicht abziehbar sind:
☐ Es wird bestätigt, dass es sich nicht um einen Mitgliedsbeitrag i.S.v § 10b Abs. 1 Satz 2 Einkommensteuergesetzes handelt).

(Ort, Datum und Unterschrift des Zuwendungsempfängers)

Hinweis:
Wer vorsätzlich oder grob fahrlässig eine unrichtige Zuwendungsbestätigung erstellt oder wer veranlasst, dass Zuwendungen nicht zu den in der Zuwendungsbestätigung angegebenen steuerbegünstigten Zwecken verwendet werden, haftet für die Steuer, die dem Fiskus durch einen etwaigen Abzug der Zuwendungen beim Zuwendenden entgeht (§ 10b Abs. 4 EStG, § 9 Abs. 3 KStG, § 9 Nr. 5 GewStG).

Diese Bestätigung wird nicht als Nachweis für die steuerliche Berücksichtigung der Zuwendung anerkannt, wenn das Datum des Freistellungsbescheides länger als 5 Jahre bzw. das Datum der vorläufigen Bescheinigung länger als 3 Jahre seit Ausstellung der Bestätigung zurückliegt (BMF vom 15.12.1994 – BStBl I S. 884).

Aussteller (Bezeichnung und Anschrift der steuerbegünstigten Einrichtung)

Bestätigung über Sachzuwendungen
im Sinne des § 10b des Einkommensteuergesetzes an eine der in § 5 Abs. 1 Nr. 9 des Körperschaftsteuergesetzes bezeichneten Körperschaften, Personenvereinigungen oder Vermögensmassen

Name und Anschrift des Zuwendenden:

Wert der Zuwendung - in Ziffern -	- in Buchstaben -	Tag der Zuwendung:

Genaue Bezeichnung der Sachzuwendung mit Alter, Zustand, Kaufpreis usw.

☐ Die Sachzuwendung stammt nach den Angaben des Zuwendenden aus dem Betriebsvermögen und ist mit dem Entnahmewert (ggf. mit dem niedrigeren gemeinen Wert) bewertet.

☐ Die Sachzuwendung stammt nach den Angaben des Zuwendenden aus dem Privatvermögen.

☐ Der Zuwendende hat trotz Aufforderung keine Angaben zur Herkunft der Sachzuwendung gemacht.

☐ Geeignete Unterlagen, die zur Wertermittlung gedient haben, z. B. Rechnung, Gutachten, liegen vor.

☐ Wir sind wegen Förderung (Angabe des begünstigten Zwecks / der begünstigten Zwecke) .... nach dem letzten uns zugegangenen Freistellungsbescheid bzw. nach der Anlage zum Körperschaftsteuerbescheid des Finanzamtes .... StNr. .... vom .... nach § 5 Abs. 1 Nr. 9 des Körperschaftsteuergesetzes von der Körperschaftsteuer und nach § 3 Nr. 6 des Gewerbesteuergesetzes von der Gewerbesteuer befreit.

☐ Wir sind wegen Förderung (Angabe des begünstigten Zwecks / der begünstigten Zwecke) .... durch vorläufige Bescheinigung des Finanzamtes .... Steuernummer .... vom .... ab .... als steuerbegünstigten Zwecken dienend anerkannt.

Es wird bestätigt, dass die Zuwendung nur zur Förderung (Angabe des begünstigten Zwecks / der begünstigten Zwecke)
verwendet wird.

(Ort, Datum und Unterschrift des Zuwendungsempfängers)

Hinweis:
Wer vorsätzlich oder grob fahrlässig eine unrichtige Zuwendungsbestätigung erstellt oder wer veranlasst, dass Zuwendungen nicht zu den in der Zuwendungsbestätigung angegebenen steuerbegünstigten Zwecken verwendet werden, haftet für die Steuer, die dem Fiskus durch einen etwaigen Abzug der Zuwendungen beim Zuwendenden entgeht (§ 10b Abs. 4 EStG, § 9 Abs. 3 KStG, § 9 Nr. 5 GewStG).

Diese Bestätigung wird nicht als Nachweis für die steuerliche Berücksichtigung der Zuwendung anerkannt, wenn das Datum des Freistellungsbescheides länger als 5 Jahre bzw. das Datum der vorläufigen Bescheinigung länger als 3 Jahre seit Ausstellung der Bestätigung zurückliegt (BMF vom 15.12.1994 - BStBl. I S. 884).

Sponsoring

Unter Sponsoring ist rechtlich ein Vertragsverhältnis zu verstehen, an dem zwei oder mehrere Partner beteiligt sind. Es ist von einer Spende zu unterscheiden. Der Sponsor will mithilfe seines Vertragspartners, etwa einer gemeinnützigen Körperschaft, erreichen, dass sein am Markt angebotenes Produkt oder seine Dienstleistung bekannter wird. Typischerweise lässt der Sponsor dem Gesponserten eine wirtschaftliche Unterstützung in Form von Geld oder geldwerten Leistungen zukommen.

Die Gegenleistung des Gesponserten besteht darin, dass er zugunsten des Sponsors Werbeverpflichtungen übernimmt und sich in die kommunikativen Aktivitäten des Sponsors einbeziehen lässt. Der Gesponserte muss vertragsmäßig eine bestimmte, auf das Sponsoringengagement bezogene Tätigkeit entfalten und dem Sponsor Einrichtungen, Gegenstände oder Nutzungsrechte zur Verfügung stellen. Der Gesponserte kann aber auch beim personenbezogenen Sponsoring verpflichtet sein, dem Sponsor immaterielle Werte, wie zum Beispiel das Recht am eigenen Bild, zu überlassen.

Eine besondere Ausprägung des Sponsorings ist die Förderung von gemeinnützigen Betätigungen. Unternehmen bedienen sich hierbei der Organisationen und Verbände, die ihre Arbeit altruistisch zum Wohle der Allgemeinheit leisten.

Der Sponsor erhofft sich für sein Unternehmen eine Steigerung seines Ansehens in der Öffentlichkeit und damit einen positiven Reflex aus der „guten Tat". Die gesponserte Organisation kann die Sponsorengelder neben ihren Mitgliedsbeiträgen, Spenden, Leistungsentgelten oder öffentlichen Zuwendungen zur Finanzierung ihrer in der Satzung festgelegten Ziele einsetzen.

Unterschied zwischen Spende und Sponsoring

Einnahmen aus dem Sponsoring stellen keine Spenden im Sinne des § 10b EStG dar. Dies ist darin begründet, dass Spenden unentgeltlich erfolgen müssen, das heißt der Spender keine Gegenleistung für seine Zuwendung erhält. Das Sponsoringverhältnis zwischen Sponsor und Empfänger ist jedoch typischerweise auf ein „do ut des" gerichtet: Der Sponsor erwartet eine konkrete Gegenleistung, die im Sponsorvertrag auch entsprechend vereinbart wird.

Beispiel:

Ein Autohersteller überlässt einer karitativen Einrichtung Spezialfahrzeuge zum Behindertentransport und versieht die Fahrzeuge mit entsprechenden Werbeaufschriften.

Die karitative Einrichtung verpflichtet sich dabei, durch den Einsatz der Fahrzeuge im Rahmen ihrer satzungsmäßigen Tätigkeit indirekt an der Imagekampagne mitzuwirken. Es wird somit eine bestimmte Gegenleistung vereinbart. Damit ist die Zuwendung aus Sicht des Leistenden nicht mehr unentgeltlich.

Sponsoring und Steuern

Zur ertragsteuerlichen Behandlung von Sponsoringeinnahmen hat das Bundesfinanzministerium im sogenannten „Sponsoringerlass" vom 18. Februar 1998 festgestellt, dass diese Einnahmen entweder in der steuerfreien Vermögensverwaltung oder in einem steuerpflichtigen wirtschaftlichen Geschäftsbetrieb erfolgen. Die Abgrenzung ist jedoch schwierig. Allgemein lässt sich sagen, dass Einnahmen aus einem steuerpflichtigen wirtschaftlichen Geschäftsbetrieb vorliegen, wenn der Gesponserte über die bloße Duldung oder ausdrückliche Gestattung der Nutzung hinaus selbst Werbemaßnahmen für den Sponsor durchführt (vgl. AEAO Ziff. 7 ff. zu § 64 Abs. 1).

Zur umsatzsteuerlichen Behandlung von Sponsoringeinnahmen ist festzuhalten, dass es sich bei diesen Zahlungen um ein Entgelt für steuerpflichtige Leistungen der steuerbegünstigten Einrichtung an den Sponsor gemäß § 1 Abs. 1 Nr. 1 UStG handelt. Grundsätzlich unterliegen diese Leistungen dem allgemeinen Umsatzsteuersatz von 19 Prozent. Auf Duldungsleistungen, die ohne besondere Hervorhebung des Sponsors oder Nennung von

Werbebotschaften vereinbart werden, ist der ermäßigte Umsatzsteuersatz von 7 Prozent anzuwenden.

Steuerfreibeträge für nebenberufliche Tätigkeiten und Aufwandsentschädigungen gemäß § 3 Nr. 26, Nr. 26a und 26b EStG

Werden Ehrenamtliche für eine gemeinnützige Organisation, zum Beispiel eine gemeinnützige GmbH, tätig, entstehen ihnen häufig Auslagen für Hotelübernachtungen, Bahnfahrkarten o. Ä. Gemäß § 670 BGB haben sie einen Anspruch gegen die gemeinnützige Organisation auf Ersatz ihrer Auslagen. Diese Auslagen müssen im konkreten Einzelfall durch Rechnungen oder Quittungen abrechenbar und nachweisbar sein.

Nicht zu den erstattungsfähigen Auslagen zählen die eigene Arbeitsleistung, Zeitaufwand oder entgangener Verdienst sowie eine pauschale Aufwandsentschädigung.

Bei diesen Zahlungen an Ehrenamtliche, die über den reinen Auslagenersatz hinausgehen, handelt es sich um Vergütungen, auch wenn sie als „Aufwandsentschädigung" bezeichnet werden. Die Folge ist, dass die ehrenamtlich Tätigen die Zahlungen versteuern müssen. Unter bestimmten Umständen können die Vergütungen jedoch einkommensteuerfrei sein:

Übungsleiterpauschale gemäß § 3 Nr. 26 EStG

Nach § 3 Nr. 26 EStG sind Einkünfte nebenberuflich Tätiger einkommensteuerfrei, wenn es sich um sogenannte „Übungsleiterpauschalen" bis zu einer Höhe von 2.100 Euro jährlich handelt.

Vom Anwendungsbereich der Vorschrift erfasst sind nebenberufliche Tätigkeiten, unter anderem als Übungsleiter, Ausbilder, Erzieher, Betreuer oder in der Pflege alter, kranker oder behinderter Menschen. Rettungseinsatz- und Bereitschaftszeiten werden hier im Rahmen einer einheitlichen pflegerischen Tätigkeit berücksichtigt. Nicht von der Pauschale erfasst ist die Tätigkeit von Mitgliedern eines Aufsichtsrats. Für diese kann jedoch § 3 Nr. 26a EStG Anwendung finden.

Die Tätigkeit muss im Dienst oder Auftrag einer nach § 5 Abs. 1 Nr. 9 KStG steuerbegünstigten Organisation erbracht werden, die gemeinnützige, mildtätige oder kirchliche Zwecke fördert. In erster Linie werden Tätigkeiten, für die die Übungsleiterpauschale in Anspruch genommen werden kann, mit gemeinnützigen Vereinen in Verbindung gebracht. Tätigkeiten für eine gemeinnützige GmbH fallen nach dem Wortlaut des § 3 Nr. 26 EStG jedoch ebenfalls in den Anwendungsbereich.

Die nebenberufliche Tätigkeit darf – bezogen auf das Kalenderjahr – nicht mehr als ein Drittel der Arbeitszeit eines vergleichbaren Vollzeiterwerbs in Anspruch nehmen. Es können daher auch Personen nebenberuflich tätig sein, die keinen Hauptberuf im steuerrechtlichen Sinn ausüben, wie Hausfrauen, Rentner oder Studenten.

Ehrenamtspauschale gemäß § 3 Nr. 26a EStG

Nach § 3 Nr. 26a EStG sind Einkünfte nebenberuflich Tätiger einkommensteuerfrei, wenn es sich um sogenannte „Ehrenamtspauschalen" bis zu einer Höhe von 500 Euro jährlich handelt.

Der Anwendungsbereich der Ehrenamtspauschale ist wesentlich weiter als der der Übungsleiterpauschale, da § 3 Nr. 26a EStG im Gegensatz zu § 3 Nr. 26 EStG keine Begrenzung auf bestimmte Tätigkeiten im gemeinnützigen Bereich vorsieht. So können alle Personen in den Genuss der Ehrenamtspauschale kommen, die nebenberufliche Tätigkeiten im Dienst oder Auftrag einer nach § 5 Abs. 1 Nr. 9 KStG steuerbegünstigten Organisation erbringen, die gemeinnützige, mildtätige oder kirchliche Zwecke fördert. Damit werden zum Beispiel auch Reinigungs- oder Bürotätigkeiten vom Anwendungsbereich erfasst.

Auch hier darf die nebenberufliche Tätigkeit – bezogen auf das Kalenderjahr – nicht mehr als ein Drittel der Arbeitszeit eines vergleichbaren Vollzeiterwerbs in Anspruch nehmen.

Aufwandsentschädigungen gemäß § 3 Nr. 26b EStG

Nach § 3 Nr. 26b EStG sind Aufwandsentschädigungen gemäß § 1835a BGB für ehrenamtliche rechtliche Betreuer, ehrenamtliche Vormünder und ehrenamtliche Pflegschaften steuerfrei, soweit sie zusammen mit dem steuerfreien Einnahmen gemäß § 3 Nr. 26 EStG den Freibetrag von 2.100 Euro jährlich nicht übersteigen.

Parallele Anwendbarkeit der Steuerfreibeträge

Die Übungsleiterpauschale und die Ehrenamtspauschale können nicht gleichzeitig für dieselbe Tätigkeit in Anspruch genommen, jedoch für verschiedenartige Tätigkeiten bei derselben gemeinnützigen GmbH geltend gemacht werden. So kann für eine Tätigkeit als Erzieher auf einer Jugendfreizeit einer gemeinnützigen GmbH im Bereich der Jugendarbeit die Übungsleiterpauschale und zugleich für die Tätigkeit als Bürokraft bei derselben gemeinnützigen GmbH die Ehrenamtspauschale in Anspruch genommen werden.

Gebührenbefreiungen

Für die Inanspruchnahme der allgemeinen Verwaltung, der Justiz und der Notare werden zum Teil gesetzlich festgelegte Gebühren erhoben. Für gemeinnützige und/oder mildtätige GmbHen gibt es in den meisten Bundesländern Befreiungsvorschriften. Da diese von den staatlichen Stellen nicht immer automatisch berücksichtigt werden, sollte selbst darauf hingewiesen werden. Auf eine detaillierte Darstellung des Landesrechts wurde verzichtet, stattdessen werden nachstehend die einschlägigen Gesetze genannt. Die aktuellen Fassungen können im Internet mit Hilfe einer Suchmaschine abgerufen werden.

Aufgeführt werden Regelungen, die Gebührenbefreiungen oder -ermäßigungen für gemeinnützige Organisationen vorsehen. Teilweise müssen bestimmte weitere Voraussetzungen erfüllt sein. Es empfiehlt sich deshalb, die Regelungen im Internet abzurufen und genau zu lesen.

Verwaltungsgebühren

- Baden-Württemberg: § 10 Landesgebührengesetz
- Berlin: § 2 Verwaltungsgebührenordnung
- Hamburg: §§ 2 und 3 der Verordnung über Freiheit von Verwaltungsgebühren in bestimmten Fällen

- Mecklenburg-Vorpommern: § 8 Verwaltungskostengesetz
- Rheinland-Pfalz: § 8 Landesgebührengesetz
- Saarland: § 3 des Gesetzes über die Erhebung von Verwaltungs- und Benutzungsgebühren im Saarland
- Schleswig-Holstein: § 8 Verwaltungskostengesetz des Landes Schleswig-Holstein

Justiz

Die Justiz wird zum Beispiel bei Eintragungen in das Handelsregister in Anspruch genommen. Gemäß § 11 Abs. 2 KostO kann das Landesrecht Gebührenbefreiungen vorsehen. Diese umfassen jedoch nicht den Auslagenersatz beispielsweise für Kopien, Bekanntmachungen oder Ähnliches.

- Baden-Württemberg: § 7 Landesjustizkostengesetz
- Brandenburg: § 6 Justizkostengesetz für das Land Brandenburg
- Bremen: § 8 Justizkostengesetz
- Hamburg: § 11 Landesjustizkostengesetz
- Hessen: § 7 Justizkostengesetz
- Niedersachsen: § 1 des Gesetzes über Gebührenbefreiung, Stundung und Erlass von Kosten in der Gerichtsbarkeit
- Nordrhein-Westfalen: § 1 des Gesetzes über Gebührenbefreiung, Stundung und Erlass von Kosten im Bereich der Rechtspflege (Gerichtsgebührenbefreiungsgesetz)
- Rheinland-Pfalz: § 1 Justizgebührenbefreiungsgesetz
- Saarland: § 4 Landesjustizkostengesetz
- Schleswig-Holstein: § 1 des Gesetzes über Gebührenfreiheit, Stundung und Erlass von Kosten im Bereich der Gerichtsbarkeiten
- Thüringen: § 6 Thüringisches Justizkostengesetz

Notare

Beim Notar müssen beispielsweise Grundstückskaufverträge beurkundet werden. Hier gibt es keine Gebührenbefreiungen, sondern nur Ermäßigungen nach § 144 KostO. Die Ermäßigung ist unter anderem gemeinnützigen GmbHen zu gewähren, die sich durch Vorlage des (vorläufigen) Körperschaftsteuerfreistellungsbescheids als mildtätig ausweisen (vgl. § 53 AO).

Die Gebührenermäßigung gilt nicht für Angelegenheiten, die einen steuerpflichtigen wirtschaftlichen Geschäftsbetrieb betreffen.

Gebührenermäßigung nach Geschäftswert	
Geschäftswert	**Ermäßigung in Prozent**
26.000 bis 100.000 Euro	30 Prozent
100.000 bis 260.000 Euro	40 Prozent
260.000 bis 1.000.000 Euro	50 Prozent
über 1.000.000 Euro	60 Prozent

Eine ermäßigte Gebühr darf jedoch die bei einem niedrigeren Geschäftswert zu erhebende Gebühr nicht unterschreiten. Wenn die Tätigkeit mit dem Erwerb eines Grundstücks oder grundstücksgleichen Rechts zusammenhängt, ermäßigen sich die Gebühren nur, wenn dargelegt wird, dass keine auch nur teilweise Weiterveräußerung an einen nicht begünstigten Dritten beabsichtigt ist.

Wichtig: Ändert sich diese Absicht innerhalb von drei Jahren nach Beurkundung der Auflassung, entfällt eine bereits gewährte Ermäßigung. Der Begünstigte ist verpflichtet, den Notar zu unterrichten.

Gesetzliche Grundlagen

Abgabenordnung (AO)

in der Fassung der Bekanntmachung vom 1. Oktober 2002 (BGBl. I S. 3866; 2003 BGBl. I S. 61) [1]

– Auszug –

Zu einzelnen Paragraphen finden Sie ergänzend den jeweiligen Anwendungserlass zur Abgabenordnung (AEAO).

§ 14 Wirtschaftlicher Geschäftsbetrieb

Ein wirtschaftlicher Geschäftsbetrieb ist eine selbständige nachhaltige Tätigkeit, durch die Einnahmen oder andere wirtschaftliche Vorteile erzielt werden und die über den Rahmen einer Vermögensverwaltung hinausgeht. Die Absicht, Gewinn zu erzielen, ist nicht erforderlich. Eine Vermögensverwaltung liegt in der Regel vor, wenn Vermögen genutzt, zum Beispiel Kapitalvermögen verzinslich angelegt oder unbewegliches Vermögen vermietet oder verpachtet wird.

§ 34 Pflichten der gesetzlichen Vertreter und der Vermögensverwalter

(1) Die gesetzlichen Vertreter natürlicher und juristischer Personen und die Geschäftsführer von nicht rechtsfähigen Personenvereinigungen und Vermögensmassen haben deren steuerliche Pflichten zu erfüllen. Sie haben insbesondere dafür zu sorgen, dass die Steuern aus den Mitteln entrichtet werden, die sie verwalten.

(2) Soweit nicht rechtsfähige Personenvereinigungen ohne Geschäftsführer sind, haben die Mitglieder oder Gesellschafter die Pflichten im Sinne des Absatzes 1 zu erfüllen. Die Finanzbehörde kann sich an jedes Mitglied oder jeden Gesellschafter halten. Für nicht rechtsfähige Vermögensmassen gelten die Sätze 1 und 2 mit der Maßgabe, dass diejenigen, denen das Vermögen zusteht, die steuerlichen Pflichten zu erfüllen haben.

(3) Steht eine Vermögensverwaltung anderen Personen als den Eigentümern des Vermögens oder deren gesetzlichen Vertretern zu, so haben die Vermögensverwalter die in Absatz 1 bezeichneten Pflichten, soweit ihre Verwaltung reicht.

---

[1] Zuletzt geändert durch das Gesetz zur Reform des Kontopfändungsschutzes vom 7. Juli 2009 (BGBl. I S. 1707).

§ 42 Missbrauch von rechtlichen Gestaltungsmöglichkeiten

(1) Durch Missbrauch von Gestaltungsmöglichkeiten des Rechts kann das Steuergesetz nicht umgangen werden. Ist der Tatbestand einer Regelung in einem Einzelsteuergesetz erfüllt, die der Verhinderung von Steuerumgehungen dient, so bestimmen sich die Rechtsfolgen nach jener Vorschrift. Anderenfalls entsteht der Steueranspruch beim Vorliegen eines Missbrauchs im Sinne des Absatzes 2 so, wie er bei einer den wirtschaftlichen Vorgängen angemessenen rechtlichen Gestaltung entsteht.

(2) Ein Missbrauch liegt vor, wenn eine unangemessene rechtliche Gestaltung gewählt wird, die beim Steuerpflichtigen oder einem Dritten im Vergleich zu einer angemessenen Gestaltung zu einem gesetzlich nicht vorgesehenen Steuervorteil führt. Dies gilt nicht, wenn der Steuerpflichtige für die gewählte Gestaltung außersteuerliche Gründe nachweist, die nach dem Gesamtbild der Verhältnisse beachtlich sind.

§ 51 Allgemeines

(1) Gewährt das Gesetz eine Steuervergünstigung, weil eine Körperschaft ausschließlich und unmittelbar gemeinnützige, mildtätige oder kirchliche Zwecke (steuerbegünstigte Zwecke) verfolgt, so gelten die folgenden Vorschriften. Unter Körperschaften sind die Körperschaften, Personenvereinigungen und Vermögensmassen im Sinne des Körperschaftsteuergesetzes zu verstehen. Funktionale Untergliederungen (Abteilungen) von Körperschaften gelten nicht als selbstständige Steuersubjekte.

(2) Werden die steuerbegünstigten Zwecke im Ausland verwirklicht, setzt die Steuervergünstigung voraus, dass natürliche Personen, die ihren Wohnsitz oder ihren gewöhnlichen Aufenthalt im Geltungsbereich dieses Gesetzes haben, gefördert werden oder die Tätigkeit der Körperschaft neben der Verwirklichung der steuerbegünstigten Zwecke auch zum Ansehen der Bundesrepublik Deutschland im Ausland beitragen kann.

(3) Eine Steuervergünstigung setzt zudem voraus, dass die Körperschaft nach ihrer Satzung und bei ihrer tatsächlichen Geschäftsführung keine Bestrebungen im Sinne des § 4 des Bundesverfassungsschutzgesetzes fördert und dem Gedanken der Völkerverständigung nicht zuwiderhandelt. Bei Körperschaften, die im Verfassungsschutzbericht des Bundes oder eines Landes als extremistische Organisation aufgeführt sind, ist widerlegbar davon auszugehen, dass die Voraussetzungen des Satzes 1 nicht erfüllt sind. Die Finanzbehörde teilt Tatsachen, die den Verdacht von Bestrebungen im Sinne des § 4 des Bundesverfassungsschutzgesetzes oder des Zuwiderhandelns gegen den Gedanken der Völkerverständigung begründen, der Verfassungsschutzbehörde mit.

§ 52 Gemeinnützige Zwecke

(1) Eine Körperschaft verfolgt gemeinnützige Zwecke, wenn ihre Tätigkeit darauf gerichtet ist, die Allgemeinheit auf materiellem, geistigem oder sittlichem Gebiet selbstlos zu fördern. Eine Förderung der Allgemeinheit ist nicht gegeben, wenn der Kreis der Personen, dem die Förderung zugute kommt, fest abgeschlossen ist, zum Beispiel Zugehörigkeit zu einer Familie oder zur Belegschaft eines Unternehmens, oder infolge seiner Abgrenzung, insbesondere nach räumlichen oder beruflichen Merkmalen, dauernd nur klein sein kann. Eine Förderung der Allgemeinheit liegt nicht allein deswegen vor, weil eine Körperschaft ihre Mittel einer Körperschaft des öffentlichen Rechts zuführt.

(2) Unter den Voraussetzungen des Absatzes 1 sind als Förderung der Allgemeinheit anzuerkennen:

1. die Förderung von Wissenschaft und Forschung;
2. die Förderung der Religion;
3. die Förderung des öffentlichen Gesundheitswesens und der öffentlichen Gesundheitspflege, insbesondere die Verhütung und Bekämpfung von übertragbaren Krankheiten, auch durch Krankenhäuser im Sinne des § 67, und von Tierseuchen;
4. die Förderung der Jugend- und Altenhilfe;
5. die Förderung von Kunst und Kultur;
6. die Förderung des Denkmalschutzes und der Denkmalpflege;
7. die Förderung der Erziehung, Volks- und Berufsbildung einschließlich der Studentenhilfe;
8. die Förderung des Naturschutzes und der Landschaftspflege im Sinne des Bundesnaturschutzgesetzes und der Naturschutzgesetze der Länder, des Umweltschutzes, des Küstenschutzes und des Hochwasserschutzes;
9. die Förderung des Wohlfahrtswesens, insbesondere der Zwecke der amtlich anerkannten Verbände der freien Wohlfahrtspflege (§ 23 der Umsatzsteuer-Durchführungsverordnung), ihrer Unterverbände und ihrer angeschlossenen Einrichtungen und Anstalten;
10. die Förderung der Hilfe für politisch, rassisch oder religiös Verfolgte, für Flüchtlinge, Vertriebene, Aussiedler, Spätaussiedler, Kriegsopfer, Kriegshinterbliebene, Kriegsbeschädigte und Kriegsgefangene, Zivilbeschädigte und Behinderte sowie Hilfe für Opfer von Straftaten; Förderung des Andenkens an Verfolgte, Kriegs- und Katastrophenopfer; Förderung des Suchdienstes für Vermisste;
11. die Förderung der Rettung aus Lebensgefahr;
12. die Förderung des Feuer-, Arbeits-, Katastrophen- und Zivilschutzes sowie der Unfallverhütung;
13. die Förderung internationaler Gesinnung, der Toleranz auf allen Gebieten der Kultur und des Völkerverständigungsgedankens;

14. die Förderung des Tierschutzes;
15. die Förderung der Entwicklungszusammenarbeit;
16. die Förderung von Verbraucherberatung und Verbraucherschutz;
17. die Förderung der Fürsorge für Strafgefangene und ehemalige Strafgefangene;
18. die Förderung der Gleichberechtigung von Frauen und Männern;
19. die Förderung des Schutzes von Ehe und Familie;
20. die Förderung der Kriminalprävention;
21. die Förderung des Sports (Schach gilt als Sport);
22. die Förderung der Heimatpflege und Heimatkunde;
23. die Förderung der Tierzucht, der Pflanzenzucht, der Kleingärtnerei, des traditionellen Brauchtums einschließlich des Karnevals, der Fastnacht und des Faschings, der Soldaten- und Reservistenbetreuung, des Amateurfunkens, des Modellflugs und des Hundesports;
24. die allgemeine Förderung des demokratischen Staatswesens im Geltungsbereich dieses Gesetzes; hierzu gehören nicht Bestrebungen, die nur bestimmte Einzelinteressen staatsbürgerlicher Art verfolgen oder die auf den kommunalpolitischen Bereich beschränkt sind;
25. die Förderung des bürgerschaftlichen Engagements zugunsten gemeinnütziger, mildtätiger und kirchlicher Zwecke.

Sofern der von der Körperschaft verfolgte Zweck nicht unter Satz 1 fällt, aber die Allgemeinheit auf materiellem, geistigem oder sittlichem Gebiet entsprechend selbstlos gefördert wird, kann dieser Zweck für gemeinnützig erklärt werden. Die obersten Finanzbehörden der Länder haben jeweils eine Finanzbehörde im Sinne des Finanzverwaltungsgesetzes zu bestimmen, die für Entscheidungen nach Satz 2 zuständig ist.

AE zu § 52 AO Gemeinnützige Zwecke

1. Die Gemeinnützigkeit einer Körperschaft setzt voraus, dass ihre Tätigkeit der Allgemeinheit zugute kommt (§ 52 Abs. 1 Satz 1). Dies ist nicht gegeben, wenn der Kreis der geförderten Personen infolge seiner Abgrenzung, insbesondere nach räumlichen oder beruflichen Merkmalen, dauernd nur klein sein kann (§ 52 Abs. 1 Satz 2).

2. Bei § 52 Abs. 2 handelt es sich grundsätzlich um eine abschließende Aufzählung gemeinnütziger Zwecke. Die Allgemeinheit kann allerdings auch durch die Verfolgung von Zwecken, die hinsichtlich der Merkmale, die ihre steuerrechtliche Förderung rechtfertigen, mit den in § 52 Abs. 2 aufgeführten Zwecken identisch sind, gefördert werden.

Mit der Aufnahme der gemeinnützigen Zwecke in § 52 Abs. 2 AO ist keine Einengung der bisher als besonders förderungswürdig anerkannten Zwecke nach Anlage 1 zu § 48 Abs. 2 EStDV in der bis einschließlich 2006 geltenden Fassung verbunden. Textliche Abweichungen in § 52 Abs. 2 Nr. 3, 5, 9, 10, 13 und 15 sind redaktioneller Art.

2.1 Die Förderung von Kunst und Kultur umfasst die Bereiche der Musik, der Literatur, der darstellenden und bildenden Kunst und schließt die Förderung von kulturellen Einrichtungen, wie Theater und Museen, sowie von kulturellen Veranstaltungen, wie Konzerte und Kunstausstellungen, ein. Zur Förderung von Kunst und Kultur gehört auch die Förderung der Pflege und Erhaltung von Kulturwerten. Kulturwerte sind Gegenstände von künstlerischer und sonstiger kultureller Bedeutung, Kunstsammlungen und künstlerische Nachlässe, Bibliotheken, Archive sowie andere vergleichbare Einrichtungen.

2.2 Die Förderung der Denkmalpflege bezieht sich auf die Erhaltung und Wiederherstellung von Bau- und Bodendenkmälern, die nach den jeweiligen landesrechtlichen Vorschriften anerkannt sind. Die Anerkennung ist durch eine Bescheinigung der zuständigen Stelle nachzuweisen.

2.3 Zur Förderung des Andenkens an Verfolgte, Kriegs- und Katastrophenopfer gehört auch die Errichtung von Ehrenmalen und Gedenkstätten.

Zur Förderung der Tier- bzw. Pflanzenzucht gehört auch die Förderung der Erhaltung vom Aussterben bedrohter Nutztierrassen und Nutzpflanzen.

Die Förderung des Einsatzes für nationale Minderheiten im Sinne des durch Deutschland ratifizierten Rahmenabkommens zum Schutz nationaler Minderheiten und die Förderung des Einsatzes für die gemäß der von Deutschland ratifizierten Charta der Regional- und Minderheitensprachen geschützten Sprachen sind – je nach Betätigung im Einzelnen – Förderung von Kunst und Kultur, Förderung der Heimatpflege und Heimatkunde oder Förderung des traditionellen Brauchtums. Bei den nach der Charta geschützten Sprachen handelt es sich um die Regionalsprache Niederdeutsch sowie die Minderheitensprachen Dänisch, Friesisch, Sorbisch und das Romanes der deutschen Sinti und Roma.

2.4 Unter dem Begriff „bürgerschaftliches Engagement" versteht man eine freiwillige, nicht auf das Erzielen eines persönlichen materiellen Gewinns gerichtete, auf die Förderung der Allgemeinheit hin orientierte, kooperative Tätigkeit. Die Anerkennung der Förderung des bürgerschaftlichen Engagements zugunsten gemeinnütziger, mildtätiger und kirchlicher Zwecke dient der Hervorhebung der Bedeutung, die ehrenamtlicher Einsatz für unsere Gesellschaft hat. Eine Erweiterung der gemeinnützigen Zwecke ist damit nicht verbunden.

2.5 Durch § 52 Abs. 2 Satz 2 wird die Möglichkeit eröffnet, Zwecke auch dann als gemeinnützig anzuerkennen, wenn diese nicht unter den Katalog des § 52 Abs. 2 Satz 1 fallen. Die Anerkennung der Gemeinnützigkeit solcher gesellschaftlicher Zwecke wird bundeseinheitlich abgestimmt.

3. Internetvereine können wegen Förderung der Volksbildung als gemeinnützig anerkannt werden, sofern ihr Zweck nicht der Förderung der (privat betriebenen) Datenkommunikation durch Zurverfügungstellung von Zugängen zu Kommunikationsnetzwerken sowie durch den Aufbau, die Förderung und den Unterhalt entsprechender Netze zur privaten und geschäftlichen Nutzung durch die Mitglieder oder andere Personen dient.

Freiwilligenagenturen können regelmäßig wegen der Förderung der Bildung (§ 52 Abs. 2 Nr. 7) als gemeinnützig behandelt werden, weil das Schwergewicht ihrer Tätigkeit in der Aus- und Weiterbildung der Freiwilligen liegt (BMF-Schreiben vom 15.9.2003, BStBl I, S. 446).

4. Bei Körperschaften, die Privatschulen betreiben oder unterstützen, ist zwischen Ersatzschulen und Ergänzungsschulen zu unterscheiden. Die Förderung der Allgemeinheit ist bei Ersatzschulen stets anzunehmen, weil die zuständigen Landesbehörden die Errichtung und den Betrieb einer Ersatzschule nur dann genehmigen dürfen, wenn eine Sonderung der Schüler nach den Besitzverhältnissen der Eltern nicht gefördert wird (Art. 7 Abs. 4 Satz 3 GG und die Privatschulgesetze der Länder). Bei Ergänzungsschulen kann eine Förderung der Allgemeinheit dann angenommen werden, wenn in der Satzung der Körperschaft festgelegt ist, dass bei mindestens 25 % der Schüler keine Sonderung nach den Besitzverhältnissen der Eltern im Sinne des Art. 7 Abs. 4 Satz 3 GG und der Privatschulgesetze der Länder vorgenommen werden darf.

5. Nachbarschaftshilfevereine, Tauschringe und ähnliche Körperschaften, deren Mitglieder kleinere Dienstleistungen verschiedenster Art gegenüber anderen Vereinsmitgliedern erbringen (z.B. kleinere Reparaturen, Hausputz, Kochen, Kinderbetreuung, Nachhilfeunterricht, häusliche Pflege) sind grundsätzlich nicht gemeinnützig, weil regelmäßig durch die gegenseitige Unterstützung in erster Linie eigenwirtschaftliche Interessen ihrer Mitglieder gefördert werden und damit gegen den Grundsatz der Selbstlosigkeit (§ 55 Abs. 1) verstoßen wird. Solche Körperschaften können jedoch gemeinnützig sein, wenn sich ihre Tätigkeit darauf beschränkt, alte und hilfsbedürftige Menschen in Verrichtungen des täglichen Lebens zu unterstützen und damit die Altenhilfe gefördert bzw. mildtätige Zwecke (§ 53) verfolgt werden. Soweit sich der Zweck der Körperschaften zusätzlich auf die Erteilung von Nachhilfeunterricht und Kinderbetreuung erstreckt, können sie auch wegen Förderung der Jugendhilfe anerkannt werden. Voraussetzung für die Anerkennung der Gemeinnützigkeit solcher Körperschaften ist, dass die aktiven Mitglieder ihre Dienstleistungen als Hilfspersonen der Körperschaft (§ 57 Abs. 1 Satz 2) ausüben. Vereine, deren Zweck die Förderung esoterischer Heilslehren ist, z.B. Reiki-Vereine, können nicht wegen Förderung des öffentlichen Gesundheitswesens oder der öffentlichen Gesundheitspflege als gemeinnützig anerkannt werden.

6. (...)

7. (...)

8. Eine steuerbegünstigte allgemeine Förderung des demokratischen Staatswesens ist nur dann gegeben, wenn sich die Körperschaft umfassend mit den demokratischen Grundprinzipien befasst und diese objektiv und neutral würdigt. Ist hingegen Zweck der Körperschaft die politische Bildung, der es auf der Grundlage der Normen und Vorstellungen einer rechtsstaatlichen Demokratie um die Schaffung und Förderung politischer Wahrnehmungsfähigkeit und politischen Verantwortungsbewusstseins geht, liegt Volksbildung vor. Diese muss nicht nur in theoretischer Unterweisung bestehen, sie kann auch durch den Aufruf zu konkreter Handlung ergänzt werden. Keine politische Bildung ist demgegenüber die einseitige Agitation, die unkritische Indoktrination oder die parteipolitisch motivierte Einflussnahme (BFH-Urteil vom 23.9.1999 – XI R 63/98 – BStBl 2000 II S. 200).

9. (...)

10. (...)

11. (...)

12. (...)

13. (...)

14. Einrichtungen, die mit ihrer Tätigkeit auf die Erholung arbeitender Menschen ausgerichtet sind (z.B. der Betrieb von Freizeiteinrichtungen wie Campingplätze oder Bootsverleihe), können nicht als gemeinnützig anerkannt werden, es sei denn, dass das Gewähren von Erholung einem besonders schutzwürdigen Personenkreis (z.B. Kranken oder der Jugend) zugute kommt oder in einer bestimmten Art und Weise (z.B. auf sportlicher Grundlage) vorgenommen wird (BFH-Urteile vom 22.11.1972 – I R 21/71 – BStBl 1973 II, S. 251, und vom 30.09.1981 – III R 2/80 – BStBl 1982 II, S. 148). Wegen Erholungsheimen wird auf § 68 Nr. 1 Buchstabe a hingewiesen.

15. Politische Zwecke (Beeinflussung der politischen Meinungsbildung, Förderung politischer Parteien u. dergl.) zählen grundsätzlich nicht zu den gemeinnützigen Zwecken i.S.d. § 52.

Eine gewisse Beeinflussung der politischen Meinungsbildung schließt jedoch die Gemeinnützigkeit nicht aus (BFH-Urteil vom 29.08.1984 – I R 203/81 – BStBl II, S. 844). Eine politische Tätigkeit ist danach unschädlich für die Gemeinnützigkeit, wenn eine gemeinnützige Tätigkeit nach den Verhältnissen im Einzelfall zwangsläufig mit einer politischen Zielsetzung verbunden ist und die unmittelbare Einwirkung auf die politischen Parteien und die staatliche Willensbildung gegenüber der Förderung des gemeinnützigen Zwecks weit in den Hintergrund tritt. Eine Körperschaft fördert deshalb auch dann ausschließlich ihren steuerbegünstigten Zweck, wenn sie gelegentlich zu tagespolitischen Themen im Rahmen ihres Satzungszwecks Stellung nimmt. Entscheidend ist, dass die Tagespolitik nicht Mittelpunkt der Tätigkeit der Körperschaft ist oder wird, sondern der Vermittlung der steuerbegünstigten Ziele der Körperschaft dient (BFH-Urteil vom 23.11.1988 – I R 11/88 – BStBl 1989 II S. 391).

Dagegen ist die Gemeinnützigkeit zu versagen, wenn ein politischer Zweck als alleiniger oder überwiegender Zweck in der Satzung einer Körperschaft festgelegt ist oder die Körperschaft tatsächlich ausschließlich oder überwiegend einen politischen Zweck verfolgt.

16. Eine Körperschaft i.S.d. § 51 kann nur dann als gemeinnützig anerkannt werden, wenn sie sich bei ihrer Betätigung im Rahmen der verfassungsmäßigen Ordnung hält. Die verfassungsmäßige Ordnung wird schon durch die Nichtbefolgung von polizeilichen Anordnungen durchbrochen (BFH-Urteil vom 29.8.1984 – I R 215/81 – BStBl 1985 II, S. 106). Gewaltfreier Widerstand, z.B. Sitzblockaden, gegen geplante Maßnahmen des Staates verstößt grundsätzlich nicht gegen die verfassungsmäßige Ordnung (vgl. BVerfG-Beschluss vom 10.01.1995 – 1 BvR 718/89, 1 BvR 719/89, 1 BvR 722/89, 1 BvR 723/89 – NJW S. 1141).

§ 53 Mildtätige Zwecke

Eine Körperschaft verfolgt mildtätige Zwecke, wenn ihre Tätigkeit darauf gerichtet ist, Personen selbstlos zu unterstützen,

1. die infolge ihres körperlichen, geistigen oder seelischen Zustands auf die Hilfe anderer angewiesen sind oder
2. deren Bezüge nicht höher sind als das Vierfache des Regelsatzes der Sozialhilfe im Sinne des § 28 des Zwölften Buches Sozialgesetzbuch; beim Alleinstehenden oder Haushaltsvorstand tritt an die Stelle des Vierfachen das Fünffache des Regelsatzes. Dies gilt nicht für Personen, deren Vermögen zur nachhaltigen Verbesserung ihres Unterhalts ausreicht und denen zugemutet werden kann, es dafür zu verwenden. Bei Personen, deren wirtschaftliche Lage aus besonderen Gründen zu einer Notlage geworden ist, dürfen die Bezüge oder das Vermögen die genannten Grenzen übersteigen. Bezüge im Sinne dieser Vorschrift sind
   a) Einkünfte im Sinne des § 2 Abs. 1 des Einkommensteuergesetzes und
   b) andere zur Bestreitung des Unterhalts bestimmte oder geeignete Bezüge,

   die der Alleinstehende oder der Haushaltsvorstand und die sonstigen Haushaltsangehörigen haben. Zu den Bezügen zählen nicht Leistungen der Sozialhilfe, Leistungen zur Sicherung des Lebensunterhalts nach dem Zweiten Buch Sozialgesetzbuch und bis zur Höhe der Leistungen der Sozialhilfe Unterhaltsleistungen an Personen, die ohne die Unterhaltsleistungen sozialhilfeberechtigt wären, oder Anspruch auf Leistungen zur Sicherung des Lebensunterhalts nach dem Zweiten Buch Sozialgesetzbuch hätten. Unterhaltsansprüche sind zu berücksichtigen.

AE zu § 53 AO Mildtätige Zwecke

1. Der Begriff „mildtätige Zwecke" umfasst auch die Unterstützung von Personen, die wegen ihres seelischen Zustands hilfsbedürftig sind. Das hat beispielsweise für die Telefonseelsorge Bedeutung.

2. Völlige Unentgeltlichkeit der mildtätigen Zuwendung wird nicht verlangt. Die mildtätige Zuwendung darf nur nicht des Entgelts wegen erfolgen.

3. Eine Körperschaft, zu deren Satzungszwecken die Unterstützung von hilfsbedürftigen Verwandten der Mitglieder, Gesellschafter, Genossen oder Stifter gehört, kann nicht als steuerbegünstigt anerkannt werden. Bei einer derartigen Körperschaft steht nicht die Förderung mildtätiger Zwecke, sondern die Förderung der Verwandtschaft im Vordergrund. Ihre Tätigkeit ist deshalb nicht, wie es § 53 verlangt, auf die selbstlose Unterstützung hilfsbedürftiger Personen gerichtet. Dem steht bei Stiftungen § 58 Nr. 5 nicht entgegen. Diese Vorschrift ist lediglich eine Ausnahme von dem Gebot der Selbstlosigkeit (§ 55), begründet aber keinen eigenständigen gemeinnützigen Zweck. Bei der tatsächlichen Geschäftsführung ist die Unterstützung von hilfsbedürftigen Angehörigen grundsätzlich nicht schädlich für die Steuerbegünstigung. Die Verwandtschaft darf jedoch kein Kriterium für die Förderleistungen der Körperschaft sein.

4. Hilfen nach § 53 Nr. 1 (Unterstützung von Personen, die infolge ihres körperlichen, geistigen oder seelischen Zustands auf die Hilfe anderer angewiesen sind) dürfen ohne Rücksicht auf die wirtschaftliche Unterstützungsbedürftigkeit gewährt werden. Bei der Beurteilung der Bedürftigkeit i.S.d. § 53 Nr. 1 kommt es nicht darauf an, dass die Hilfsbedürftigkeit dauernd oder für längere Zeit besteht. Hilfeleistungen wie beispielsweise „Essen auf Rädern" können daher steuerbegünstigt durchgeführt werden. Bei Personen, die das 75. Lebensjahr vollendet haben, kann körperliche Hilfsbedürftigkeit ohne weitere Nachprüfung angenommen werden.

5. § 53 Nr. 2 legt die Grenzen der wirtschaftlichen Hilfsbedürftigkeit fest. Danach können ohne Verlust der Steuerbegünstigung Personen unterstützt werden, deren Bezüge das Vierfache, beim Alleinstehenden oder Haushaltsvorstand das Fünffache des Regelsatzes der Sozialhilfe i.S.d. § 28 SGB XII nicht übersteigen. Etwaige Mehrbedarfszuschläge zum Regelsatz sind nicht zu berücksichtigen. Leistungen für die Unterkunft werden nicht gesondert berücksichtigt. Für die Begriffe „Einkünfte" und „Bezüge" sind die Ausführungen in H 33a.1 und H 33a.2 (Anrechnung eigener Einkünfte und Bezüge) EStH sowie in H 32.10 (Anrechnung eigener Bezüge) EStH maßgeblich.

6. Zu den Bezügen i.S.d. § 53 Nr. 2 zählen also neben den Einkünften i.S.d. § 2 Abs. 1 EStG auch alle anderen für die Bestreitung des Unterhalts bestimmten oder geeigneten Bezüge aller Haushaltsangehörigen. Hierunter fallen auch solche Einnahmen, die im Rahmen der steuerlichen Einkunftsermittlung nicht erfasst werden, also sowohl nicht steuerbare als auch für steuerfrei erklärte Einnahmen (BFH-Urteil vom 02.08.1974 – VI R 148/71 – BStBl. 1975 II, S. 139).

6

Bei der Beurteilung der wirtschaftlichen Hilfsbedürftigkeit von unverheirateten minderjährigen Schwangeren und minderjährigen Müttern, die ihr leibliches Kind bis zur Vollendung seines 6. Lebensjahres betreuen, und die dem Haushalt ihrer Eltern oder eines Elternteils angehören, sind die Bezüge und das Vermögen der Eltern oder des Elternteils nicht zu berücksichtigen. Bei allen Schwangeren oder Müttern, die ihr leibliches Kind bis zur Vollendung seines 6. Lebensjahres betreuen – einschließlich der volljährigen, verheirateten und nicht bei ihren Eltern lebenden Frauen – bleiben ihre Unterhaltsansprüche gegen Verwandte ersten Grades unberücksichtigt.

7. Bei Renten zählt der über den von § 53 Nr. 2 Buchstabe a erfassten Anteil hinausgehende Teil der Rente zu den Bezügen i.S.d. § 53 Nr. 2 Buchstabe b.

8. Bei der Feststellung der Bezüge i. S. des § 53 Nr. 2 Buchstabe b sind aus Vereinfachungsgründen insgesamt 180 Euro im Kalenderjahr abzuziehen, wenn nicht höhere Aufwendungen, die in wirtschaftlichem Zusammenhang mit den entsprechenden Einnahmen stehen, nachgewiesen oder glaubhaft gemacht werden.

9. Erbringt eine Körperschaft ihre Leistungen an wirtschaftlich hilfsbedürftige Personen, muss sie an Hand ihrer Unterlagen nachweisen können, dass die Höhe der Einkünfte und Bezüge sowie das Vermögen der unterstützten Personen die Grenzen des § 53 Nr. 2 nicht übersteigen. Eine Erklärung, in der von der unterstützten Person nur das Unterschreiten der Grenzen des § 53 Nr. 2 mitgeteilt wird, reicht allein nicht aus. Eine Berechnung der maßgeblichen Einkünfte und Bezüge ist stets beizufügen.

§ 54 Kirchliche Zwecke

(1) Eine Körperschaft verfolgt kirchliche Zwecke, wenn ihre Tätigkeit darauf gerichtet ist, eine Religionsgemeinschaft, die Körperschaft des öffentlichen Rechts ist, selbstlos zu fördern.

(2) Zu diesen Zwecken gehören insbesondere die Errichtung, Ausschmückung und Unterhaltung von Gotteshäusern und kirchlichen Gemeindehäusern, die Abhaltung von Gottesdiensten, die Ausbildung von Geistlichen, die Erteilung von Religionsunterricht, die Beerdigung und die Pflege des Andenkens der Toten, ferner die Verwaltung des Kirchenvermögens, die Besoldung der Geistlichen, Kirchenbeamten und Kirchendiener, die Alters- und Behindertenversorgung für diese Personen und die Versorgung ihrer Witwen und Waisen.

§ 55 Selbstlosigkeit

(1) Eine Förderung oder Unterstützung geschieht selbstlos, wenn dadurch nicht in erster Linie eigenwirtschaftliche Zwecke – zum Beispiel gewerbliche Zwecke oder sonstige Erwerbszwecke – verfolgt werden und wenn die folgenden Voraussetzungen gegeben sind:

1. Mittel der Körperschaft dürfen nur für die satzungsmäßigen Zwecke verwendet werden. Die Mitglieder oder Gesellschafter (Mitglieder im Sinne dieser Vorschriften) dürfen keine Gewinnanteile und in ihrer Eigenschaft als Mitglieder auch keine sonstigen Zuwendungen aus Mitteln der Körperschaft erhalten. Die Körperschaft darf ihre Mittel weder für die unmittelbare noch für die mittelbare Unterstützung oder Förderung politischer Parteien verwenden.
2. Die Mitglieder dürfen bei ihrem Ausscheiden oder bei Auflösung oder Aufhebung der Körperschaft nicht mehr als ihre eingezahlten Kapitalanteile und den gemeinen Wert ihrer geleisteten Sacheinlagen zurückerhalten.
3. Die Körperschaft darf keine Person durch Ausgaben, die dem Zweck der Körperschaft fremd sind, oder durch unverhältnismäßig hohe Vergütungen begünstigen.
4. Bei Auflösung oder Aufhebung der Körperschaft oder bei Wegfall ihres bisherigen Zwecks darf das Vermögen der Körperschaft, soweit es die eingezahlten Kapitalanteile der Mitglieder und den gemeinen Wert der von den Mitgliedern geleisteten Sacheinlagen übersteigt, nur für steuerbegünstigte Zwecke verwendet werden (Grundsatz der Vermögensbindung). Diese Voraussetzung ist auch erfüllt, wenn das Vermögen einer anderen steuerbegünstigten Körperschaft oder einer Körperschaft des öffentlichen Rechts für steuerbegünstigte Zwecke übertragen werden soll.
5. Die Körperschaft muss ihre Mittel grundsätzlich zeitnah für ihre steuerbegünstigten satzungsmäßigen Zwecke verwenden. Verwendung in diesem Sinne ist auch die Verwendung der Mittel für die Anschaffung oder Herstellung von Vermögensgegenständen, die satzungsmäßigen Zwecken dienen. Eine zeitnahe Mittelverwendung ist gegeben, wenn die Mittel spätestens in dem auf den Zufluss

folgenden Kalender- oder Wirtschaftsjahr für die steuerbegünstigten satzungsmäßigen Zwecke verwendet werden.

(2) Bei der Ermittlung des gemeinen Werts (Absatz 1 Nr. 2 und 4) kommt es auf die Verhältnisse zu dem Zeitpunkt an, in dem die Sacheinlagen geleistet worden sind.

(3) Die Vorschriften, die die Mitglieder der Körperschaft betreffen (Absatz 1 Nr. 1, 2 und 4), gelten bei Stiftungen für die Stifter und ihre Erben, bei Betrieben gewerblicher Art von Körperschaften des öffentlichen Rechts für die Körperschaft sinngemäß, jedoch mit der Maßgabe, dass bei Wirtschaftsgütern, die nach § 6 Absatz 1 Nummer 4 Satz 4 des Einkommensteuergesetzes aus einem Betriebsvermögen zum Buchwert entnommen worden sind, an die Stelle des gemeinen Werts der Buchwert der Entnahme tritt.

AE zu § 55 AO Selbstlosigkeit

Zu § 55 Abs. 1 Nr. 1

1. Eine Körperschaft handelt selbstlos, wenn sie weder selbst noch zugunsten ihrer Mitglieder eigenwirtschaftliche Zwecke verfolgt. Ist die Tätigkeit einer Körperschaft in erster Linie auf Mehrung ihres eigenen Vermögens gerichtet, so handelt sie nicht selbstlos. Eine Körperschaft verfolgt z.B. in erster Linie eigenwirtschaftliche Zwecke, wenn sie ausschließlich durch Darlehen ihrer Gründungsmitglieder finanziert ist und dieses Fremdkapital satzungsgemäß tilgen und verzinsen muss (BFH-Urteile vom 13.12.1978 – I R 39/78 – BStBl 1979 II, S. 482, vom 26.04.1989 – I R 209/85 – BStBl II, S. 670 und vom 28.06.1989 – I R 86/85 – BStBl 1990 II, S. 550).

2. Unterhält eine Körperschaft einen steuerpflichtigen wirtschaftlichen Geschäftsbetrieb, ist zwischen ihrer steuerbegünstigten und dieser wirtschaftlichen Tätigkeit zu gewichten. Die Körperschaft ist nicht steuerbegünstigt, wenn ihr die wirtschaftliche Tätigkeit bei einer Gesamtbetrachtung das Gepräge gibt.

3. Nach § 55 Abs. 1 dürfen sämtliche Mittel der Körperschaft nur für die satzungsmäßigen Zwecke verwendet werden (Ausnahmen siehe § 58). Auch der Gewinn aus Zweckbetrieben und aus dem steuerpflichtigen wirtschaftlichen Geschäftsbetrieb (§ 64 Abs. 2) sowie der Überschuss aus der Vermögensverwaltung dürfen nur für die satzungsmäßigen Zwecke verwendet werden. Dies schließt die Bildung von Rücklagen im wirtschaftlichen Geschäftsbetrieb und im Bereich der Vermögensverwaltung nicht aus. Die Rücklagen müssen bei vernünftiger kaufmännischer Beurteilung wirtschaftlich begründet sein (entsprechend § 14 Abs. 1 Nr. 4 KStG). Für die Bildung einer Rücklage im wirtschaftlichen Geschäftsbetrieb muss ein konkreter Anlass gegeben sein, der auch aus objektiver unternehmerischer Sicht die Bildung der Rücklage rechtfertigt (z.B. eine geplante Betriebsverlegung, Werkserneuerung oder Kapazitätsausweitung). Eine fast vollständige Zuführung des Gewinns zu einer Rücklage im wirtschaftlichen Geschäftsbetrieb ist nur dann unschädlich für die Steuerbegünstigung, wenn die Körperschaft nachweist, dass die betriebliche Mittelverwendung zur Sicherung ihrer Existenz geboten war (BFH-Urteil vom 15.07.1998 – I R 156/94 – BStBl 2002 II, S. 162). Im Bereich der Vermögensverwaltung dürfen außerhalb der Regelung des § 58 Nr. 7 Rücklagen nur für die Durchführung konkreter Reparatur- oder Erhaltungsmaßnahmen an Vermögensgegenständen i.S.d. § 21 EStG gebildet werden. Die Maßnahmen, für deren Durchführung die Rücklage gebildet wird, müssen notwendig sein, um den ordnungsgemäßen Zustand des Vermögensgegenstandes zu erhalten oder wiederherzustellen, und in einem angemessenen Zeitraum durchgeführt werden können (z.B. geplante Erneuerung eines undichten Daches).

4. Es ist grundsätzlich nicht zulässig, Mittel des ideellen Bereichs (insbesondere Mitgliedsbeiträge, Spenden, Zuschüsse, Rücklagen), Gewinne aus Zweckbetrieben, Erträge aus der Vermögensverwaltung und das entsprechende Vermögen für einen steuerpflichtigen wirtschaftlichen Geschäftsbetrieb zu verwenden, z.B. zum Ausgleich eines Verlustes. Für das Vorliegen eines Verlustes ist das Ergebnis des einheitlichen steuerpflichtigen wirtschaftlichen Geschäftsbetriebs (§ 64 Abs. 2) maßgeblich. Eine Verwendung von Mitteln des ideellen Bereichs für den Ausgleich des Verlustes eines einzelnen wirtschaftlichen Geschäftsbetriebs liegt deshalb nicht vor, soweit der Verlust bereits im Entstehungsjahr mit Gewinnen anderer steuerpflichtiger wirtschaftlicher Geschäftsbetriebe verrechnet werden kann. Verbleibt danach ein Verlust, ist keine Verwendung von Mitteln des ideellen Bereichs für dessen Ausgleich anzunehmen, wenn dem ideellen Bereich in den sechs vorangegangenen Jahren Gewinne des einheitlichen steuerpflichtigen wirtschaftlichen Geschäftsbetriebs in mindestens gleicher Höhe zugeführt worden sind. Insoweit ist der Verlustausgleich im Entstehungsjahr als Rückgabe früherer, durch das Gemeinnützigkeitsrecht vorgeschriebener Gewinnabführungen anzusehen.

5. Ein nach ertragsteuerlichen Grundsätzen ermittelter Verlust eines steuerpflichtigen wirtschaftlichen Geschäftsbetriebs ist unschädlich für die Steuerbegünstigung der Körperschaft, wenn er ausschließlich durch die Berücksichtigung von anteiligen Abschreibungen auf gemischt genutzte Wirtschaftsgüter entstanden ist und wenn die folgenden Voraussetzungen erfüllt sind:

- Das Wirtschaftsgut wurde für den ideellen Bereich angeschafft oder hergestellt und wird nur zur besseren Kapazitätsauslastung und Mittelbeschaffung teil- oder zeitweise für den steuerpflichtigen wirtschaftlichen Geschäftsbetrieb genutzt. Die Körperschaft darf nicht schon im Hinblick auf eine zeit- oder teilweise Nutzung für den steuerpflichtigen wirtschaftlichen Geschäftsbetrieb ein größeres Wirtschaftsgut angeschafft oder hergestellt haben, als es für die ideelle Tätigkeit notwendig war.
- Die Körperschaft verlangt für die Leistungen des steuerpflichtigen wirtschaftlichen Geschäftsbetriebs marktübliche Preise.
- Der steuerpflichtige wirtschaftliche Geschäftsbetrieb bildet keinen eigenständigen Sektor eines Gebäudes (z.B. Gaststättenbetrieb in einer Sporthalle).

Diese Grundsätze gelten entsprechend für die Berücksichtigung anderer gemischter Aufwendungen (z.B. zeitweiser Einsatz von Personal des ideellen Bereichs in einem steuerpflichtigen wirtschaftlichen Geschäftsbetrieb) bei der gemeinnützigkeitsrechtlichen Beurteilung von Verlusten.

6. Der Ausgleich des Verlustes eines steuerpflichtigen wirtschaftlichen Geschäftsbetriebs mit Mitteln des ideellen Bereichs ist außerdem unschädlich für die Steuerbegünstigung, wenn

- der Verlust auf einer Fehlkalkulation beruht,
- die Körperschaft innerhalb von 12 Monaten nach Ende des Wirtschaftsjahres, in dem der Verlust entstanden ist, dem ideellen Tätigkeitsbereich wieder Mittel in entsprechender Höhe zuführt und
- die zugeführten Mittel nicht aus Zweckbetrieben, aus dem Bereich der steuerbegünstigten Vermögensverwaltung, aus Beiträgen oder aus anderen Zuwendungen, die zur Förderung der steuerbegünstigten Zwecke der Körperschaft bestimmt sind, stammen (BFH-Urteil vom 13.11.1996 – I R 152/93 – BStBl 1998 II, S. 711).

Die Zuführungen zu dem ideellen Bereich können demnach aus dem Gewinn des (einheitlichen) steuerpflichtigen wirtschaftlichen Geschäftsbetriebs, der in dem Jahr nach der Entstehung des Verlustes erzielt wird, geleistet werden. Außerdem dürfen für den Ausgleich des Verlustes Umlagen und Zuschüsse, die dafür bestimmt sind, verwendet werden. Derartige Zuwendungen sind jedoch keine steuerbegünstigten Spenden.

7. Eine für die Steuerbegünstigung schädliche Verwendung von Mitteln für den Ausgleich von Verlusten des steuerpflichtigen wirtschaftlichen Geschäftsbetriebs liegt auch dann nicht vor, wenn dem Betrieb die erforderlichen Mittel durch die Aufnahme eines betrieblichen Darlehens zugeführt werden oder bereits in dem Betrieb verwendete ideelle Mittel mittels eines Darlehens, das dem Betrieb zugeordnet wird, innerhalb der Frist von 12 Monaten nach dem Ende des Verlustentstehungsjahres an den ideellen Bereich der Körperschaft zurückgegeben werden. Voraussetzung für die Unschädlichkeit ist, dass Tilgung und Zinsen für das Darlehen ausschließlich aus Mitteln des steuerpflichtigen wirtschaftlichen Geschäftsbetriebs geleistet werden.

Die Belastung von Vermögen des ideellen Bereichs mit einer Sicherheit für ein betriebliches Darlehen (z.B. Grundschuld auf einer Sporthalle) führt grundsätzlich zu keiner anderen Beurteilung. Die Eintragung einer Grundschuld bedeutet noch keine Verwendung des belasteten Vermögens für den steuerpflichtigen wirtschaftlichen Geschäftsbetrieb.

8. Steuerbegünstigte Körperschaften unterhalten steuerpflichtige wirtschaftliche Geschäftsbetriebe regelmäßig nur, um dadurch zusätzliche Mittel für die Verwirklichung der steuerbegünstigten Zwecke zu beschaffen. Es kann deshalb unterstellt werden, dass etwaige Verluste bei Betrieben, die schon längere Zeit bestehen, auf einer Fehlkalkulation beruhen. Bei dem Aufbau eines neuen Betriebs ist eine Verwendung von Mitteln des ideellen Bereichs für den Ausgleich von Verlusten auch dann unschädlich für die Steuerbegünstigung, wenn mit Anlaufverlusten zu rechnen war. Auch in diesem Fall muss die Körperschaft aber i.d.R. innerhalb von drei Jahren nach dem Ende des Entstehungsjahres des Verlustes dem ideellen Bereich wieder Mittel, die gemeinnützigkeitsunschädlich dafür verwendet werden dürfen, zuführen.

9. Die Regelungen in Nrn. 4 bis 8 gelten entsprechend für die Vermögensverwaltung.

10. Mitglieder dürfen keine Zuwendungen aus Mitteln der Körperschaft erhalten. Dies gilt nicht, soweit es sich um Annehmlichkeiten handelt, wie sie im Rahmen der Betreuung von Mitgliedern allgemein üblich und nach allgemeiner Verkehrsauffassung als angemessen anzusehen sind.

11. Keine Zuwendung i.S.d. § 55 Abs. 1 Nr. 1 liegt vor, wenn der Leistung der Körperschaft eine Gegenleistung des Empfängers gegenübersteht (z.B. bei Kauf-, Dienst- und Werkverträgen) und die Werte von Leistung und Gegenleistung nach wirtschaftlichen Grundsätzen gegeneinander abgewogen sind.

12. Ist einer Körperschaft zugewendetes Vermögen mit vor der Übertragung wirksam begründeten Ansprüchen (z.B. Nießbrauch, Grund- oder Rentenschulden, Vermächtnisse aufgrund testamentarischer Bestimmungen des Zuwendenden) belastet, deren Erfüllung durch die Körperschaft keine nach wirtschaftlichen Grundsätzen abgewogene Gegenleistung für die Übertragung des Vermögens darstellt, mindern die Ansprüche das übertragene Vermögen bereits im Zeitpunkt des Übergangs. Wirtschaftlich betrachtet wird der Körperschaft nur das nach der Erfüllung der Ansprüche verbleibende Vermögen zugewendet. Die Erfüllung der Ansprüche aus dem zugewendeten Vermögen ist deshalb keine Zuwendung i.S.d. § 55 Abs. 1 Nr. 1. Dies gilt auch, wenn die Körperschaft die Ansprüche aus ihrem anderen zulässigen Vermögen einschließlich der Rücklage nach § 58 Nr. 7 Buchstabe a erfüllt.

6

13. Soweit die vorhandenen flüssigen Vermögensmittel nicht für die Erfüllung der Ansprüche ausreichen, darf die Körperschaft dafür auch Erträge verwenden. Ihr müssen jedoch ausreichende Mittel für die Verwirklichung ihrer steuerbegünstigten Zwecke verbleiben. Diese Voraussetzung ist als erfüllt anzusehen, wenn für die Erfüllung der Verbindlichkeiten höchstens ein Drittel des Einkommens der Körperschaft verwendet wird. Die Ein-Drittel-Grenze umfasst bei Rentenverpflichtungen nicht nur die über den Barwert hinausgehenden, sondern die gesamten Zahlungen. Sie bezieht sich auf den Veranlagungszeitraum.

14. § 58 Nr. 5 enthält eine Ausnahmeregelung zu § 55 Abs. 1 Nr. 1 für Stiftungen. Diese ist nur anzuwenden, wenn eine Stiftung Leistungen erbringt, die dem Grunde nach gegen § 55 Abs. 1 Nr. 1 verstoßen, also z.B. freiwillige Zuwendungen an den in § 58 Nr. 5 genannten Personenkreis leistet oder für die Erfüllung von Ansprüchen dieses Personenkreises aus der Übertragung von Vermögen nicht das belastete oder anderes zulässiges Vermögen, sondern Erträge einsetzt. Im Unterschied zu anderen Körperschaften kann eine Stiftung unter den Voraussetzungen des § 58 Nr. 5 auch dann einen Teil ihres Einkommens für die Erfüllung solcher Ansprüche verwenden, wenn ihr dafür ausreichende flüssige Vermögensmittel zur Verfügung stehen. Der Grundsatz, dass der wesentliche Teil des Einkommens für die Verwirklichung der steuerbegünstigten Zwecke verbleiben muss, gilt aber auch für Stiftungen. Daraus folgt, dass eine Stiftung insgesamt höchstens ein Drittel ihres Einkommens für unter § 58 Nr. 5 fallende Leistungen und für die Erfüllung von anderen durch die Übertragung von belastetem Vermögen begründeten Ansprüchen verwenden darf.

15. Die Vergabe von Darlehen aus Mitteln, die zeitnah für die steuerbegünstigten Zwecke zu verwenden sind, ist unschädlich für die Gemeinnützigkeit, wenn die Körperschaft damit selbst unmittelbar ihre steuerbegünstigten satzungsmäßigen Zwecke verwirklicht. Dies kann z.B. der Fall sein, wenn die Körperschaft im Rahmen ihrer jeweiligen steuerbegünstigten Zwecke Darlehen im Zusammenhang mit einer Schuldnerberatung zur Ablösung von Bankschulden, Darlehen an Nachwuchskünstler für die Anschaffung von Instrumenten oder Stipendien für eine wissenschaftliche Ausbildung teilweise als Darlehen vergibt. Voraussetzung ist, dass sich die Darlehensvergabe von einer gewerbsmäßigen Kreditvergabe dadurch unterscheidet, dass sie zu günstigeren Bedingungen erfolgt als zu den allgemeinen Bedingungen am Kapitalmarkt (z.B. Zinslosigkeit, Zinsverbilligung).

Die Vergabe von Darlehen aus zeitnah für die steuerbegünstigten Zwecke zu verwendenden Mitteln an andere steuerbegünstigte Körperschaften ist im Rahmen des § 58 Nrn. 1 und 2 zulässig (mittelbare Zweckverwirklichung), wenn die andere Körperschaft die darlehensweise erhaltenen Mittel unmittelbar für steuerbegünstigte Zwecke innerhalb der für eine zeitnahe Mittelverwendung vorgeschriebenen Frist verwendet.

Darlehen, die zur unmittelbaren Verwirklichung der steuerbegünstigten Zwecke vergeben werden, sind im Rechnungswesen entsprechend kenntlich zu machen. Es muss sichergestellt und für die Finanzbehörde nachprüfbar sein, dass die Rückflüsse, d.h. Tilgung und Zinsen, wieder zeitnah für die steuerbegünstigten Zwecke verwendet werden.

16. Aus Mitteln, die nicht dem Gebot der zeitnahen Mittelverwendung unterliegen (Vermögen einschließlich der zulässigen Zuführungen und der zulässig gebildeten Rücklagen), darf die Körperschaft Darlehen nach folgender Maßgabe vergeben:

Die Zinsen müssen sich in dem auf dem Kapitalmarkt üblichen Rahmen halten, es sei denn, der Verzicht auf die üblichen Zinsen ist eine nach den Vorschriften des Gemeinnützigkeitsrechts und der Satzung der Körperschaft zulässige Zuwendung (z.B. Darlehen an eine ebenfalls steuerbegünstigte Mitgliedsorganisation oder eine hilfsbedürftige Person). Bei Darlehen an Arbeitnehmer aus dem Vermögen kann der (teilweise) Verzicht auf eine übliche Verzinsung als Bestandteil des Arbeitslohns angesehen werden, wenn dieser insgesamt, also einschließlich des Zinsvorteils, angemessen ist und der Zinsverzicht auch von der Körperschaft als Arbeitslohn behandelt wird (z.B. Abführung von Lohnsteuer und Sozialversicherungsbeiträgen).

Maßnahmen, für die eine Rücklage nach § 58 Nr. 6 gebildet worden ist, dürfen sich durch die Gewährung von Darlehen nicht verzögern.

17. Die Vergabe von Darlehen ist als solche kein steuerbegünstigter Zweck. Sie darf deshalb nicht Satzungszweck einer steuerbegünstigten Körperschaft sein. Es ist jedoch unschädlich für die Steuerbegünstigung, wenn die Vergabe von zinsgünstigen oder zinslosen Darlehen nicht als Zweck, sondern als Mittel zur Verwirklichung des steuerbegünstigten Zwecks in der Satzung der Körperschaft aufgeführt ist.

18. Eine Körperschaft kann nicht als steuerbegünstigt behandelt werden, wenn ihre Ausgaben für die allgemeine Verwaltung einschließlich der Werbung um Spenden einen angemessenen Rahmen übersteigen (§ 55 Abs. 1 Nrn. 1 und 3). Dieser Rahmen ist in jedem Fall überschritten, wenn eine Körperschaft, die sich weitgehend durch Geldspenden finanziert, diese – nach einer Aufbauphase – überwiegend zur Bestreitung von Ausgaben für Verwaltung und Spendenwerbung statt für die Verwirklichung der steuerbegünstigten satzungsmäßigen Zwecke verwendet (BFH-Beschluss vom 23.09.1998 – I B 82/98 – BStBl 2000 II, S. 320). Die Verwaltungsausgaben einschließlich Spendenwerbung sind bei der Ermittlung der Anteile ins Verhältnis zu den gesamten vereinnahmten Mitteln (Spenden, Mitgliedsbeiträge, Zuschüsse, Gewinne aus wirtschaftlichen Geschäftsbetrieben usw.) zu setzen.

Für die Frage der Angemessenheit der Verwaltungsausgaben kommt es entscheidend auf die Umstände des jeweiligen Einzelfalls an. Eine für die Steuerbegünstigung schädliche Mittelverwendung kann deshalb auch schon dann vorliegen, wenn der prozentuale Anteil der Verwaltungsausgaben einschließlich der Spendenwerbung deutlich geringer als 50 % ist.

19. Während der Gründungs- oder Aufbauphase einer Körperschaft kann auch eine überwiegende Verwendung der Mittel für Verwaltungsausgaben und Spendenwerbung unschädlich für die Steuerbegünstigung sein. Die Dauer der Gründungs- oder Aufbauphase, während der dies möglich ist, hängt von den Verhältnissen des Einzelfalls ab.

Der in dem BFH-Beschluss vom 23.09.1998 – I B 82/98 – BStBl 2000 II, S. 320 zugestandene Zeitraum von 4 Jahren für die Aufbauphase, in der höhere anteilige Ausgaben für Verwaltung und Spendenwerbung zulässig sind, ist durch die Besonderheiten des entschiedenen Falles begründet (insbesondere 2. Aufbauphase nach Aberkennung der Steuerbegünstigung). Er ist deshalb als Obergrenze zu verstehen. I.d.R. ist von einer kürzeren Aufbauphase auszugehen.

20. Die Steuerbegünstigung ist auch dann zu versagen, wenn das Verhältnis der Verwaltungsausgaben zu den Ausgaben für die steuerbegünstigten Zwecke zwar insgesamt nicht zu beanstanden, eine einzelne Verwaltungsausgabe (z.B. das Gehalt des Geschäftsführers oder der Aufwand für die Mitglieder- und Spendenwerbung) aber nicht angemessen ist (§ 55 Abs. 1 Nr. 3).

21. Bei den Kosten für die Beschäftigung eines Geschäftsführers handelt es sich grundsätzlich um Verwaltungsausgaben. Eine Zuordnung dieser Kosten zu der steuerbegünstigten Tätigkeit ist nur insoweit möglich, als der Geschäftsführer unmittelbar bei steuerbegünstigten Projekten mitarbeitet. Entsprechendes gilt für die Zuordnung von Reisekosten.

Zu § 55 Abs. 1 Nrn. 2 und 4

22. Die in § 55 Abs. 1 Nrn. 2 und 4 genannten Sacheinlagen sind Einlagen i.S.d. Handelsrechts, für die dem Mitglied Gesellschaftsrechte eingeräumt worden sind. Insoweit sind also nur Kapitalgesellschaften, nicht aber Vereine angesprochen. Unentgeltlich zur Verfügung gestellte Vermögensgegenstände, für die keine Gesellschaftsrechte eingeräumt sind (Leihgaben, Sachspenden), fallen nicht unter § 55 Abs. 1 Nrn. 2 und 4. Soweit Kapitalanteile und Sacheinlagen von der Vermögensbindung ausgenommen werden, kann von dem Gesellschafter nicht die Spendenbegünstigung des § 10b EStG (§ 9 Abs. 1 Nr. 2 KStG) in Anspruch genommen werden.

Zu § 55 Abs. 1 Nr. 4

23. Eine wesentliche Voraussetzung für die Annahme der Selbstlosigkeit bildet der Grundsatz der Vermögensbindung für steuerbegünstigte Zwecke im Falle der Beendigung des Bestehens der Körperschaft oder des Wegfalles des bisherigen Zwecks (§ 55 Abs. 1 Nr. 4).

6

Hiermit soll verhindert werden, dass Vermögen, das sich aufgrund der Steuervergünstigungen gebildet hat, später zu nicht begünstigten Zwecken verwendet wird. Die satzungsmäßigen Anforderungen an die Vermögensbindung sind in den §§ 61 und 62 geregelt.

24. Eine Körperschaft ist nur dann steuerbegünstigt i.S.d. § 55 Abs. 1 Nr. 4 Satz 2, wenn sie nach § 5 Abs. 1 Nr. 9 KStG von der Körperschaftsteuer befreit ist. Dies kann nur eine Körperschaft sein, die unbeschränkt steuerpflichtig ist (§ 5 Abs. 2 Nr. 2 KStG). Eine satzungsmäßige Vermögensbindung auf eine nicht unbeschränkt steuerpflichtige ausländische Körperschaft genügt deshalb nicht den Anforderungen (vgl. zu § 61 Nr. 1).

Zu § 55 Abs. 1 Nr. 5

25. Die Körperschaft muss ihre Mittel grundsätzlich zeitnah für ihre steuerbegünstigten satzungsmäßigen Zwecke verwenden. Verwendung in diesem Sinne ist auch die Verwendung der Mittel für die Anschaffung oder Herstellung von Vermögensgegenständen, die satzungsmäßigen Zwecken dienen (z.B. Bau eines Altenheims, Kauf von Sportgeräten oder medizinischen Geräten).

Die Bildung von Rücklagen ist nur unter den Voraussetzungen des § 58 Nrn. 6 und 7 zulässig. Davon unberührt bleiben Rücklagen in einem steuerpflichtigen wirtschaftlichen Geschäftsbetrieb und Rücklagen im Bereich der Vermögensverwaltung (vgl. Nr. 3). Die Verwendung von Mitteln, die zeitnah für die steuerbegünstigten Zwecke zu verwenden sind, für die Ausstattung einer Körperschaft mit Vermögen ist ein Verstoß gegen das Gebot der zeitnahen Mittelverwendung, es sei denn, die Mittel werden von der empfangenden Körperschaft zeitnah für satzungsmäßige Zwecke verwendet, z.B. für die Errichtung eines Altenheims.

26. Eine zeitnahe Mittelverwendung ist gegeben, wenn die Mittel spätestens in dem auf den Zufluss folgenden Kalender- oder Wirtschaftsjahr für die steuerbegünstigten satzungsmäßigen Zwecke verwendet werden. Am Ende des Kalender- oder Wirtschaftsjahres noch vorhandene Mittel müssen in der Bilanz oder Vermögensaufstellung der Körperschaft zulässigerweise dem Vermögen oder einer zulässigen Rücklage zugeordnet oder als im zurückliegenden Jahr zugeflossene Mittel, die im folgenden Jahr für die steuerbegünstigten Zwecke zu verwenden sind, ausgewiesen sein. Soweit Mittel nicht schon im Jahr des

Zuflusses für die steuerbegünstigten Zwecke verwendet oder zulässigerweise dem Vermögen zugeführt werden, ist ihre zeitnahe Verwendung nachzuweisen, zweckmäßigerweise durch eine Nebenrechnung (Mittelverwendungsrechnung).

27. Nicht dem Gebot der zeitnahen Mittelverwendung unterliegt das Vermögen der Körperschaften, auch soweit es durch Umschichtungen innerhalb des Bereichs der Vermögensverwaltung entstanden ist (z.B. Verkauf eines zum Vermögen gehörenden Grundstücks einschließlich des den Buchwert übersteigenden Teils des Preises). Außerdem kann eine Körperschaft die in § 58 Nrn. 11 und 12 bezeichneten Mittel ohne für die Gemeinnützigkeit schädliche Folgen ihrem Vermögen zuführen.

Zu § 55 Abs. 2

28. Wertsteigerungen bleiben für steuerbegünstigte Zwecke gebunden. Bei der Rückgabe des Wirtschaftsguts selbst hat der Empfänger die Differenz in Geld auszugleichen.

Zu § 55 Abs. 3

29. Die Regelung, nach der sich die Vermögensbindung nicht auf die eingezahlten Kapitalanteile der Mitglieder und den gemeinen Wert der von den Mitgliedern geleisteten Sacheinlagen erstreckt, gilt bei Stiftungen für die Stifter und ihre Erben sinngemäß (§ 55 Abs. 3 erster Halbsatz). Es ist also zulässig, das Stiftungskapital und die Zustiftungen von der Vermögensbindung auszunehmen und im Falle des Erlöschens der Stiftung an den Stifter oder seine Erben zurückfallen zu lassen. Für solche Stiftungen und Zustiftungen kann aber vom Stifter nicht die Spendenvergünstigung nach § 10b EStG (§ 9 Abs. 1 Nr. 2 KStG) in Anspruch genommen werden.

30. Die Vorschrift des § 55 Abs. 3 zweiter Halbsatz, die sich nur auf Stiftungen und Körperschaften des öffentlichen Rechts bezieht, berücksichtigt die Regelung im EStG, wonach die Entnahme eines Wirtschaftsgutes mit dem Buchwert angesetzt werden kann, wenn das Wirtschaftsgut den in § 6 Abs. 1 Nr. 4 Satz 5 EStG genannten Körperschaften unentgeltlich überlassen wird. Dies hat zur Folge, dass der Zuwendende bei der Aufhebung der Stiftung nicht den gemeinen Wert der Zuwendung, sondern nur den dem ursprünglichen Buchwert entsprechenden Betrag zurückerhält. Stille Reserven und Wertsteigerungen bleiben hiernach für steuerbegünstigte Zwecke gebunden. Bei Rückgabe des Wirtschaftsgutes selbst hat der Empfänger die Differenz in Geld auszugleichen.

§ 56 Ausschließlichkeit

Ausschließlichkeit liegt vor, wenn eine Körperschaft nur ihre steuerbegünstigten satzungsmäßigen Zwecke verfolgt.

AE zu § 56 AO Ausschließlichkeit

Die Vorschrift stellt klar, dass eine Körperschaft mehrere steuerbegünstigte Zwecke nebeneinander verfolgen darf, ohne dass dadurch die Ausschließlichkeit verletzt wird. Die verwirklichten steuerbegünstigten Zwecke müssen jedoch sämtlich satzungsmäßige Zwecke sein. Will demnach eine Körperschaft steuerbegünstigte Zwecke, die nicht in die Satzung aufgenommen sind, fördern, so ist eine Satzungsänderung erforderlich, die den Erfordernissen des § 60 entsprechen muss.

§ 57 Unmittelbarkeit

(1) Eine Körperschaft verfolgt unmittelbar ihre steuerbegünstigten satzungsmäßigen Zwecke, wenn sie selbst diese Zwecke verwirklicht. Das kann auch durch Hilfspersonen geschehen, wenn nach den Umständen des Falls, insbesondere nach den rechtlichen und tatsächlichen Beziehungen, die zwischen der Körperschaft und der Hilfsperson bestehen, das Wirken der Hilfsperson wie eigenes Wirken der Körperschaft anzusehen ist.

(2) Eine Körperschaft, in der steuerbegünstigte Körperschaften zusammengefasst sind, wird einer Körperschaft, die unmittelbar steuerbegünstigte Zwecke verfolgt, gleichgestellt.

AE zu § 57 AO Unmittelbarkeit

1. Die Vorschrift stellt in Absatz 1 klar, dass die Körperschaft die steuerbegünstigten satzungsmäßigen Zwecke selbst verwirklichen muss, damit Unmittelbarkeit gegeben ist (wegen der Ausnahmen Hinweis auf § 58).

2. Das Gebot der Unmittelbarkeit ist gemäß § 57 Abs. 1 Satz 2 auch dann erfüllt, wenn sich die steuerbegünstigte Körperschaft einer Hilfsperson bedient. Hierfür ist es erforderlich, dass nach den Umständen des Falles, insbesondere nach den rechtlichen und tatsächlichen Beziehungen, die zwischen der Körperschaft und der Hilfsperson bestehen, das Wirken der Hilfsperson wie eigenes Wirken der Körperschaft anzusehen ist, d.h. die Hilfsperson nach den Weisungen der Körperschaft einen konkreten Auftrag ausführt. Hilfsperson kann eine natürliche Person, Personenvereinigung oder juristische Person sein. Die Körperschaft hat durch Vorlage entsprechender Vereinbarungen nachzuweisen, dass sie den Inhalt und den Umfang der Tätigkeit der Hilfsperson bestimmen kann. Als Vertragsformen kommen z.B. Arbeits-, Dienst- oder Werkverträge in Betracht. Im Innenverhältnis muss die Hilfsperson an die Weisung der Körperschaft gebunden sein. Die Tätigkeit der Hilfsperson muss den Satzungsbestimmungen der Körperschaft entsprechen. Diese hat nachzuweisen, dass sie die Hilfsperson überwacht. Die weisungsgemäße Verwendung der Mittel ist von ihr sicherzustellen. Die Steuerbegünstigung einer Körperschaft, die nur über eine Hilfsperson das Merkmal der Unmittelbarkeit erfüllt (§ 57 Abs. 1 Satz 2), ist unabhängig davon zu gewähren, wie die Hilfsperson gemeinnützigkeitsrechtlich behandelt wird. Ein Handeln als Hilfsperson nach § 57 Abs. 1 Satz 2 begründet keine eigene steuerbegünstigte Tätigkeit (BFH-Urteil vom 07.03.2007 – I R 90/04 – BStBl II, S. 628).

Eine Hilfspersonentätigkeit in diesem Sinne liegt nicht vor, wenn der auftraggebenden Person dadurch nicht nach § 57 Abs. 1 Satz 2 die Gemeinnützigkeit vermittelt wird, z.B. Tätigkeiten im Auftrag von juristischen Personen des öffentlichen Rechts (Hoheitsbereich), voll steuerpflichtigen Körperschaften oder natürlichen Personen.

3. Ein Zusammenschluss i.S.d. § 57 Abs. 2 AO ist gegeben, wenn die Einrichtung ausschließlich allgemeine, aus der Tätigkeit und Aufgabenstellung der Mitgliederkörperschaften erwachsene Interessen wahrnimmt. Nach Absatz 2 wird eine Körperschaft, in der steuerbegünstigte Körperschaften zusammengefasst sind, einer Körperschaft gleichgestellt, die unmittelbar steuerbegünstigte Zwecke verfolgt. Voraussetzung ist, dass jede der zusammengefassten Körperschaften sämtliche Voraussetzungen für die Steuerbegünstigung erfüllt. Verfolgt eine solche Körperschaft selbst unmittelbar steuerbegünstigte Zwecke, ist die bloße Mitgliedschaft einer nicht steuerbegünstigten Organisation für die Steuerbegünstigung unschädlich. Die Körperschaft darf die nicht steuerbegünstigte Organisation aber nicht mit Rat und Tat fördern (z.B. Zuweisung von Mitteln, Rechtsberatung).

§ 58 Steuerlich unschädliche Betätigungen

Die Steuervergünstigung wird nicht dadurch ausgeschlossen, dass

1. eine Körperschaft Mittel für die Verwirklichung der steuerbegünstigten Zwecke einer anderen Körperschaft oder für die Verwirklichung steuerbegünstigter Zwecke durch eine Körperschaft des öffentlichen Rechts beschafft; die Beschaffung von Mitteln für eine unbeschränkt steuerpflichtige Körperschaft des privaten Rechts setzt voraus, dass diese selbst steuerbegünstigt ist,
2. eine Körperschaft ihre Mittel teilweise einer anderen, ebenfalls steuerbegünstigten Körperschaft oder einer Körperschaft des öffentlichen Rechts zur Verwendung zu steuerbegünstigten Zwecken zuwendet,

3. eine Körperschaft ihre Arbeitskräfte anderen Personen, Unternehmen, Einrichtungen oder einer Körperschaft des öffentlichen Rechts für steuerbegünstigte Zwecke zur Verfügung stellt,
4. eine Körperschaft ihr gehörende Räume einer anderen, ebenfalls steuerbegünstigten Körperschaft oder einer Körperschaft des öffentlichen Rechts zur Nutzung zu steuerbegünstigten Zwecken überlässt,
5. eine Stiftung einen Teil, jedoch höchstens ein Drittel ihres Einkommens dazu verwendet, um in angemessener Weise den Stifter und seine nächsten Angehörigen zu unterhalten, ihre Gräber zu pflegen und ihr Andenken zu ehren,
6. eine Körperschaft ihre Mittel ganz oder teilweise einer Rücklage zuführt, soweit dies erforderlich ist, um ihre steuerbegünstigten satzungsmäßigen Zwecke nachhaltig erfüllen zu können,
7. a) eine Körperschaft höchstens ein Drittel des Überschusses der Einnahmen über die Unkosten aus Vermögensverwaltung und darüber hinaus höchstens 10 Prozent ihrer sonstigen nach § 55 Abs. 1 Nr. 5 zeitnah zu verwendenden Mittel einer freien Rücklage zuführt,
   b) eine Körperschaft Mittel zum Erwerb von Gesellschaftsrechten zur Erhaltung der prozentualen Beteiligung an Kapitalgesellschaften ansammelt oder im Jahr des Zuflusses verwendet; diese Beträge sind auf die nach Buchstabe a in demselben Jahr oder künftig zulässigen Rücklagen anzurechnen,
8. eine Körperschaft gesellige Zusammenkünfte veranstaltet, die im Vergleich zu ihrer steuerbegünstigten Tätigkeit von untergeordneter Bedeutung sind,
9. ein Sportverein neben dem unbezahlten auch den bezahlten Sport fördert,
10. eine von einer Gebietskörperschaft errichtete Stiftung zur Erfüllung ihrer steuerbegünstigten Zwecke Zuschüsse an Wirtschaftsunternehmen vergibt,
11. eine Körperschaft folgende Mittel ihrem Vermögen zuführt:
    a) Zuwendungen von Todes wegen, wenn der Erblasser keine Verwendung für den laufenden Aufwand der Körperschaft vorgeschrieben hat,
    b) Zuwendungen, bei denen der Zuwendende ausdrücklich erklärt, dass sie zur Ausstattung der Körperschaft mit Vermögen oder zur Erhöhung des Vermögens bestimmt sind,
    c) Zuwendungen auf Grund eines Spendenaufrufs der Körperschaft, wenn aus dem Spendenaufruf ersichtlich ist, dass Beträge zur Aufstockung des Vermögens erbeten werden,
    d) Sachzuwendungen, die ihrer Natur nach zum Vermögen gehören,

12. eine Stiftung im Jahr ihrer Errichtung und in den zwei folgenden Kalenderjahren Überschüsse aus der Vermögensverwaltung und die Gewinne aus wirtschaftlichen Geschäftsbetrieben (§ 14) ganz oder teilweise ihrem Vermögen zuführt.

AE zu § 58 AO Steuerlich unschädliche Betätigungen

Zu § 58 Nr. 1

1. Diese Ausnahmeregelung ermöglicht es, Körperschaften als steuerbegünstigt anzuerkennen, die andere Körperschaften fördern und dafür Spenden sammeln oder auf andere Art Mittel beschaffen (Mittelbeschaffungskörperschaften). Die Beschaffung von Mitteln muss als Satzungszweck festgelegt sein. Ein steuerbegünstigter Zweck, für den Mittel beschafft werden sollen, muss in der Satzung angegeben sein. Es ist nicht erforderlich, die Körperschaften, für die Mittel beschafft werden sollen, in der Satzung aufzuführen. Die Körperschaft, für die Mittel beschafft werden, muss nur dann selbst steuerbegünstigt sein, wenn sie eine unbeschränkt steuerpflichtige Körperschaft des privaten Rechts ist. Werden Mittel für nicht unbeschränkt steuerpflichtige Körperschaften beschafft, muss die Verwendung der Mittel für die steuerbegünstigten Zwecke ausreichend nachgewiesen werden.

Zu § 58 Nr. 2

2. Die teilweise (nicht überwiegende) Weitergabe eigener Mittel (auch Sachmittel) ist unschädlich. Ausschüttungen und sonstige Zuwendungen einer steuerbegünstigten Körperschaft sind unschädlich, wenn die Gesellschafter oder Mitglieder als Begünstigte ausschließlich steuerbegünstigte Körperschaften sind.

Zu § 58 Nr. 3

3. Eine steuerlich unschädliche Betätigung liegt auch dann vor, wenn nicht nur Arbeitskräfte, sondern zugleich Arbeitsmittel (z.B. Krankenwagen) zur Verfügung gestellt werden.

Zu § 58 Nr. 4

4. Zu den „Räumen" i.S.d. Nummer 4 gehören beispielsweise auch Sportstätten, Sportanlagen und Freibäder.

Zu § 58 Nr. 5

5. Eine Stiftung darf einen Teil ihres Einkommens – höchstens ein Drittel – dazu verwenden, die Gräber des Stifters und seiner nächsten Angehörigen zu pflegen und deren Andenken zu ehren. In diesem Rahmen ist auch gestattet, dem Stifter und seinen nächsten Angehörigen Unterhalt zu gewähren.

Unter Einkommen ist die Summe der Einkünfte aus den einzelnen Einkunftsarten des § 2 Abs. 1 EStG zu verstehen, unabhängig davon, ob die Einkünfte steuerpflichtig sind oder nicht. Positive und negative Einkünfte sind zu saldieren. Die Verlustverrechnungsbeschränkungen nach § 2 Abs. 3 EStG sind dabei unbeachtlich. Bei der Ermittlung der Einkünfte sind von den Einnahmen die damit zusammenhängenden Aufwendungen einschließlich der Abschreibungsbeträge abzuziehen.

Zur steuerrechtlichen Beurteilung von Ausgaben für die Erfüllung von Verbindlichkeiten, die durch die Übertragung von belastetem Vermögen begründet worden sind, wird auf die Nummern 12 bis 14 zu § 55 hingewiesen.

6. Der Begriff des nächsten Angehörigen ist enger als der Begriff des Angehörigen nach § 15. Er umfasst:

- Ehegatten,
- Eltern,
- Großeltern, Kinder, Enkel (auch falls durch Adoption verbunden),
- Geschwister,
- Pflegeeltern, Pflegekinder.

7. Unterhalt, Grabpflege und Ehrung des Andenkens müssen sich in angemessenem Rahmen halten. Damit ist neben der relativen Grenze von einem Drittel des Einkommens

6

eine gewisse absolute Grenze festgelegt. Maßstab für die Angemessenheit des Unterhalts ist der Lebensstandard des Zuwendungsempfängers.

8. § 58 Nr. 5 enthält lediglich eine Ausnahmeregelung zu § 55 Abs. 1 Nr. 1 für Stiftungen (vgl. zu § 55 Nr. 14), begründet jedoch keinen eigenständigen steuerbegünstigten Zweck. Eine Stiftung, zu deren Satzungszwecken die Unterstützung von hilfsbedürftigen Verwandten des Stifters gehört, kann daher nicht unter Hinweis auf § 58 Nr. 5 als steuerbegünstigt behandelt werden.

Zu § 58 Nr. 6

9. Bei der Bildung der Rücklage nach § 58 Nr. 6 kommt es nicht auf die Herkunft der Mittel an. Der Rücklage dürfen also auch zeitnah zu verwendende Mittel wie z.B. Spenden zugeführt werden.

10. Voraussetzung für die Bildung einer Rücklage nach § 58 Nr. 6 ist in jedem Fall, dass ohne sie die steuerbegünstigten satzungsmäßigen Zwecke nachhaltig nicht erfüllt werden können. Das Bestreben, ganz allgemein die Leistungsfähigkeit der Körperschaft zu erhalten, reicht für eine steuerlich unschädliche Rücklagenbildung nach dieser Vorschrift nicht aus (hierfür können nur freie Rücklagen nach § 58 Nr. 7 gebildet werden, vgl. Nrn. 13 bis 17). Vielmehr müssen die Mittel für bestimmte – die steuerbegünstigten Satzungszwecke verwirklichende – Vorhaben angesammelt werden, für deren Durchführung bereits konkrete Zeitvorstellungen bestehen. Besteht noch keine konkrete Zeitvorstellung, ist eine Rücklagenbildung zulässig, wenn die Durchführung des Vorhabens glaubhaft und bei den finanziellen Verhältnissen der steuerbegünstigten Körperschaft in einem angemessenen Zeitraum möglich ist. Die Bildung von Rücklagen für periodisch wiederkehrende Ausgaben (z.B. Löhne, Gehälter, Mieten) in Höhe des Mittelbedarfs für eine angemessene Zeitperiode ist zulässig (sogenannte Betriebsmittelrücklage). Ebenfalls unschädlich ist die vorsorgliche Bildung einer Rücklage zur Bezahlung von Steuern außerhalb eines steuerpflichtigen wirtschaftlichen Geschäftsbetriebs, solange Unklarheit darüber besteht, ob die Körperschaft insoweit in Anspruch genommen wird.

Die Bildung einer Rücklage kann nicht damit begründet werden, dass die Überlegungen zur Verwendung der Mittel noch nicht abgeschlossen sind.

11. Die vorstehenden Grundsätze zu § 58 Nr. 6 gelten auch für Mittelbeschaffungskörperschaften i.S.d. § 58 Nr. 1 (BFH-Urteil vom 13.09.1989 – I R 19/85 – BStBl 1990 II, S. 28). Voraussetzung ist jedoch, dass die Rücklagenbildung dem Zweck der Beschaffung von Mitteln für die steuerbegünstigten Zwecke einer anderen Körperschaft entspricht. Diese Voraussetzung ist zum Beispiel erfüllt, wenn die Mittelbeschaffungskörperschaft wegen Verzögerung der von ihr zu finanzierenden steuerbegünstigten Maßnahmen gezwungen ist, die beschafften Mittel zunächst zu thesaurieren.

12. Unterhält eine steuerbegünstigte Körperschaft einen steuerpflichtigen wirtschaftlichen Geschäftsbetrieb, so können dessen Erträge der Rücklage erst nach Versteuerung zugeführt werden.

Zu § 58 Nr. 7

13. Der freien Rücklage (§ 58 Nr. 7 Buchstabe a) darf jährlich höchstens ein Drittel des Überschusses der Einnahmen über die Unkosten aus der Vermögensverwaltung zugeführt werden. Unter Unkosten sind Aufwendungen zu verstehen, die dem Grunde nach Werbungskosten sind.

14. Darüber hinaus kann die Körperschaft höchstens 10 % ihrer sonstigen nach § 55 Abs. 1 Nr. 5 zeitnah zu verwendenden Mittel einer freien Rücklage zuführen. Mittel i.S. dieser Vorschrift sind die Überschüsse bzw. Gewinne aus steuerpflichtigen wirtschaftlichen Geschäftsbetrieben und Zweckbetrieben sowie die Bruttoeinnahmen aus dem ideellen Bereich. Bei Anwendung der Regelungen des § 64 Abs. 5 und 6 können in die Bemessungsgrundlage zur Ermittlung der Rücklage statt der geschätzten bzw. pauschal ermittelten Gewinne die tatsächlichen Gewinne einbezogen werden.

Verluste aus Zweckbetrieben sind mit entsprechenden Überschüssen zu verrechnen; darüber hinaus gehende Verluste mindern die Bemessungsgrundlage nicht. Das gilt entsprechend für Verluste aus dem einheitlichen wirtschaftlichen Geschäftsbetrieb. Ein Überschuss aus der Vermögensverwaltung ist – unabhängig davon, inwieweit er in eine Rücklage eingestellt wurde – nicht in die Bemessungsgrundlage für die Zuführung aus den sonstigen zeitnah zu verwendenden Mitteln einzubeziehen. Ein Verlust aus der Vermögensverwaltung mindert die Bemessungsgrundlage nicht.

15. Wird die Höchstgrenze nach den Nrn. 13 und 14 nicht voll ausgeschöpft, so ist eine Nachholung in späteren Jahren nicht zulässig. Die steuerbegünstigte Körperschaft braucht die freie Rücklage während der Dauer ihres Bestehens nicht aufzulösen. Die in die Rücklage eingestellten Mittel können auch dem Vermögen zugeführt werden.

16. Die Ansammlung und Verwendung von Mitteln zum Erwerb von Gesellschaftsrechten zur Erhaltung der prozentualen Beteiligung an Kapitalgesellschaften schließen die Steuervergünstigungen nicht aus (§ 58 Nr. 7 Buchstabe b). Die Herkunft der Mittel ist dabei ohne Bedeutung. § 58 Nr. 7 Buchstabe b ist nicht auf den erstmaligen Erwerb von Anteilen an Kapitalgesellschaften anzuwenden. Hierfür können u.a. freie Rücklagen nach § 58 Nr. 7 Buchstabe a eingesetzt werden.

17. Die Höchstgrenze für die Zuführung zu der freien Rücklage mindert sich um den Betrag, den die Körperschaft zum Erwerb von Gesellschaftsrechten zur Erhaltung der prozentualen Beteiligung an Kapitalgesellschaften ausgibt oder bereitstellt. Übersteigt der für die Erhaltung der Beteiligungsquote verwendete oder bereitgestellte Betrag die Höchstgrenze, ist auch in den Folgejahren eine Zuführung zu der freien Rücklage erst wieder möglich, wenn die für eine freie Rücklage verwendbaren Mittel insgesamt die für die Erhaltung der Beteiligungsquote verwendeten oder bereitgestellten Mittel übersteigen. Die Zuführung von Mitteln zu Rücklagen nach § 58 Nr. 6 berührt die Höchstgrenze für die Bildung freier Rücklagen dagegen nicht.

Beispiel:

		Freie Rücklage (§ 58 Nr. 7 Buchst. a)	Verwendung von Mitteln zur Erhaltung der Beteiligungsquote (§ 58 Nr. 7 Buchst. b)
	Euro	Euro	Euro
Jahr 01 Zuführung zur freien Rücklage		25.000	
Jahr 02 Höchstbetrag für die Zuführung zur freien Rücklage: 1/3 von 15.000 Euro =	5.000		
10 % von 50.000 Euro =	5.000		
Ergibt	10.000		
Verwendung von Mitteln zur Erhaltung der Beteiligungsquote	25.000		25.000
Übersteigender Betrag	./. 15.000		
Zuführung zur freien Rücklage		0	
Jahr 03 Höchstbetrag für die Zuführung zur freien Rücklage: 1/3 von 30.000 Euro =	10.000		
10 % von 100.000 Euro =	10.000		
Ergibt	20.000		
Übersteigender Betrag aus dem Jahr 02	./. 15.000		
Verbleibender Betrag	5.000		
Zuführung zur freien Rücklage		5.000	

6

Zu § 58 Nrn. 6 und 7

18. Ob die Voraussetzungen für die Bildung einer Rücklage gegeben sind, hat die steuerbegünstigte Körperschaft dem zuständigen Finanzamt im Einzelnen darzulegen. Weiterhin muss sie die Rücklagen nach § 58 Nrn. 6 und 7 in ihrer Rechnungslegung – ggf. in einer Nebenrechnung – gesondert ausweisen, damit eine Kontrolle jederzeit und ohne besonderen Aufwand möglich ist (BFH-Urteil vom 20.12.1978 – I R 21/76 – BStBl 1979 II S. 496).

Zu § 58 Nr. 8

19. Gesellige Zusammenkünfte, die im Vergleich zur steuerbegünstigten Tätigkeit nicht von untergeordneter Bedeutung sind, schließen die Steuervergünstigung aus.

Zu § 58 Nr. 10

20. Diese Ausnahmeregelung ermöglicht es den ausschließlich von einer oder mehreren Gebietskörperschaften errichteten rechtsfähigen und nichtrechtsfähigen Stiftungen, die Erfüllung ihrer steuerbegünstigten Zwecke mittelbar durch Zuschüsse an Wirtschaftsunternehmen zu verwirklichen. Diese mittelbare Zweckverwirklichung muss in der Satzung festgelegt sein. Die Verwendung der Zuschüsse für steuerbegünstigte Satzungszwecke muss nachgewiesen werden.

Zu § 58 Nr. 11

6

21. Bei den in der Vorschrift genannten Zuwendungen ist es ausnahmsweise zulässig, grundsätzlich zeitnah zu verwendende Mittel dem zulässigen Vermögen zuzuführen. Die Aufzählung ist abschließend. Unter Sachzuwendungen, die ihrer Natur nach zum Vermögen gehören, sind Wirtschaftsgüter zu verstehen, die ihrer Art nach von der Körperschaft im ideellen Bereich, im Rahmen der Vermögensverwaltung oder im wirtschaftlichen Geschäftsbetrieb genutzt werden können.

Werden Mittel nach dieser Vorschrift dem Vermögen zugeführt, sind sie aus der Bemessungsgrundlage für Zuführungen von sonstigen zeitnah zu verwendenden Mitteln nach § 58 Nr. 7 Buchstabe a herauszurechnen.

Zu § 58 Nr. 12

22. Stiftungen dürfen im Jahr ihrer Errichtung und in den zwei folgenden Kalenderjahren Überschüsse und Gewinne aus der Vermögensverwaltung, aus Zweckbetrieb und aus steuerpflichtigen wirtschaftlichen Geschäftsbetrieben ganz oder teilweise ihrem Vermögen zuführen. Für sonstige Mittel, z.B. Zuwendungen und Zuschüsse, gilt diese Regelung dagegen nicht.

Liegen in einem Kalenderjahr positive und negative Ergebnisse aus der Vermögensverwaltung, aus den Zweckbetrieben und dem einheitlichen steuerpflichtigen wirtschaftlichen Geschäftsbetrieb vor, ist eine Zuführung zum Vermögen auf den positiven Betrag begrenzt, der nach der Verrechnung der Ergebnisse verbleibt.

Zu § 58 Nrn. 2 bis 12

23. Die in § 58 Nrn. 2 bis 9, 11 und 12 genannten Ausnahmetatbestände können auch ohne entsprechende Satzungsbestimmung verwirklicht werden. Entgeltliche Tätigkeiten nach § 58 Nrn. 3, 4 oder 8 begründen einen steuerpflichtigen wirtschaftlichen Geschäftsbetrieb oder Vermögensverwaltung (z.B. Raumüberlassung). Bei den Regelungen des § 58 Nrn. 5, 10 und 12 kommt es jeweils nicht auf die Bezeichnung der Körperschaft als Stiftung, sondern auf die tatsächliche Rechtsform an. Dabei ist es unmaßgeblich, ob es sich um eine rechtsfähige oder nichtrechtsfähige Stiftung handelt.

§ 59 Voraussetzung der Steuervergünstigung

Die Steuervergünstigung wird gewährt, wenn sich aus der Satzung, dem Stiftungsgeschäft oder der sonstigen Verfassung (Satzung im Sinne dieser Vorschriften) ergibt, welchen Zweck die Körperschaft verfolgt, dass dieser Zweck den Anforderungen der §§ 52 bis 55 entspricht und dass er ausschließlich und unmittelbar verfolgt wird; die tatsächliche Geschäftsführung muss diesen Satzungsbestimmungen entsprechen.

AE zu § 59 AO Voraussetzung der Steuervergünstigung

1. Die Vorschrift bestimmt u. a., dass die Steuervergünstigung nur gewährt wird, wenn ein steuerbegünstigter Zweck (§§ 52 bis 54), die Selbstlosigkeit (§ 55) und die ausschließliche und unmittelbare Zweckverfolgung (§§ 56, 57) durch die Körperschaft aus der Satzung direkt hervorgehen. Eine weitere satzungsmäßige Voraussetzung in diesem Sinn ist die in § 61 geforderte Vermögensbindung. Das Unterhalten wirtschaftlicher Geschäftsbetriebe (§ 14 Sätze 1 und 2 und § 64), die keine Zweckbetriebe (§§ 65 bis 68) sind, und die Vermögensverwaltung (§ 14 Satz 3) dürfen nicht Satzungszweck sein. Die Erlaubnis zur Unterhaltung eines Nichtzweckbetriebes und die Vermögensverwaltung in der Satzung können zulässig sein (BFH-Urteil vom 18.12.2002 – I R 15/02 – BStBl 2003 II, S. 384). Bei Körperschaften, die ausschließlich Mittel für andere Körperschaften oder Körperschaften des öffentlichen Rechts beschaffen (§ 58 Nr. 1), kann in der Satzung auf das Gebot der Unmittelbarkeit verzichtet werden.

2. (...)

3. Ein besonderes Anerkennungsverfahren ist im steuerlichen Gemeinnützigkeitsrecht nicht vorgesehen. Ob eine Körperschaft steuerbegünstigt ist, entscheidet das Finanzamt im Veranlagungsverfahren durch Steuerbescheid (ggf. Freistellungsbescheid). Dabei hat es von Amts wegen die tatsächlichen und rechtlichen Verhältnisse zu ermitteln, die für die Steuerpflicht und für die Bemessung der Steuer wesentlich sind. Eine Körperschaft, bei der nach dem Ergebnis dieser Prüfung die gesetzlichen Voraussetzungen für die steuerliche Behandlung als steuerbegünstigte Körperschaft vorliegen, muss deshalb auch als solche behandelt werden, und zwar ohne Rücksicht darauf, ob ein entsprechender Antrag gestellt worden ist oder nicht. Ein Verzicht auf die Behandlung als steuerbegünstigte Körperschaft ist somit für das Steuerrecht unbeachtlich. 6

4. Auf Antrag einer neu gegründeten Körperschaft, bei der die Voraussetzungen der Steuervergünstigung noch nicht im Veranlagungsverfahren festgestellt worden sind, bescheinigt das zuständige Finanzamt vorläufig, z.B. für den Empfang steuerbegünstigter Spenden oder für eine Gebührenbefreiung, dass bei ihm die Körperschaft steuerlich erfasst ist und die eingereichte Satzung alle nach § 59 Satz 1, §§ 60 und 61 geforderten Voraussetzungen erfüllt, welche u.a. für die Steuerbefreiung nach § 5 Abs. 1 Nr. 9 KStG vorliegen müssen. Eine vorläufige Bescheinigung über die Gemeinnützigkeit darf erst ausgestellt werden, wenn eine Satzung vorliegt, die den gemeinnützigkeitsrechtlichen Vorschriften entspricht.

5. Die vorläufige Bescheinigung über die Gemeinnützigkeit stellt keinen Verwaltungsakt, sondern lediglich eine Auskunft über den gekennzeichneten Teilbereich der für die Steuervergünstigung erforderlichen Voraussetzungen dar. Sie sagt z.B. nichts über die Übereinstimmung von Satzung und tatsächlicher Geschäftsführung aus. Sie ist befristet zu erteilen und ist frei widerruflich (BFH-Beschluss vom 07.05.1986 – I B 58/85 – BStBl II, S. 677). Die Geltungsdauer sollte 18 Monate nicht überschreiten.

6. Die Erteilung einer vorläufigen Bescheinigung über die Gemeinnützigkeit kann auch in Betracht kommen, wenn eine Körperschaft schon längere Zeit existiert und die Gemeinnützigkeit im Veranlagungsverfahren versagt wurde (BFH-Beschluss vom 23.09.1998 – I B 82/98 – BStBl 2000 II, S. 320).

6.1. Eine vorläufige Bescheinigung über die Gemeinnützigkeit ist in diesen Fällen auf Antrag zu erteilen, wenn die Körperschaft die Voraussetzungen für die Gemeinnützigkeit im gesamten Veranlagungszeitraum, der dem Zeitraum der Nichtgewährung folgt, voraussichtlich erfüllen wird. Ihre Geltungsdauer sollte 18 Monate nicht überschreiten.

6.2. Darüber hinaus kann die Erteilung einer vorläufigen Bescheinigung über die Gemeinnützigkeit auch dann geboten sein, wenn die Körperschaft nach Auffassung des Finanzamts nicht gemeinnützig ist. In diesen Fällen darf die Bescheinigung nur erteilt werden, wenn die folgenden Voraussetzungen erfüllt sind:

6.2.1. Die Körperschaft muss gegen eine Entscheidung des Finanzamts, mit der die Erteilung einer vorläufigen Bescheinigung über die Gemeinnützigkeit abgelehnt wurde, beim zuständigen Finanzgericht Rechtsschutz begehrt haben.

6.2.2. Es müssen ernstliche Zweifel bestehen, ob die Ablehnung der Gemeinnützigkeit im Klageverfahren bestätigt wird. Dies erfordert, dass die Körperschaft schlüssig darlegt und glaubhaft macht, dass sie die Voraussetzungen für die Gemeinnützigkeit nach ihrer Satzung und bei der tatsächlichen Geschäftsführung erfüllt.

6.2.3. Die wirtschaftliche Existenz der Körperschaft muss in Folge der Nichterteilung der vorläufigen Bescheinigung gefährdet sein. Für die Beurteilung sind die Verhältnisse im jeweiligen Einzelfall maßgeblich. Eine Existenzgefährdung kann nicht allein deshalb unterstellt werden, weil sich die Körperschaft bisher zu einem wesentlichen Teil aus Spenden oder steuerlich abziehbaren Mitgliedsbeiträgen finanziert hat und wegen der Nichtgewährung der Steuervergünstigungen ein erheblicher Rückgang dieser Einnahmen zu erwarten ist. Sie liegt z.B. auch dann nicht vor, wenn die Körperschaft über ausreichendes verwertbares Vermögen verfügt oder sich ausreichende Kredite verschaffen kann. Die Körperschaft muss als Antragsgrund die Existenzgefährdung schlüssig darlegen und glaubhaft machen.

6.3. Die vorläufige Bescheinigung über die Gemeinnützigkeit nach Nr. 6.2. ist ggf. formlos zu erteilen. Sie muss die Körperschaft in die Lage versetzen, unter Hinweis auf die steuerliche Abzugsfähigkeit um Zuwendungen zu werben. Ihre Geltungsdauer ist bis zum rechtskräftigen Abschluss des gerichtlichen Verfahrens zu befristen. Ob Auflagen, wie sie der BFH in dem entschiedenen Fall beschlossen hat (u.a. vierteljährliche Einreichung von Aufstellungen über die Einnahmen und Ausgaben), sinnvoll und erforderlich sind, hängt von den Umständen des Einzelfalls ab.

7. Die vorläufige Bescheinigung wird durch den Steuerbescheid (ggf. Freistellungsbescheid) ersetzt. Die Steuerbefreiung soll spätestens alle drei Jahre überprüft werden.

8. Die Satzung einer Körperschaft ist vor der Erteilung einer erstmaligen vorläufigen Bescheinigung über die Steuerbegünstigung oder eines Freistellungsbescheides zur Körperschaft- und Gewerbesteuer sorgfältig zu prüfen. Wird eine vorläufige Bescheinigung über die Gemeinnützigkeit erteilt oder die Steuerbegünstigung anerkannt, bei einer späteren Überprüfung der Körperschaft aber festgestellt, dass die Satzung doch nicht den Anforderungen des Gemeinnützigkeitsrechts genügt, dürfen aus Vertrauensschutzgründen hieraus keine nachteiligen Folgerungen für die Vergangenheit gezogen werden. Die Körperschaft ist trotz der fehlerhaften Satzung für abgelaufene Veranlagungszeiträume und für das Kalenderjahr, in dem die Satzung beanstandet wird, als steuerbegünstigt zu behandeln. Dies gilt nicht, wenn bei der tatsächlichen Geschäftsführung gegen Vorschriften des Gemeinnützigkeitsrechts verstoßen wurde.

Die Vertreter der Körperschaft sind aufzufordern, die zu beanstandenden Teile der Satzung so zu ändern, dass die Körperschaft die satzungsgemäßen Voraussetzungen für die Steuervergünstigung erfüllt. Hierfür ist eine angemessene Frist zu setzen. Vereinen soll dabei in der Regel eine Beschlussfassung in der nächsten ordentlichen Mitgliederversammlung ermöglicht werden. Wird die Satzung innerhalb der gesetzten Frist entsprechend den Vorgaben des Finanzamts geändert, ist die Steuervergünstigung für das der Beanstandung der Satzung folgende Kalenderjahr auch dann anzuerkennen, wenn zu Beginn des Kalenderjahres noch keine ausreichende Satzung vorgelegen hat.

Die vorstehenden Grundsätze gelten nicht, wenn die Körperschaft die Satzung geändert hat und eine geänderte Satzungsvorschrift zu beanstanden ist. In diesen Fällen fehlt es an einer Grundlage für die Gewährung von Vertrauensschutz.

§ 60 Anforderungen an die Satzung

(1) Die Satzungszwecke und die Art ihrer Verwirklichung müssen so genau bestimmt sein, dass auf Grund der Satzung geprüft werden kann, ob die satzungsmäßigen Voraussetzungen für Steuervergünstigungen gegeben sind. Die Satzung muss die in der Anlage 1 bezeichneten Festlegungen enthalten.

(2) Die Satzung muss den vorgeschriebenen Erfordernissen bei der Körperschaftsteuer und bei der Gewerbesteuer während des ganzen Veranlagungs- oder Bemessungszeitraums, bei den anderen Steuern im Zeitpunkt der Entstehung der Steuer entsprechen.

AE zu § 60 AO Anforderungen an die Satzung

1. Die Satzung muss so präzise gefasst sein, dass aus ihr unmittelbar entnommen werden kann, ob die Voraussetzungen der Steuerbegünstigung vorliegen (formelle Satzungsmäßigkeit). Die bloße Bezugnahme auf Satzungen oder andere Regelungen Dritter genügt nicht (BFH-Urteil vom 19.04.1989 – I R 3/88 – BStBl II, S. 595). Es reicht aus, wenn sich die satzungsmäßigen Voraussetzungen aufgrund einer Auslegung aller Satzungsbestimmungen ergeben (BFH-Urteil vom 13.12.1978 – I R 39/78 – BStBl 1979 II, S. 482 und vom 13.08.1997 – I R 19/96 – BStBl II, S. 794).

2. (...)

3. (...)

4. (...)

5. Die tatsächliche Geschäftsführung (vgl. § 63) muss mit der Satzung übereinstimmen.

6. Die satzungsmäßigen Voraussetzungen für die Anerkennung der Steuerbegünstigung müssen

- bei der Körperschaftsteuer vom Beginn bis zum Ende des Veranlagungszeitraums,
- bei der Gewerbesteuer vom Beginn bis zum Ende des Erhebungszeitraums,
- bei der Grundsteuer zum Beginn des Kalenderjahres, für das über die Steuerpflicht zu entscheiden ist (§ 9 Abs. 2 GrStG),
- bei der Umsatzsteuer zu den sich aus § 13 Abs. 1 UStG ergebenden Zeitpunkten,
- bei der Erbschaftsteuer zu den sich aus § 9 ErbStG ergebenden Zeitpunkten,

erfüllt sein.

§ 61 Satzungsmäßige Vermögensbindung

(1) Eine steuerlich ausreichende Vermögensbindung (§ 55 Abs. 1 Nr. 4) liegt vor, wenn der Zweck, für den das Vermögen bei Auflösung oder Aufhebung der Körperschaft oder bei Wegfall ihres bisherigen Zwecks verwendet werden soll, in der Satzung so genau bestimmt ist, dass auf Grund der Satzung geprüft werden kann, ob der Verwendungszweck steuerbegünstigt ist.

(2) (weggefallen)

(3) Wird die Bestimmung über die Vermögensbindung nachträglich so geändert, dass sie den Anforderungen des § 55 Abs. 1 Nr. 4 nicht mehr entspricht, so gilt sie von Anfang an als steuerlich nicht ausreichend. § 175 Absatz 1 Satz 1 Nr. 2 ist mit der Maßgabe anzuwenden, dass Steuerbescheide erlassen, aufgehoben oder geändert werden können, soweit sie Steuern betreffen, die innerhalb der letzten zehn Kalenderjahre vor der Änderung der Bestimmung über die Vermögensbindung entstanden sind.

AE zu § 61 AO Satzungsmäßige Vermögensbindung

1. Die Vorschrift stellt klar, dass die zu den Voraussetzungen der Selbstlosigkeit zählende Bindung des Vermögens für steuerbegünstigte Zwecke vor allem im Falle der Auflösung der Körperschaft aus der Satzung genau hervorgehen muss (Mustersatzung, § 5). Eine satzungsmäßige Vermögensbindung auf eine nicht unbeschränkt steuerpflichtige ausländische Körperschaft genügt nicht den Anforderungen (vgl. Nr. 24 zu § 55).

2. Nach dem aufgehobenen § 61 Abs. 2 durfte bei Vorliegen zwingender Gründe in der Satzung bestimmt werden, dass über die Verwendung des Vermögens zu steuerbegünstigten Zwecken nach Auflösung oder Aufhebung der Körperschaft oder bei Wegfall steuerbegünstigter Zwecke erst nach Einwilligung des Finanzamtes bestimmt wird. Eine Satzung braucht nicht allein deswegen geändert zu werden, weil sie eine vor der Aufhebung des § 61 Abs. 2 zulässige Bestimmung über die Vermögensbindung enthält.

3. (...)

4. Wird die satzungsmäßige Vermögensbindung aufgehoben, gilt sie von Anfang an als steuerlich nicht ausreichend. Die Regelung greift auch ein, wenn die Bestimmung über die Vermögensbindung erst zu einem Zeitpunkt geändert wird, in dem die Körperschaft nicht mehr als steuerbegünstigt anerkannt ist. Die entsprechenden steuerlichen Folgerungen sind durch Steuerfestsetzung rückwirkend zu ziehen.

5. Bei Verstößen gegen den Grundsatz der Vermögensbindung bildet die Festsetzungsverjährung (§§ 169 ff.) keine Grenze. Vielmehr können nach § 175 Abs. 1 Satz 1 Nr. 2 auch Steuerbescheide noch geändert werden, die Steuern betreffen, die innerhalb von zehn Jahren vor der erstmaligen Verletzung der Vermögensbindungsregelung entstanden sind. Es kann demnach auch dann noch zugegriffen werden, wenn zwischen dem steuerfreien Bezug der Erträge und dem Wegfall der Steuerbegünstigung ein Zeitraum von mehr als fünf Jahren liegt, selbst wenn in der Zwischenzeit keine Erträge mehr zugeflossen sind.

6

Beispiel:

Eine gemeinnützige Körperschaft hat in den Jahren 01 bis 11 steuerfreie Einnahmen aus einem Zweckbetrieb bezogen und diese teils für gemeinnützige Zwecke ausgegeben und zum Teil in eine Rücklage eingestellt. Eine in 11 vollzogene Satzungsänderung sieht jetzt vor, dass bei Auflösung des Vereins das Vermögen an die Mitglieder ausgekehrt wird. In diesem Fall muss das Finanzamt für die Veranlagungszeiträume 01 ff. Steuerbescheide erlassen, welche die Nachversteuerung aller genannten Einnahmen vorsehen, wobei es unerheblich ist, ob die Einnahmen noch im Vereinsvermögen vorhanden sind.

6. Verstöße gegen § 55 Abs. 1 bis 3 begründen die Möglichkeit einer Nachversteuerung im Rahmen der Festsetzungsfrist.

7. Die Nachversteuerung gem. § 61 Abs. 3 greift nicht nur bei gemeinnützigkeitsschädlichen Änderungen satzungsrechtlicher Bestimmungen über die Vermögensbindung ein, sondern erfasst auch die Fälle, in denen die tatsächliche Geschäftsführung gegen die von § 61 geforderte Vermögensbindung verstößt (§ 63 Abs. 2).

Beispiel:

Eine gemeinnützige Körperschaft verwendet bei ihrer Auflösung oder bei Aufgabe ihres begünstigten Satzungszweckes ihr Vermögen entgegen der Vermögensbindungsbestimmung in der Satzung nicht für begünstigte Zwecke.

8. Verstöße der tatsächlichen Geschäftsführung gegen § 55 Abs. 1 Nrn. 1 bis 3 können so schwerwiegend sein, dass sie einer Verwendung des gesamten Vermögens für satzungsfremde Zwecke gleichkommen. Auch in diesen Fällen ist eine Nachversteuerung nach § 61 Abs. 3 möglich.

9. Bei der nachträglichen Besteuerung ist so zu verfahren, als ob die Körperschaft von Anfang an uneingeschränkt steuerpflichtig gewesen wäre. § 13 Abs. 3 KStG ist nicht anwendbar.

§ 63 Anforderungen an die tatsächliche Geschäftsführung

(1) Die tatsächliche Geschäftsführung der Körperschaft muss auf die ausschließliche und unmittelbare Erfüllung der steuerbegünstigten Zwecke gerichtet sein und den Bestimmungen entsprechen, die die Satzung über die Voraussetzungen für Steuervergünstigungen enthält.

(2) Für die tatsächliche Geschäftsführung gilt sinngemäß § 60 Abs. 2, für eine Verletzung der Vorschrift über die Vermögensbindung § 61 Abs. 3.

(3) Die Körperschaft hat den Nachweis, dass ihre tatsächliche Geschäftsführung den Erfordernissen des Absatzes 1 entspricht, durch ordnungsmäßige Aufzeichnungen über ihre Einnahmen und Ausgaben zu führen.

(4) Hat die Körperschaft Mittel angesammelt, ohne dass die Voraussetzungen des § 58 Nr. 6 und 7 vorliegen, kann das Finanzamt ihr eine Frist für die Verwendung der Mittel setzen. Die tatsächliche Geschäftsführung gilt als ordnungsgemäß im Sinne des Absatzes 1, wenn die Körperschaft die Mittel innerhalb der Frist für steuerbegünstigte Zwecke verwendet.

AE zu § 63 AO Anforderungen an die tatsächliche Geschäftsführung

1. Den Nachweis, dass die tatsächliche Geschäftsführung den notwendigen Erfordernissen entspricht, hat die Körperschaft durch ordnungsmäßige Aufzeichnungen (insbesondere Aufstellung der Einnahmen und Ausgaben, Tätigkeitsbericht, Vermögensübersicht mit Nachweisen über die Bildung und Entwicklung der Rücklagen) zu führen. Die Vorschriften der AO über die Führung von Büchern und Aufzeichnungen (§§ 140 ff.) sind zu beachten. Die Vorschriften des Handelsrechts einschließlich der entsprechenden Buchführungsvorschriften gelten nur, sofern sich dies aus der Rechtsform der Körperschaft oder aus ihrer wirtschaftlichen Tätigkeit ergibt. Bei der Verwirklichung steuerbegünstigter Zwecke im Ausland besteht eine erhöhte Nachweispflicht (§ 90 Abs. 2).

2. Die tatsächliche Geschäftsführung umfasst auch die Ausstellung steuerlicher Zuwendungsbestätigungen. Bei Missbräuchen auf diesem Gebiet, z.B. durch die Ausstellung von Gefälligkeitsbestätigungen, ist die Steuerbegünstigung zu versagen.

3. Die tatsächliche Geschäftsführung muss sich im Rahmen der verfassungsmäßigen Ordnung halten, da die Rechtsordnung als selbstverständlich das gesetzestreue Verhalten aller Rechtsunterworfenen voraussetzt (vgl. zu § 52 Nr. 16). Als Verstoß gegen die Rechtsordnung, der die Steuerbegünstigung ausschließt, kommt auch eine Steuerverkürzung in Betracht (BFH-Urteil vom 27.09.2001 – V R 17/99 – BStBl 2002 II, S. 169).

§ 64 Steuerpflichtige wirtschaftliche Geschäftsbetriebe

(1) Schließt das Gesetz die Steuervergünstigung insoweit aus, als ein wirtschaftlicher Geschäftsbetrieb (§ 14) unterhalten wird, so verliert die Körperschaft die Steuervergünstigung für die dem Geschäftsbetrieb zuzuordnenden Besteuerungsgrundlagen (Einkünfte, Umsätze, Vermögen), soweit der wirtschaftliche Geschäftsbetrieb kein Zweckbetrieb (§§ 65 bis 68) ist.

(2) Unterhält die Körperschaft mehrere wirtschaftliche Geschäftsbetriebe, die keine Zweckbetriebe (§§ 65 bis 68) sind, werden diese als ein wirtschaftlicher Geschäftsbetrieb behandelt.

(3) Übersteigen die Einnahmen einschließlich Umsatzsteuer aus wirtschaftlichen Geschäftsbetrieben, die keine Zweckbetriebe sind, insgesamt nicht 35 000 Euro im Jahr, so unterliegen die diesen Geschäftsbetrieben zuzuordnenden Besteuerungsgrundlagen nicht der Körperschaftsteuer und der Gewerbesteuer.

(4) Die Aufteilung einer Körperschaft in mehrere selbständige Körperschaften zum Zweck der mehrfachen Inanspruchnahme der Steuervergünstigung nach Absatz 3 gilt als Missbrauch von rechtlichen Gestaltungsmöglichkeiten im Sinne des § 42.

(5) Überschüsse aus der Verwertung unentgeltlich erworbenen Altmaterials außerhalb einer ständig dafür vorgehaltenen Verkaufsstelle, die der Körperschaftsteuer und der Gewerbesteuer unterliegen, können in Höhe des branchenüblichen Reingewinns geschätzt werden.

(6) Bei den folgenden steuerpflichtigen wirtschaftlichen Geschäftsbetrieben kann der Besteuerung ein Gewinn von 15 Prozent der Einnahmen zugrunde gelegt werden:

1. Werbung für Unternehmen, die im Zusammenhang mit der steuerbegünstigten Tätigkeit einschließlich Zweckbetrieben stattfindet,
2. Totalisatorbetriebe,
3. Zweite Fraktionierungsstufe der Blutspendedienste.

AE zu § 64 AO Steuerpflichtige wirtschaftliche Geschäftsbetriebe

Zu § 64 Abs. 1

1. Als Gesetz, das die Steuervergünstigung teilweise, nämlich für den wirtschaftlichen Geschäftsbetrieb (§ 14 Sätze 1 und 2), ausschließt, ist das jeweilige Steuergesetz zu verstehen, also § 5 Abs. 1 Nr. 9 KStG, § 3 Nr. 6 GewStG, § 12 Abs. 2 Nr. 8 Satz 2 UStG, § 3 Abs. 1 Nr. 3b GrStG i.V.m. § 12 Abs. 4 GrStR.

2. Wegen des Begriffs „Wirtschaftlicher Geschäftsbetrieb" wird auf § 14 hingewiesen. Zum Begriff der „Nachhaltigkeit" bei wirtschaftlichen Geschäftsbetrieben siehe BFH-Urteil vom 21.08.1985 – I R 60/80 – BStBl 1986 II, S. 88. Danach ist eine Tätigkeit grundsätzlich nachhaltig, wenn sie auf Wiederholung angelegt ist. Es genügt, wenn bei der Tätigkeit der allgemeine Wille besteht, gleichartige oder ähnliche Handlungen bei sich bietender Gelegenheit zu wiederholen. Wiederholte Tätigkeiten liegen auch vor, wenn der Grund zum Tätigwerden auf einem einmaligen Entschluss beruht, die Erledigung aber mehrere (Einzel-)Tätigkeiten erfordert. Die Einnahmen aus der Verpachtung eines vorher selbst betriebenen wirtschaftlichen Geschäftsbetriebs unterliegen so lange der Körperschaft- und Gewerbesteuer, bis die Körperschaft die Betriebsaufgabe erklärt (BFH-Urteil vom 04.04.2007 – I R 55/06 – BStBl II, S. 725).

3. Ob eine an einer Personengesellschaft oder Gemeinschaft beteiligte steuerbegünstigte Körperschaft gewerbliche Einkünfte bezieht und damit einen wirtschaftlichen Geschäftsbetrieb (§ 14 Sätze 1 und 2) unterhält, wird im einheitlichen und gesonderten Gewinnfeststellungsbescheid der Personengesellschaft bindend festgestellt (BFH-Urteil vom 27.07.1988 – I R 113/84 – BStBl 1989 II, S. 134). Ob der wirtschaftliche Geschäftsbetrieb steuerpflichtig ist oder ein Zweckbetrieb (§§ 65 bis 68) vorliegt, ist dagegen bei der Körperschaftsteuerveranlagung der steuerbegünstigten Körperschaft zu entscheiden. Die Beteiligung einer steuerbegünstigten Körperschaft an einer Kapitalgesellschaft ist grundsätzlich Vermögensverwaltung (§ 14 Satz 3). Sie stellt jedoch einen wirtschaftlichen

Geschäftsbetrieb dar, wenn mit ihr tatsächlich ein entscheidender Einfluss auf die laufende Geschäftsführung der Kapitalgesellschaft ausgeübt wird oder ein Fall der Betriebsaufspaltung vorliegt (vgl. BFH-Urteil v. 30.06.1971 – I R 57/70 – BStBl II, S. 753; H 15.7 Abs. 4–6 EStH). Besteht die Beteiligung an einer Kapitalgesellschaft, die selbst ausschließlich der Vermögensverwaltung dient, so liegt auch bei Einflussnahme auf die Geschäftsführung kein wirtschaftlicher Geschäftsbetrieb vor (vgl. § 16 Abs. 5 KStR). Dies gilt auch bei Beteiligung an einer steuerbegünstigten Kapitalgesellschaft. Die Grundsätze der Betriebsaufspaltung sind nicht anzuwenden, wenn sowohl das Betriebs- als auch das Besitzunternehmen steuerbegünstigt sind.

4. Bei der Ermittlung des Gewinns aus dem wirtschaftlichen Geschäftsbetrieb sind die Betriebsausgaben zu berücksichtigen, die durch den Betrieb veranlasst sind. Dazu gehören Ausgaben, die dem Betrieb unmittelbar zuzuordnen sind, weil sie ohne den Betrieb nicht oder zumindest nicht in dieser Höhe angefallen wären.

5. Bei so genannten gemischt veranlassten Kosten, die sowohl durch die steuerfreie als auch durch die steuerpflichtige Tätigkeit veranlasst sind, scheidet eine Berücksichtigung als Betriebsausgaben des steuerpflichtigen wirtschaftlichen Geschäftsbetriebs grundsätzlich aus, wenn sie ihren primären Anlass im steuerfreien Bereich haben. Werden z.B. Werbemaßnahmen bei sportlichen oder kulturellen Veranstaltungen durchgeführt, sind die Veranstaltungskosten, soweit sie auch ohne die Werbung entstanden wären, keine Betriebsausgaben des steuerpflichtigen wirtschaftlichen Geschäftsbetriebs „Werbung" (BFH-Urteil v. 27.03.1991 – I R 31/89 – BStBl 1992 II, S. 103; zur pauschalen Gewinnermittlung bei Werbung im Zusammenhang mit der steuerbegünstigten Tätigkeit einschließlich Zweckbetrieben vgl. Nrn. 28 ff.).

6

6. Unabhängig von ihrer primären Veranlassung ist eine anteilige Berücksichtigung von gemischt veranlassten Aufwendungen (einschließlich Absetzung für Abnutzung) als Betriebsausgaben des steuerpflichtigen wirtschaftlichen Geschäftsbetriebs dann zulässig, wenn ein objektiver Maßstab für die Aufteilung der Aufwendungen (z.B. nach zeitlichen Gesichtspunkten) auf den ideellen Bereich einschließlich der Zweckbetriebe und den steuerpflichtigen wirtschaftlichen Geschäftsbetrieb besteht. Danach ist z.B. bei der Gewinnermittlung für den steuerpflichtigen wirtschaftlichen Geschäftsbetrieb „Greenfee" von steuerbegünstigten Golfvereinen – abweichend von den Grundsätzen des BFH-Urteils vom 27.03.1991 – I R 31/89 – BStBl 1992 II, S. 103 – wegen der Abgrenzbarkeit nach objektiven Maßstäben (z.B. im Verhältnis der Nutzung der Golfanlage durch vereinsfremde Spieler zu den Golf spielenden Vereinsmitgliedern im Kalenderjahr) trotz primärer Veranlassung durch den ideellen Bereich des Golfvereins ein anteiliger Betriebsausgabenabzug der Aufwendungen (z.B. für Golfplatz- und Personalkosten) zulässig. Bei gemeinnützigen Musikvereinen sind Aufwendungen, die zu einem Teil mit Auftritten ihrer Musikgruppen bei eigenen steuerpflichtigen Festveranstaltungen zusammenhängen, anteilig als Betriebsausgaben des steuerpflichtigen wirtschaftlichen Geschäftsbetriebs abzuziehen. Derartige Aufwendungen sind z.B. Kosten für Notenmaterial, Uniformen und Verstärkeranlagen, die sowohl bei Auftritten, die unentgeltlich erfolgen oder Zweckbetriebe sind, als auch bei Auftritten im Rahmen eines eigenen steuerpflichtigen Betriebs eingesetzt werden. Als Maßstab für die Aufteilung kommt die Zahl der Stunden, die einschließlich der Proben auf die jeweiligen Bereiche entfallen, in Betracht.

Auch die Personal- und Sachkosten für die allgemeine Verwaltung können grundsätzlich im wirtschaftlichen Geschäftsbetrieb abgezogen werden, soweit sie bei einer Aufteilung nach objektiven Maßstäben teilweise darauf entfallen. Bei Kosten für die Errichtung und Unterhaltung von Vereinsheimen gibt es i.d.R. keinen objektiven Aufteilungsmaßstab.

7. Unter Sponsoring wird üblicherweise die Gewährung von Geld oder geldwerten Vorteilen durch Unternehmen zur Förderung von Personen, Gruppen und/oder Organisationen in sportlichen, kulturellen, kirchlichen, wissenschaftlichen, sozialen, ökologischen oder ähnlich bedeutsamen gesellschaftspolitischen Bereichen verstanden, mit der regelmäßig auch eigene unternehmensbezogene Ziele der Werbung oder Öffentlichkeitsarbeit verfolgt werden. Leistungen eines Sponsors beruhen häufig auf einer vertraglichen Vereinbarung zwischen dem Sponsor und dem Empfänger der Leistungen (Sponsoring-Vertrag), in dem Art und Umfang der Leistungen des Sponsors und des Empfängers geregelt sind.

8. Die im Zusammenhang mit dem Sponsoring erhaltenen Leistungen können bei einer steuerbegünstigten Körperschaft steuerfreie Einnahmen im ideellen Bereich, steuerfreie

Einnahmen aus der Vermögensverwaltung oder Einnahmen eines steuerpflichtigen wirtschaftlichen Geschäftsbetriebs sein. Die steuerliche Behandlung der Leistungen beim Empfänger hängt grundsätzlich nicht davon ab, wie die entsprechenden Aufwendungen beim leistenden Unternehmen behandelt werden. Für die Abgrenzung gelten die allgemeinen Grundsätze.

9. Danach liegt kein wirtschaftlicher Geschäftsbetrieb vor, wenn die steuerbegünstigte Körperschaft dem Sponsor nur die Nutzung ihres Namens zu Werbezwecken in der Weise gestattet, dass der Sponsor selbst zu Werbezwecken oder zur Imagepflege auf seine Leistungen an die Körperschaft hinweist.

Ein wirtschaftlicher Geschäftsbetrieb liegt auch dann nicht vor, wenn der Empfänger der Leistungen z.B. auf Plakaten, Veranstaltungshinweisen, in Ausstellungskatalogen oder in anderer Weise auf die Unterstützung durch einen Sponsor lediglich hinweist. Dieser Hinweis kann unter Verwendung des Namens, Emblems oder Logos des Sponsors, jedoch ohne besondere Hervorhebung, erfolgen. Entsprechende Sponsoringeinnahmen sind nicht als Einnahmen aus der Vermögensverwaltung anzusehen. Eine Zuführung zur freien Rücklage nach § 58 Nr. 7 Buchstabe a ist daher lediglich i.H.v. 10 % der Einnahmen, nicht aber i.H.v. einem Drittel des daraus erzielten Überschusses möglich.

10. Ein wirtschaftlicher Geschäftsbetrieb liegt dagegen vor, wenn die Körperschaft an den Werbemaßnahmen mitwirkt. Der wirtschaftliche Geschäftsbetrieb kann kein Zweckbetrieb (§§ 65 bis 68) sein. Soweit Sponsoringeinnahmen unmittelbar in einem aus anderen Gründen steuerpflichtigen wirtschaftlichen Geschäftsbetrieb anfallen, sind sie diesem zuzurechnen.

Zu § 64 Abs. 2

6

11. Die Regelung, dass bei steuerbegünstigten Körperschaften mehrere steuerpflichtige wirtschaftliche Geschäftsbetriebe als ein Betrieb zu behandeln sind, gilt auch für die Ermittlung des steuerpflichtigen Einkommens der Körperschaft und für die Beurteilung der Buchführungspflicht nach § 141 Abs. 1. Für die Frage, ob die Grenzen für die Buchführungspflicht überschritten sind, kommt es also auf die Werte (Einnahmen, Überschuss) des Gesamtbetriebs an.

12. § 55 Abs. 1 Nr. 1 Satz 2 und Nr. 3 gilt auch für den steuerpflichtigen wirtschaftlichen Geschäftsbetrieb. Das bedeutet u.a., dass Verluste und Gewinnminderungen in den einzelnen steuerpflichtigen wirtschaftlichen Geschäftsbetrieben nicht durch Zuwendungen an Mitglieder oder durch unverhältnismäßig hohe Vergütungen entstanden sein dürfen.

13. Bei einer Körperschaft, die mehrere steuerpflichtige wirtschaftliche Geschäftsbetriebe unterhält, ist für die Frage, ob gemeinnützigkeitsschädliche Verluste vorliegen, nicht auf das Ergebnis des einzelnen steuerpflichtigen wirtschaftlichen Geschäftsbetriebs, sondern auf das zusammengefasste Ergebnis aller steuerpflichtigen wirtschaftlichen Geschäftsbetriebe abzustellen. Danach ist die Gemeinnützigkeit einer Körperschaft gefährdet, wenn die steuerpflichtigen wirtschaftlichen Geschäftsbetriebe insgesamt Verluste erwirtschaften (vgl. zu § 55 Nrn. 4 ff.). In den Fällen des § 64 Abs. 5 und 6 ist nicht der geschätzte bzw. pauschal ermittelte Gewinn, sondern das Ergebnis zu berücksichtigen, das sich bei einer Ermittlung nach den allgemeinen Regelungen ergeben würde (vgl. Nrn. 4 bis 6).

Zu § 64 Abs. 3

14. Die Höhe der Einnahmen aus den steuerpflichtigen wirtschaftlichen Geschäftsbetrieben bestimmt sich nach den Grundsätzen der steuerlichen Gewinnermittlung. Bei steuerbegünstigten Körperschaften, die den Gewinn nach § 4 Abs. 1 oder § 5 EStG ermitteln, kommt es deshalb nicht auf den Zufluss i.S.d. § 11 EStG an, so dass auch Forderungszugänge als Einnahmen zu erfassen sind. Bei anderen steuerbegünstigten Körperschaften sind die im Kalenderjahr zugeflossenen Einnahmen (§ 11 EStG) maßgeblich. Ob die Einnahmen die Besteuerungsgrenze übersteigen, ist für jedes Jahr gesondert zu prüfen. Nicht leistungsbezogene Einnahmen sind nicht den für die Besteuerungsgrenze maßgeblichen Einnahmen zuzurechnen (vgl. Nr. 16).

15. Zu den Einnahmen i.S.d. § 64 Abs. 3 gehören leistungsbezogene Einnahmen einschließlich Umsatzsteuer aus dem laufenden Geschäft, wie Einnahmen aus dem Verkauf von Speisen und Getränken. Dazu zählen auch erhaltene Anzahlungen.

16. Zu den leistungsbezogenen Einnahmen i.S.d. Nr. 15 gehören z.B. nicht

a) der Erlös aus der Veräußerung von Wirtschaftsgütern des Anlagevermögens des steuerpflichtigen wirtschaftlichen Geschäftsbetriebs;
b) Betriebskostenzuschüsse sowie Zuschüsse für die Anschaffung oder Herstellung von Wirtschaftsgütern des steuerpflichtigen wirtschaftlichen Geschäftsbetriebs;
c) Investitionszulagen;
d) der Zufluss von Darlehen;
e) Entnahmen i.S.d. § 4 Abs. 1 EStG;
f) die Auflösung von Rücklagen;
g) erstattete Betriebsausgaben, z.B. Gewerbe- oder Umsatzsteuer;
h) Versicherungsleistungen mit Ausnahme des Ersatzes von leistungsbezogenen Einnahmen.

17. Ist eine steuerbegünstigte Körperschaft an einer Personengesellschaft oder Gemeinschaft beteiligt, sind für die Beurteilung, ob die Besteuerungsgrenze überschritten wird, die anteiligen (Brutto-)Einnahmen aus der Beteiligung – nicht aber der Gewinnanteil – maßgeblich. Bei Beteiligung einer steuerbegünstigten Körperschaft an einer Kapitalgesellschaft sind die Bezüge i.S.d. § 8b Abs. 1 KStG und die Erlöse aus der Veräußerung von Anteilen i.S.d. § 8b Abs. 2 KStG als Einnahmen i.S.d. § 64 Abs. 3 zu erfassen, wenn die Beteiligung einen steuerpflichtigen wirtschaftlichen Geschäftsbetrieb darstellt (vgl. Nr. 3) oder in einem steuerpflichtigen wirtschaftlichen Geschäftsbetrieb gehalten wird.

18. In den Fällen des § 64 Abs. 5 und 6 sind für die Prüfung, ob die Besteuerungsgrenze i.S.d. § 64 Abs. 3 überschritten wird, die tatsächlichen Einnahmen anzusetzen.

19. Einnahmen aus sportlichen Veranstaltungen, die nach § 67a Abs. 1 Satz 1 oder – bei einer Option – Abs. 3 kein Zweckbetrieb sind, gehören zu den Einnahmen i.S.d. § 64 Abs. 3.

6

Beispiel:

Ein Sportverein, der auf die Anwendung des § 67a Abs. 1 Satz 1 (Zweckbetriebsgrenze) verzichtet hat, erzielt im Jahr 01 folgende Einnahmen aus wirtschaftlichen Geschäftsbetrieben:

Sportliche Veranstaltungen, an denen kein bezahlter Sportler teilgenommen hat:

40.000 Euro

Sportliche Veranstaltungen, an denen bezahlte Sportler des Vereins teilgenommen haben:

20.000 Euro

Verkauf von Speisen und Getränken:

5.000 Euro

Die Einnahmen aus wirtschaftlichen Geschäftsbetrieben, die keine Zweckbetriebe sind, betragen 25.000 Euro (20.000 Euro + 5.000 Euro). Die Besteuerungsgrenze von 35.000 Euro wird nicht überschritten.

20. Eine wirtschaftliche Betätigung verliert durch das Unterschreiten der Besteuerungsgrenze nicht den Charakter des steuerpflichtigen wirtschaftlichen Geschäftsbetriebs. Das bedeutet, dass kein Beginn einer teilweisen Steuerbefreiung i.S.d. § 13 Abs. 5 KStG vorliegt und dementsprechend keine Schlussbesteuerung durchzuführen ist, wenn Körperschaft- und Gewerbesteuer wegen § 64 Abs. 3 nicht mehr erhoben werden.

21. Bei Körperschaften mit einem vom Kalenderjahr abweichenden Wirtschaftsjahr sind für die Frage, ob die Besteuerungsgrenze überschritten wird, die in dem Wirtschaftsjahr erzielten Einnahmen maßgeblich.

22. Der allgemeine Grundsatz des Gemeinnützigkeitsrechts, dass für die steuerbegünstigten Zwecke gebundene Mittel nicht für den Ausgleich von Verlusten aus steuerpflichtigen wirtschaftlichen Geschäftsbetrieben verwendet werden dürfen, wird durch

§ 64 Abs. 3 nicht aufgehoben. Unter diesem Gesichtspunkt braucht jedoch bei Unterschreiten der Besteuerungsgrenze der Frage der Mittelverwendung nicht nachgegangen zu werden, wenn bei überschlägiger Prüfung der Aufzeichnungen erkennbar ist, dass in dem steuerpflichtigen wirtschaftlichen Geschäftsbetrieb (§ 64 Abs. 2) keine Verluste entstanden sind.

23. Verluste und Gewinne aus Jahren, in denen die maßgeblichen Einnahmen die Besteuerungsgrenze nicht übersteigen, bleiben bei dem Verlustabzug (§ 10d EStG) außer Ansatz. Ein rück- und vortragbarer Verlust kann danach nur in Jahren entstehen, in denen die Einnahmen die Besteuerungsgrenze übersteigen. Dieser Verlust wird nicht für Jahre verbraucht, in denen die Einnahmen die Besteuerungsgrenze von 35.000 Euro nicht übersteigen.

Zu § 64 Abs. 4

24. § 64 Abs. 4 gilt nicht für regionale Untergliederungen (Landes-, Bezirks-, Ortsverbände) steuerbegünstigter Körperschaften.

Zu § 64 Abs. 5

25. § 64 Abs. 5 gilt nur für Altmaterialsammlungen (Sammlung und Verwertung von Lumpen, Altpapier, Schrott). Die Regelung gilt nicht für den Einzelverkauf gebrauchter Sachen (Gebrauchtwarenhandel). Basare und ähnliche Einrichtungen sind deshalb nicht begünstigt.

26. § 64 Abs. 5 ist nur anzuwenden, wenn die Körperschaft dies beantragt (Wahlrecht).

27. Der branchenübliche Reingewinn ist bei der Verwertung von Altpapier mit 5 % und bei der Verwertung von u.a. Altmaterial mit 20 % der Einnahmen anzusetzen.

Zu § 64 Abs. 6

28. Bei den genannten steuerpflichtigen wirtschaftlichen Geschäftsbetrieben ist der Besteuerung auf Antrag der Körperschaft ein Gewinn von 15 % der Einnahmen zugrunde zu legen. Der Antrag gilt jeweils für alle gleichartigen Tätigkeiten in dem betreffenden Veranlagungszeitraum. Er entfaltet keine Bindungswirkung für folgende Veranlagungszeiträume.

29. Nach § 64 Abs. 6 Nr. 1 kann der Gewinn aus Werbemaßnahmen pauschal ermittelt werden, wenn sie im Zusammenhang mit der steuerbegünstigten Tätigkeit einschließlich Zweckbetrieben stattfinden. Beispiele für derartige Werbemaßnahmen sind die Trikot- oder Bandenwerbung bei Sportveranstaltungen, die ein Zweckbetrieb sind, oder die aktive Werbung in Programmheften oder auf Plakaten bei kulturellen Veranstaltungen. Dies gilt auch für Sponsoring i.S.v. Nr. 10.

30. Soweit Werbeeinnahmen nicht im Zusammenhang mit der ideellen steuerbegünstigten Tätigkeit oder einem Zweckbetrieb erzielt werden, z.B. Werbemaßnahmen bei einem Vereinsfest oder bei sportlichen Veranstaltungen, die wegen Überschreitens der Zweckbetriebsgrenze des § 67a Abs. 1 oder wegen des Einsatzes bezahlter Sportler ein steuerpflichtiger wirtschaftlicher Geschäftsbetrieb sind, ist § 64 Abs. 6 nicht anzuwenden.

31. (...)

Zu § 64 Abs. 5 und 6

32. Wird in den Fällen des § 64 Abs. 5 oder 6 kein Antrag auf Schätzung des Überschusses oder auf pauschale Gewinnermittlung gestellt, ist der Gewinn nach den allgemeinen Regeln durch Gegenüberstellung der Betriebseinnahmen und der Betriebsausgaben zu ermitteln (vgl. Nrn. 4 bis 6).

33. Wird der Überschuss nach § 64 Abs. 5 geschätzt oder nach § 64 Abs. 6 pauschal ermittelt, sind dadurch auch die damit zusammenhängenden tatsächlichen Aufwendungen der Körperschaft abgegolten; sie können nicht zusätzlich abgezogen werden.

34. Wird der Überschuss nach § 64 Abs. 5 geschätzt oder nach § 64 Abs. 6 pauschal ermittelt, muss die Körperschaft die mit diesen Einnahmen im Zusammenhang stehenden Einnahmen und Ausgaben gesondert aufzeichnen. Die genaue Höhe der Einnahmen wird zur Ermittlung des Gewinns nach § 64 Abs. 5 bzw. 6 benötigt. Die mit diesen steuerpflichtigen wirtschaftlichen Geschäftsbetrieben zusammenhängenden Ausgaben dürfen das Ergebnis der anderen steuerpflichtigen wirtschaftlichen Geschäftsbetriebe nicht mindern.

35. Die in den Bruttoeinnahmen ggf. enthaltene Umsatzsteuer gehört nicht zu den maßgeblichen Einnahmen i.S.d. § 64 Abs. 5 und 6.

§ 65 Zweckbetrieb

Ein Zweckbetrieb ist gegeben, wenn

1. der wirtschaftliche Geschäftsbetrieb in seiner Gesamtrichtung dazu dient, die steuerbegünstigten satzungsmäßigen Zwecke der Körperschaft zu verwirklichen,
2. die Zwecke nur durch einen solchen Geschäftsbetrieb erreicht werden können und
3. der wirtschaftliche Geschäftsbetrieb zu nicht begünstigten Betrieben derselben oder ähnlicher Art nicht in größerem Umfang in Wettbewerb tritt, als es bei Erfüllung der steuerbegünstigten Zwecke unvermeidbar ist.

AE zu § 65 AO Zweckbetrieb

1. Der Zweckbetrieb ist ein wirtschaftlicher Geschäftsbetrieb i.S.v. § 14. Jedoch wird ein wirtschaftlicher Geschäftsbetrieb unter bestimmten Voraussetzungen steuerlich dem begünstigten Bereich der Körperschaft zugerechnet.

2. Ein Zweckbetrieb muss tatsächlich und unmittelbar satzungsmäßige Zwecke der Körperschaft verwirklichen, die ihn betreibt. Es genügt nicht, wenn er begünstigte Zwecke verfolgt, die nicht satzungsmäßige Zwecke der ihn tragenden Körperschaft sind. Ebenso wenig genügt es, wenn er der Verwirklichung begünstigter Zwecke nur mittelbar dient, z.B. durch Abführung seiner Erträge (BFH-Urteil v. 21.08.1985 – I R 60/80 – BStBl 1986 II, S. 88). Ein Zweckbetrieb muss deshalb in seiner Gesamtrichtung mit den ihn begründenden Tätigkeiten und nicht nur mit den durch ihn erzielten Einnahmen den steuerbegünstigten Zwecken dienen (BFH-Urteil v. 26.04.1995 – I R 35/93 – BStBl II, S. 767).

3. Weitere Voraussetzung eines Zweckbetriebes ist, dass die Zwecke der Körperschaft nur durch ihn erreicht werden können. Die Körperschaft muss den Zweckbetrieb zur Verwirklichung ihrer satzungsmäßigen Zwecke unbedingt und unmittelbar benötigen.

4. Der Wettbewerb eines Zweckbetriebes zu nicht begünstigten Betrieben derselben oder ähnlicher Art muss auf das zur Erfüllung der steuerbegünstigten Zwecke unvermeidbare Maß begrenzt sein. Eine tatsächliche, konkrete Konkurrenz- und Wettbewerbslage zu steuerpflichtigen Betrieben derselben oder ähnlichen Art ist nicht erforderlich (BFH-Urteil v. 27.10.1993 – I R 60/91 – BStBl 1994 II, S. 573). Ein Zweckbetrieb ist daher – entgegen dem BFH-Urteil v. 30.03.2000 – V R 30/99 – BStBl II, S. 705 – bereits dann nicht gegeben, wenn ein Wettbewerb mit steuerpflichtigen Unternehmen lediglich möglich wäre, ohne dass es auf die tatsächliche Wettbewerbssituation vor Ort ankommt. Unschädlich ist dagegen der uneingeschränkte Wettbewerb zwischen Zweckbetrieben, die demselben steuerbegünstigten Zweck dienen und ihn in der gleichen oder in ähnlicher Form verwirklichen.

§ 66 Wohlfahrtspflege

(1) Eine Einrichtung der Wohlfahrtspflege ist ein Zweckbetrieb, wenn sie in besonderem Maß den in § 53 genannten Personen dient.

(2) Wohlfahrtspflege ist die planmäßige, zum Wohle der Allgemeinheit und nicht des Erwerbs wegen ausgeübte Sorge für notleidende oder gefährdete Mitmenschen. Die Sorge kann sich auf das gesundheitliche,

sittliche, erzieherische oder wirtschaftliche Wohl erstrecken und Vorbeugung oder Abhilfe bezwecken.

(3) Eine Einrichtung der Wohlfahrtspflege dient in besonderem Maße den in § 53 genannten Personen, wenn diesen mindestens zwei Drittel ihrer Leistungen zugute kommen. Für Krankenhäuser gilt § 67.

AE zu § 66 AO Wohlfahrtspflege

1. Die Bestimmung enthält eine Sonderregelung für wirtschaftliche Geschäftsbetriebe, die sich mit der Wohlfahrtspflege befassen.

2. Die Wohlfahrtspflege darf nicht des Erwerbs wegen ausgeführt werden. Damit ist keine Einschränkung gegenüber den Voraussetzungen der Selbstlosigkeit gegeben, wie sie in § 55 bestimmt sind.

3. Die Tätigkeit muss auf die Sorge für notleidende oder gefährdete Menschen gerichtet sein. Notleidend bzw. gefährdet sind Menschen, die eine oder beide der in § 53 Nrn. 1 und 2 genannten Voraussetzungen erfüllen. Es ist nicht erforderlich, dass die gesamte Tätigkeit auf die Förderung notleidender bzw. gefährdeter Menschen gerichtet ist. Es genügt, wenn zwei Drittel der Leistungen einer Einrichtung notleidenden bzw. gefährdeten Menschen zugute kommen. Auf das Zahlenverhältnis von gefährdeten bzw. notleidenden und übrigen geförderten Menschen kommt es nicht an.

4. Eine Einrichtung der Wohlfahrtspflege liegt regelmäßig vor bei häuslichen Pflegeleistungen durch eine steuerbegünstigte Körperschaft im Rahmen des Siebten oder Elften Buches Sozialgesetzbuch, des SGB XII oder des Bundesversorgungsgesetzes.

5. Die Belieferung von Studentinnen und Studenten mit Speisen und Getränken in Mensa- und Cafeteria-Betrieben von Studentenwerken ist als Zweckbetrieb zu beurteilen. Der Verkauf von alkoholischen Getränken, Tabakwaren und sonstigen Handelswaren darf jedoch nicht mehr als 5 % des Gesamtumsatzes ausmachen. Entsprechendes gilt für die Grundversorgung von Schülerinnen und Schülern mit Speisen und Getränken an Schulen.

6. Der Krankentransport von Personen, für die während der Fahrt eine fachliche Betreuung bzw. der Einsatz besonderer Einrichtungen eines Krankentransport- oder Rettungswagens erforderlich ist oder möglicherweise notwendig wird, ist als Zweckbetrieb zu beurteilen. Dagegen erfüllt die bloße Beförderung von Personen, für die der Arzt eine Krankenfahrt (Beförderung in Pkw, Taxen oder Mietwagen) verordnet hat, nicht die Kriterien nach § 66 Abs. 2.

7. Gesellige Veranstaltungen sind als steuerpflichtige wirtschaftliche Geschäftsbetriebe zu behandeln. Veranstaltungen, bei denen zwar auch die Geselligkeit gepflegt wird, die aber in erster Linie zur Betreuung behinderter Personen durchgeführt werden, können unter den Voraussetzungen der §§ 65, 66 Zweckbetrieb sein.

8. Unter § 68 ist eine Reihe von Einrichtungen der Wohlfahrtspflege beispielhaft aufgezählt.

§ 67 Krankenhäuser

(1) Ein Krankenhaus, das in den Anwendungsbereich des Krankenhausentgeltgesetzes oder der Bundespflegesatzverordnung fällt, ist ein Zweckbetrieb, wenn mindestens 40 Prozent der jährlichen Belegungstage oder Berechnungstage auf Patienten entfallen, bei denen nur Entgelte für allgemeine Krankenhausleistungen (§ 7 des Krankenhausentgeltgesetzes, § 10 der Bundespflegesatzverordnung) berechnet werden.

(2) Ein Krankenhaus, das nicht in den Anwendungsbereich des Krankenhausentgeltgesetzes oder der Bundespflegesatzverordnung fällt, ist ein

Zweckbetrieb, wenn mindestens 40 Prozent der jährlichen Belegungstage oder Berechnungstage auf Patienten entfallen, bei denen für die Krankenhausleistungen kein höheres Entgelt als nach Absatz 1 berechnet wird.

§ 68 Einzelne Zweckbetriebe

Zweckbetriebe sind auch:

1. a) Alten-, Altenwohn- und Pflegeheime, Erholungsheime, Mahlzeitendienste, wenn sie in besonderem Maße den in § 53 genannten Personen dienen (§ 66 Abs. 3),
   b) Kindergärten, Kinder-, Jugend- und Studentenheime, Schullandheime und Jugendherbergen,
2. a) landwirtschaftliche Betriebe und Gärtnereien, die der Selbstversorgung von Körperschaften dienen und dadurch die sachgemäße Ernährung und ausreichende Versorgung von Anstaltsangehörigen sichern,
   b) andere Einrichtungen, die für die Selbstversorgung von Körperschaften erforderlich sind, wie Tischlereien, Schlossereien,

   wenn die Lieferungen und sonstigen Leistungen dieser Einrichtungen an Außenstehende dem Wert nach 20 Prozent der gesamten Lieferungen und sonstigen Leistungen des Betriebs – einschließlich der an die Körperschaften selbst bewirkten – nicht übersteigen,
3. a) Werkstätten für behinderte Menschen, die nach den Vorschriften des Dritten Buches Sozialgesetzbuch förderungsfähig sind und Personen Arbeitsplätze bieten, die wegen ihrer Behinderung nicht auf dem allgemeinen Arbeitsmarkt tätig sein können,
   b) Einrichtungen für Beschäftigungs- und Arbeitstherapie, in denen behinderte Menschen aufgrund ärztlicher Indikationen außerhalb eines Beschäftigungsverhältnisses zum Träger der Therapieeinrichtung mit dem Ziel behandelt werden, körperliche oder psychische Grundfunktionen zum Zwecke der Wiedereingliederung in das Alltagsleben wiederherzustellen oder die besonderen Fähigkeiten und Fertigkeiten auszubilden, zu fördern und zu trainieren, die für eine Teilnahme am Arbeitsleben erforderlich sind, und
   c) Integrationsprojekte im Sinne des § 132 Abs. 1 des Neunten Buches Sozialgesetzbuch, wenn mindestens 40 Prozent der Beschäftigten besonders betroffene schwerbehinderte Menschen im Sinne des § 132 Abs. 1 des Neunten Buches Sozialgesetzbuch sind,
4. Einrichtungen, die zur Durchführung der Blindenfürsorge und zur Durchführung der Fürsorge für Körperbehinderte unterhalten werden,
5. Einrichtungen der Fürsorgeerziehung und der freiwilligen Erziehungshilfe,

6. von den zuständigen Behörden genehmigte Lotterien und Ausspielungen, wenn der Reinertrag unmittelbar und ausschließlich zur Förderung mildtätiger, kirchlicher oder gemeinnütziger Zwecke verwendet wird,
7. kulturelle Einrichtungen, wie Museen, Theater, und kulturelle Veranstaltungen, wie Konzerte, Kunstausstellungen; dazu gehört nicht der Verkauf von Speisen und Getränken,
8. Volkshochschulen und andere Einrichtungen, soweit sie selbst Vorträge, Kurse und andere Veranstaltungen wissenschaftlicher oder belehrender Art durchführen; dies gilt auch, soweit die Einrichtungen den Teilnehmern dieser Veranstaltungen selbst Beherbergung und Beköstigung gewähren,
9. Wissenschafts- und Forschungseinrichtungen, deren Träger sich überwiegend aus Zuwendungen der öffentlichen Hand oder Dritter oder aus der Vermögensverwaltung finanziert. Der Wissenschaft und Forschung dient auch die Auftragsforschung. Nicht zum Zweckbetrieb gehören Tätigkeiten, die sich auf die Anwendung gesicherter wissenschaftlicher Erkenntnisse beschränken, die Übernahme von Projektträgerschaften sowie wirtschaftliche Tätigkeiten ohne Forschungsbezug.

AE zu § 68 AO Einzelne Zweckbetriebe

Allgemeines

1. § 68 enthält einen gesetzlichen Katalog einzelner Zweckbetriebe und geht als spezielle Norm der Regelung des § 65 vor (BFH-Urteil v. 04.06.2003 – I R 25/02 – BStBl 2004 II, S. 660). Die beispielhafte Aufzählung von Betrieben, die ihrer Art nach Zweckbetriebe sein können, gibt wichtige Anhaltspunkte für die Auslegung der Begriffe Zweckbetrieb (§ 65) im Allgemeinen und Einrichtungen der Wohlfahrtspflege (§ 66) im Besonderen.

Zu § 68 Nr. 1

2. Wegen der Begriffe „Alten-, Altenwohn- und Pflegeheime“ Hinweis auf § 1 des Heimgesetzes. Eine für die Allgemeinheit zugängliche Cafeteria ist ein steuerpflichtiger wirtschaftlicher Geschäftsbetrieb. Soweit eine steuerbegünstigte Körperschaft Leistungen im Rahmen der häuslichen Pflege erbringt, liegt i.d.R. ein Zweckbetrieb nach § 66 vor (vgl. zu § 66 Nr. 4).

3. Bei Kindergärten, Kinder-, Jugend- und Studentenheimen sowie bei Schullandheimen und Jugendherbergen müssen die geförderten Personen die Voraussetzungen nach § 53 nicht erfüllen. Jugendherbergen verlieren ihre Zweckbetriebseigenschaft nicht, wenn außerhalb ihres satzungsmäßigen Zwecks der Umfang der Beherbergung alleinreisender Erwachsener 10 % der Gesamtbeherbergungen nicht übersteigt (BFH-Urteil v. 18.01.1995 – V R 139 – 142/92 – BStBl II, S. 446).

Zu § 68 Nr. 2

4. Begünstigt sind insbesondere so genannte Selbstversorgungseinrichtungen, die Teil der steuerbegünstigten Körperschaft sind. Bei Lieferungen und Leistungen an Außenstehende tritt die Körperschaft mit Dritten in Leistungsbeziehung. Solange der Umfang dieser Geschäfte an Dritte, hierzu gehören auch Leistungsempfänger, die selbst eine steuerbegünstigte Körperschaft i.S.d. § 68 Nr. 2 sind (BFH-Urteil v. 18.10.1990 – V R 35/85 – BStBl 1991 II S. 157), nicht mehr als 20 % der gesamten Lieferungen und Leistungen der begünstigten Körperschaft ausmachen, bleibt die Zweckbetriebseigenschaft erhalten.

Zu § 68 Nr. 3

5. Der Begriff „Werkstatt für behinderte Menschen" bestimmt sich nach § 136 Sozialgesetzbuch – Neuntes Buch – (SGB IX). Hierbei handelt es sich um eine Einrichtung zur Eingliederung behinderter Menschen in das Arbeitsleben. Läden oder Verkaufsstellen von Werkstätten für behinderte Menschen sind grundsätzlich als Zweckbetriebe zu behandeln, wenn dort Produkte verkauft werden, die von Werkstätten für behinderte Menschen hergestellt worden sind. Eine Herstellung ist nur dann anzunehmen, wenn die Wertschöpfung durch die Werkstatt mehr als 10 % des Nettowerts (Bemessungsgrundlage) der zugekauften Waren beträgt. Werden von dem Laden oder der Verkaufsstelle der Werkstatt auch zugekaufte Waren, die nicht von ihr oder von anderen Werkstätten für behinderte Menschen hergestellt worden sind, weiterverkauft, liegt insoweit ein gesonderter wirtschaftlicher Geschäftsbetrieb vor.

6. Zu den Zweckbetrieben gehören auch die von den Trägern der Werkstätten für behinderte Menschen betriebenen Kantinen, weil die besondere Situation der behinderten Menschen auch während der Mahlzeiten eine Betreuung erfordert.

7. Einrichtungen für Beschäftigungs- und Arbeitstherapie, die der Eingliederung von behinderten Menschen dienen, sind besondere Einrichtungen, in denen eine Behandlung von behinderten Menschen aufgrund ärztlicher Indikationen erfolgt. Während eine Beschäftigungstherapie ganz allgemein das Ziel hat, körperliche oder psychische Grundfunktionen zum Zwecke der Wiedereingliederung in das Alltagsleben wiederherzustellen, zielt die Arbeitstherapie darauf ab, die besonderen Fähigkeiten und Fertigkeiten auszubilden, zu fördern und zu trainieren, die für eine Teilnahme am Arbeitsleben erforderlich sind. Beschäftigungs- und Arbeitstherapie sind vom medizinischen Behandlungszweck geprägt und erfolgen regelmäßig außerhalb eines Beschäftigungsverhältnisses zum Träger der Therapieeinrichtung. Ob eine entsprechende Einrichtung vorliegt, ergibt sich aufgrund der Vereinbarungen über Art und Umfang der Heilbehandlung und Rehabilitation zwischen dem Träger der Einrichtung und den Leistungsträgern.

Zu § 68 Nr. 4

8. Begünstigte Einrichtungen sind insbesondere Werkstätten, die zur Fürsorge von blinden und körperbehinderten Menschen unterhalten werden.

Zu § 68 Nr. 6

9. Lotterien und Ausspielungen sind ein Zweckbetrieb, wenn sie von den zuständigen Behörden genehmigt sind oder nach den jeweiligen landesrechtlichen Bestimmungen wegen des geringen Umfangs der Tombola oder Lotterieveranstaltung per Verwaltungserlass pauschal als genehmigt gelten. Die sachlichen Voraussetzungen und die Zuständigkeit für die Genehmigung bestimmen sich nach den lotterierechtlichen Verordnungen der Länder. Der Gesetzeswortlaut lässt es offen, in welchem Umfang solche Lotterien veranstaltet werden dürfen. Da eine besondere Einschränkung fehlt, ist auch eine umfangreiche Tätigkeit so lange unschädlich, als die allgemein durch das Gesetz gezogenen Grenzen nicht überschritten werden und die Körperschaft durch den Umfang der Lotterieveranstaltungen nicht ihr Gepräge als begünstigte Einrichtung verliert.

10. Zur Ermittlung des Reinertrags dürfen den Einnahmen aus der Lotterieveranstaltung oder Ausspielung nur die unmittelbar damit zusammenhängenden Ausgaben gegenübergestellt werden. Führt eine steuerbegünstigte Körperschaft eine Lotterieveranstaltung durch, die nach dem Rennwett- und Lotteriegesetz nicht genehmigungsfähig ist, z.B. eine Tombola anlässlich einer geselligen Veranstaltung, handelt es sich insoweit nicht um einen Zweckbetrieb nach § 68 Nr. 6.

Zu § 68 Nr. 7

11. Wegen der Breite des Spektrums, die die Förderung von Kunst und Kultur umfasst, ist die im Gesetz enthaltene Aufzählung der kulturellen Einrichtungen nicht abschließend.

12. (...)

13. Der Verkauf von Speisen und Getränken und die Werbung bei kulturellen Veranstaltungen gehören nicht zu dem Zweckbetrieb. Diese Tätigkeiten sind gesonderte wirtschaftliche Geschäftsbetriebe. Wird für den Besuch einer kulturellen Veranstaltung mit Bewirtung ein einheitliches Entgelt entrichtet, so ist dieses – ggf. im Wege der Schätzung

– in einen Entgeltsanteil für den Besuch der Veranstaltung (Zweckbetrieb) und für die Bewirtungsleistungen (wirtschaftlicher Geschäftsbetrieb) aufzuteilen.

Zu § 68 Nr. 9

14. Auf das BMF-Schreiben vom 22.09.1999 (BStBl I, S. 944) wird verwiesen.

§ 69 Haftung der Vertreter

Die in den §§ 34 und 35 bezeichneten Personen haften, soweit Ansprüche aus dem Steuerschuldverhältnis (§ 37) infolge vorsätzlicher oder grob fahrlässiger Verletzung der ihnen auferlegten Pflichten nicht oder nicht rechtzeitig festgesetzt oder erfüllt werden oder soweit infolgedessen Steuervergütungen oder Steuererstattungen ohne rechtlichen Grund gezahlt werden. Die Haftung umfasst auch die infolge der Pflichtverletzung zu zahlenden Säumniszuschläge.

§ 140 Buchführungs- und Aufzeichnungspflichten nach anderen Gesetzen

Wer nach anderen Gesetzen als den Steuergesetzen Bücher und Aufzeichnungen zu führen hat, die für die Besteuerung von Bedeutung sind, hat die Verpflichtungen, die ihm nach den anderen Gesetzen obliegen, auch für die Besteuerung zu erfüllen.

§ 145 Allgemeine Anforderungen an Buchführung und Aufzeichnungen

(1) Die Buchführung muss so beschaffen sein, dass sie einem sachverständigen Dritten innerhalb angemessener Zeit einen Überblick über die Geschäftsvorfälle und über die Lage des Unternehmens vermitteln kann. Die Geschäftsvorfälle müssen sich in ihrer Entstehung und Abwicklung verfolgen lassen.

(2) Aufzeichnungen sind so vorzunehmen, dass der Zweck, den sie für die Besteuerung erfüllen sollen, erreicht wird.

§ 146 Ordnungsvorschriften für die Buchführung und für Aufzeichnungen

(1) Die Buchungen und die sonst erforderlichen Aufzeichnungen sind vollständig, richtig, zeitgerecht und geordnet vorzunehmen. Kasseneinnahmen und Kassenausgaben sollen täglich festgehalten werden.

(2) Bücher und die sonst erforderlichen Aufzeichnungen sind im Geltungsbereich dieses Gesetzes zu führen und aufzubewahren. Dies gilt nicht, soweit für Betriebstätten außerhalb des Geltungsbereichs dieses Gesetzes nach dortigem Recht eine Verpflichtung besteht, Bücher und Aufzeichnungen zu führen, und diese Verpflichtung erfüllt wird. In diesem Fall sowie bei Organgesellschaften außerhalb des Geltungsbereichs dieses Gesetzes müssen die Ergebnisse der dortigen

Buchführung in die Buchführung des hiesigen Unternehmens übernommen werden, soweit sie für die Besteuerung von Bedeutung sind. Dabei sind die erforderlichen Anpassungen an die steuerrechtlichen Vorschriften im Geltungsbereich dieses Gesetzes vorzunehmen und kenntlich zu machen.

(2a) Abweichend von Absatz 2 Satz 1 kann die zuständige Finanzbehörde auf schriftlichen Antrag des Steuerpflichtigen bewilligen, dass elektronische Bücher und sonstige erforderliche elektronische Aufzeichnungen in einem Mitgliedstaat der Europäischen Union geführt und aufbewahrt werden. Dasselbe gilt für einen anderen Staat, auf den das Abkommen über den Europäischen Wirtschaftsraum vom 3. Januar 1994 (ABl. EG Nr. L 1 S. 3) in der jeweils geltenden Fassung Anwendung findet, mit dem eine Rechtsvereinbarung über Amtshilfe besteht, deren Anwendungsbereich mit dem

1. der Richtlinie 77/799/EWG des Rates vom 19. Dezember 1977 über die gegenseitige Amtshilfe zwischen den zuständigen Behörden der Mitgliedstaaten im Bereich der direkten Steuern (ABl. EG Nr. L 336 S. 15) sowie
2. der Verordnung (EG) Nr. 1798/2003 des Rates vom 7. Oktober 2003 über die Zusammenarbeit der Verwaltungsbehörden auf dem Gebiet der Mehrwertsteuer und zur Aufhebung der Verordnung (EWG) Nr. 218/92 (ABl. EU Nr. L 264 S. 1)

in der jeweils geltenden Fassung vergleichbar ist. Voraussetzungen sind, dass

1. der Steuerpflichtige die Zustimmung zur Durchführung eines Zugriffs auf elektronische Bücher und sonstige erforderliche elektronische Aufzeichnungen der zuständigen Stelle des Staates, in den die elektronischen Bücher und Aufzeichnungen verlagert werden sollen, vorlegt,
2. der Steuerpflichtige der zuständigen Finanzbehörde den Standort des Datenverarbeitungssystems und bei Beauftragung eines Dritten dessen Namen und Anschrift mitteilt,
3. der Steuerpflichtige seinen sich aus den §§ 90, 93, 97, 140 bis 147 und 200 Abs. 1 und 2 ergebenden Pflichten ordnungsgemäß nachgekommen ist und
4. der Datenzugriff nach § 147 Abs. 6 in vollem Umfang möglich ist.

Eine Änderung der unter Satz 3 Nr. 1 und 2 benannten Umstände ist der zuständigen Finanzbehörde unverzüglich mitzuteilen. Liegen die Voraussetzungen der Sätze 1 und 2 oder Satz 3 Nr. 1 oder Nr. 2 nicht vor, kann die zuständige Finanzbehörde die Führung und Aufbewahrung elektronischer Bücher und sonstiger erforderlicher elektronischer Aufzeichnungen außerhalb des Geltungsbereichs dieses Gesetzes nur bewilligen, wenn die Besteuerung hierdurch nicht beeinträchtigt wird.

Fällt der Bewilligungsgrund weg, hat die zuständige Finanzbehörde die Bewilligung zu widerrufen und die unverzügliche Rückverlagerung der elektronischen Bücher und sonstigen erforderlichen elektronischen Aufzeichnungen in den Geltungsbereich dieses Gesetzes zu verlangen; den Vollzug hat der Steuerpflichtige nachzuweisen.

(2b) Kommt der Steuerpflichtige der Aufforderung zur Rückverlagerung seiner elektronischen Buchführung oder seinen Pflichten nach Absatz 2a Satz 4, zur Einräumung des Datenzugriffs nach § 147 Abs. 6, zur Erteilung von Auskünften oder zur Vorlage angeforderter Unterlagen im Sinne des § 200 Abs. 1 im Rahmen einer Außenprüfung innerhalb einer ihm bestimmten angemessenen Frist nach Bekanntgabe durch die zuständige Finanzbehörde nicht nach oder hat er seine elektronische Buchführung ohne Bewilligung der zuständigen Finanzbehörde ins Ausland verlagert, kann ein Verzögerungsgeld von 2500 Euro bis 250 000 Euro festgesetzt werden.

(3) Die Buchungen und die sonst erforderlichen Aufzeichnungen sind in einer lebenden Sprache vorzunehmen. Wird eine andere als die deutsche Sprache verwendet, so kann die Finanzbehörde Übersetzungen verlangen. Werden Abkürzungen, Ziffern, Buchstaben oder Symbole verwendet, muss im Einzelfall deren Bedeutung eindeutig festliegen.

(4) Eine Buchung oder eine Aufzeichnung darf nicht in einer Weise verändert werden, dass der ursprüngliche Inhalt nicht mehr feststellbar ist. Auch solche Veränderungen dürfen nicht vorgenommen werden, deren Beschaffenheit es ungewiss lässt, ob sie ursprünglich oder erst später gemacht worden sind.

(5) Die Bücher und die sonst erforderlichen Aufzeichnungen können auch in der geordneten Ablage von Belegen bestehen oder auf Datenträgern geführt werden, soweit diese Formen der Buchführung einschließlich des dabei angewandten Verfahrens den Grundsätzen ordnungsmäßiger Buchführung entsprechen; bei Aufzeichnungen, die allein nach den Steuergesetzen vorzunehmen sind, bestimmt sich die Zulässigkeit des angewendeten Verfahrens nach dem Zweck, den die Aufzeichnungen für die Besteuerung erfüllen sollen. Bei der Führung der Bücher und der sonst erforderlichen Aufzeichnungen auf Datenträgern muss insbesondere sichergestellt sein, dass während der Dauer der Aufbewahrungsfrist die Daten jederzeit verfügbar sind und unverzüglich lesbar gemacht werden können. Dies gilt auch für die Befugnisse der Finanzbehörde nach § 147 Abs. 6. Absätze 1 bis 4 gelten sinngemäß.

(6) Die Ordnungsvorschriften gelten auch dann, wenn der Unternehmer Bücher und Aufzeichnungen, die für die Besteuerung von Bedeutung sind, führt, ohne hierzu verpflichtet zu sein.

§ 147 Ordnungsvorschriften für die Aufbewahrung von Unterlagen

(1) Die folgenden Unterlagen sind geordnet aufzubewahren:

1. Bücher und Aufzeichnungen, Inventare, Jahresabschlüsse, Lageberichte, die Eröffnungsbilanz sowie die zu ihrem Verständnis erforderlichen Arbeitsanweisungen und sonstigen Organisationsunterlagen,
2. die empfangenen Handels- oder Geschäftsbriefe,
3. Wiedergaben der abgesandten Handels- und Geschäftsbriefe,
4. Buchungsbelege,

4a. Unterlagen, die einer mit Mitteln der Datenverarbeitung, abgegebenen Zollanmeldung nach Artikel 77 Abs. 1 in Verbindung mit Artikel 62 Abs. 2 Zollkodex beizufügen sind, sofern die Zollbehörden nach Artikel 77 Abs. 2 Satz 1 Zollkodex auf ihre Vorlage verzichtet oder sie nach erfolgter Vorlage zurückgegeben haben,

5. sonstige Unterlagen, soweit sie für die Besteuerung von Bedeutung sind.

(2) Mit Ausnahme der Jahresabschlüsse, der Eröffnungsbilanz und der Unterlagen nach Absatz 1 Nr. 4a können die in Absatz 1 aufgeführten Unterlagen auch als Wiedergabe auf einem Bildträger oder auf anderen Datenträgern aufbewahrt werden, wenn dies den Grundsätzen ordnungsmäßiger Buchführung entspricht und sichergestellt ist, dass die Wiedergabe oder die Daten

6

1. mit den empfangenen Handels- oder Geschäftsbriefen und den Buchungsbelegen bildlich und mit den anderen Unterlagen inhaltlich übereinstimmen, wenn sie lesbar gemacht werden,
2. während der Dauer der Aufbewahrungsfrist jederzeit verfügbar sind, unverzüglich lesbar gemacht und maschinell ausgewertet werden können.

(3) Die in Absatz 1 Nr. 1, 4 und 4a aufgeführten Unterlagen sind zehn Jahre, die sonstigen in Absatz 1 aufgeführten Unterlagen sechs Jahre aufzubewahren, sofern nicht in anderen Steuergesetzen kürzere Aufbewahrungsfristen zugelassen sind. Kürzere Aufbewahrungsfristen nach außersteuerlichen Gesetzen lassen die in Satz 1 bestimmte Frist unberührt. Die Aufbewahrungsfrist läuft jedoch nicht ab, soweit und solange die Unterlagen für Steuern von Bedeutung sind, für welche die Festsetzungsfrist noch nicht abgelaufen ist; § 169 Abs. 2 Satz 2 gilt nicht.

(4) Die Aufbewahrungsfrist beginnt mit dem Schluss des Kalenderjahrs, in dem die letzte Eintragung in das Buch gemacht, das Inventar, die Eröffnungsbilanz, der Jahresabschluss oder der Lagebericht aufgestellt, der Handels- oder Geschäftsbrief empfangen oder abgesandt worden oder der Buchungsbeleg entstanden ist, ferner die Aufzeichnung

vorgenommen worden ist oder die sonstigen Unterlagen entstanden sind.

(5) Wer aufzubewahrende Unterlagen in der Form einer Wiedergabe auf einem Bildträger oder auf anderen Datenträgern vorlegt, ist verpflichtet, auf seine Kosten diejenigen Hilfsmittel zur Verfügung zu stellen, die erforderlich sind, um die Unterlagen lesbar zu machen; auf Verlangen der Finanzbehörde hat er auf seine Kosten die Unterlagen unverzüglich ganz oder teilweise auszudrucken oder ohne Hilfsmittel lesbare Reproduktionen beizubringen.

(6) Sind die Unterlagen nach Absatz 1 mit Hilfe eines Datenverarbeitungssystems erstellt worden, hat die Finanzbehörde im Rahmen einer Außenprüfung das Recht, Einsicht in die gespeicherten Daten zu nehmen und das Datenverarbeitungssystem zur Prüfung dieser Unterlagen zu nutzen. Sie kann im Rahmen einer Außenprüfung auch verlangen, dass die Daten nach ihren Vorgaben maschinell ausgewertet oder ihr die gespeicherten Unterlagen und Aufzeichnungen auf einem maschinell verwertbaren Datenträger zur Verfügung gestellt werden. Die Kosten trägt der Steuerpflichtige.

Einkommensteuergesetz (EStG)

in der Fassung der Bekanntmachung vom 19. Oktober 2002 (BGBl. I S. 4210; 2003 BGBl. I S. 179) [1]

– Auszug –

§ 3

Steuerfrei sind

(. . .)

26. Einnahmen aus nebenberuflichen Tätigkeiten als Übungsleiter, Ausbilder, Erzieher, Betreuer oder vergleichbaren nebenberuflichen Tätigkeiten, aus nebenberuflichen künstlerischen Tätigkeiten oder der nebenberuflichen Pflege alter, kranker oder behinderter Menschen im Dienst oder im Auftrag einer juristischen Person des öffentlichen Rechts, die in einem Mitgliedstaat der Europäischen Union oder in einem Staat belegen ist, auf den das Abkommen über den Europäischen Wirtschaftsraum Anwendung findet, oder einer unter § 5 Absatz 1 Nummer 9 des Körperschaftsteuergesetzes fallenden Einrichtung zur Förderung gemeinnütziger, mildtätiger und kirchlicher Zwecke (§§ 52 bis 54 der Abgabenordnung) bis zur Höhe von insgesamt 2100 Euro im Jahr. [2]Überschreiten die Einnahmen für die in Satz 1 bezeichneten Tätigkeiten den steuerfreien Betrag, dürfen die mit den nebenberuflichen Tätigkeiten in unmittelbarem wirtschaftlichen Zusammenhang stehenden Ausgaben abweichend von § 3c nur insoweit als Betriebsausgaben oder Werbungskosten abgezogen werden, als sie den Betrag der steuerfreien Einnahmen übersteigen;

26a. Einnahmen aus nebenberuflichen Tätigkeiten im Dienst oder Auftrag einer juristischen Person des öffentlichen Rechts, die in einem Mitgliedstaat der Europäischen Union oder in einem Staat belegen ist, auf den das Abkommen über den Europäischen Wirtschaftsraum Anwendung findet, oder einer unter § 5 Absatz 1 Nummer 9 des Körperschaftsteuergesetzes fallenden Einrichtung zur Förderung gemeinnütziger, mildtätiger und kirchlicher Zwecke (§§ 52 bis 54 der Abgabenordnung) bis zur Höhe von insgesamt 500 Euro im Jahr. [2]Die Steuerbefreiung ist ausgeschlossen, wenn für die Einnahmen aus der Tätigkeit – ganz oder teilweise – eine Steuerbefreiung nach § 3 Nummer 12 oder 26 gewährt wird. [3]Überschreiten die Einnahmen für die in Satz 1 bezeichneten Tätigkeiten den steuerfreien Betrag, dürfen die mit

---

1 Zuletzt geändert durch das Gesetz zur Reform des Kontopfändungsschutzes vom 7. Juli 2009 (BGBl. I S. 1707).

6

den nebenberuflichen Tätigkeiten in unmittelbarem wirtschaftlichen Zusammenhang stehenden Ausgaben abweichend von § 3c nur insoweit als Betriebsausgaben oder Werbungskosten abgezogen werden, als sie den Betrag der steuerfreien Einnahmen übersteigen;

26b. Aufwandsentschädigungen nach § 1835a des Bürgerlichen Gesetzbuchs, soweit sie zusammen mit den steuerfreien Einnahmen im Sinne der Nummer 26 den Freibetrag nach Nummer 26 Satz 1 nicht überschreiten. Nummer 26 Satz 2 gilt entsprechend.

(. . .)

Gesetz betreffend die Gesellschaften mit beschränkter Haftung (GmbHG)

in der Fassung der Bekanntmachung vom 20. Mai 1898 (RGBl. S. 369) [1]

– Auszug –

§ 1 Zweck; Gründerzahl

Gesellschaften mit beschränkter Haftung können nach Maßgabe der Bestimmungen dieses Gesetzes zu jedem gesetzlich zulässigen Zweck durch eine oder mehrere Personen errichtet werden.

§ 2 Form des Gesellschaftsvertrags

(1) Der Gesellschaftsvertrag bedarf notarieller Form. Er ist von sämtlichen Gesellschaftern zu unterzeichnen.

(1a) Die Gesellschaft kann in einem vereinfachten Verfahren gegründet werden, wenn sie höchstens drei Gesellschafter und einen Geschäftsführer hat. Für die Gründung im vereinfachten Verfahren ist das in der Anlage bestimmte Musterprotokoll zu verwenden. Darüber hinaus dürfen keine vom Gesetz abweichenden Bestimmungen getroffen werden. Das Musterprotokoll gilt zugleich als Gesellschafterliste. Im Übrigen finden auf das Musterprotokoll die Vorschriften dieses Gesetzes über den Gesellschaftsvertrag entsprechende Anwendung.

(2) Die Unterzeichnung durch Bevollmächtigte ist nur auf Grund einer notariell errichteten oder beglaubigten Vollmacht zulässig.

§ 3 Inhalt des Gesellschaftsvertrags

(1) Der Gesellschaftsvertrag muß enthalten:

1. die Firma und den Sitz der Gesellschaft,
2. den Gegenstand des Unternehmens,
3. den Betrag des Stammkapitals,
4. die Zahl und die Nennbeträge der Geschäftsanteile, die jeder Gesellschafter gegen Einlage auf das Stammkapital (Stammeinlage) übernimmt.

(2) Soll das Unternehmen auf eine gewisse Zeit beschränkt sein oder sollen den Gesellschaftern außer der Leistung von Kapitaleinlagen noch andere Verpflichtungen gegenüber der Gesellschaft auferlegt werden,

---

[1] Zuletzt geändert durch das Gesetz zur Umsetzung der Aktionärsrechterichtlinie (ARUG) vom 30. Juli 2009 (BGBl. I S. 2479).

so bedürfen auch diese Bestimmungen der Aufnahme in den Gesellschaftsvertrag.

§ 4 Firma

Die Firma der Gesellschaft muß, auch wenn sie nach § 22 des Handelsgesetzbuchs oder nach anderen gesetzlichen Vorschriften fortgeführt wird, die Bezeichnung „Gesellschaft mit beschränkter Haftung" oder eine allgemein verständliche Abkürzung dieser Bezeichnung enthalten.

§ 4a Sitz der Gesellschaft

Sitz der Gesellschaft ist der Ort im Inland, den der Gesellschaftsvertrag bestimmt.

§ 5 Stammkapital; Geschäftsanteil

(1) Das Stammkapital der Gesellschaft muß mindestens fünfundzwanzigtausend Euro betragen.

(2) Der Nennbetrag jedes Geschäftsanteils muss auf volle Euro lauten. Ein Gesellschafter kann bei Errichtung der Gesellschaft mehrere Geschäftsanteile übernehmen.

(3) Die Höhe der Nennbeträge der einzelnen Geschäftsanteile kann verschieden bestimmt werden. Die Summe der Nennbeträge aller Geschäftsanteile muss mit dem Stammkapital übereinstimmen.

(4) Sollen Sacheinlagen geleistet werden, so müssen der Gegenstand der Sacheinlage und der Nennbetrag des Geschäftsanteils, auf den sich die Sacheinlage bezieht, im Gesellschaftsvertrag festgesetzt werden. Die Gesellschafter haben in einem Sachgründungsbericht die für die Angemessenheit der Leistungen für Sacheinlagen wesentlichen Umstände darzulegen und beim Übergang eines Unternehmens auf die Gesellschaft die Jahresergebnisse der beiden letzten Geschäftsjahre anzugeben.

§ 5a Unternehmergesellschaft

(1) Eine Gesellschaft, die mit einem Stammkapital gegründet wird, das den Betrag des Mindeststammkapitals nach § 5 Abs. 1 unterschreitet, muss in der Firma abweichend von § 4 die Bezeichnung „Unternehmergesellschaft (haftungsbeschränkt)" oder „UG (haftungsbeschränkt)" führen.

(2) Abweichend von § 7 Abs. 2 darf die Anmeldung erst erfolgen, wenn das Stammkapital in voller Höhe eingezahlt ist. Sacheinlagen sind ausgeschlossen.

(3) In der Bilanz des nach den §§ 242, 264 des Handelsgesetzbuchs aufzustellenden Jahresabschlusses ist eine gesetzliche Rücklage zu bilden, in die ein Viertel des um einen Verlustvortrag aus dem Vorjahr

geminderten Jahresüberschusses einzustellen ist. Die Rücklage darf nur verwandt werden

1. für Zwecke des § 57c;
2. zum Ausgleich eines Jahresfehlbetrags, soweit er nicht durch einen Gewinnvortrag aus dem Vorjahr gedeckt ist;
3. zum Ausgleich eines Verlustvortrags aus dem Vorjahr, soweit er nicht durch einen Jahresüberschuss gedeckt ist.

(4) Abweichend von § 49 Abs. 3 muss die Versammlung der Gesellschafter bei drohender Zahlungsunfähigkeit unverzüglich einberufen werden.

(5) Erhöht die Gesellschaft ihr Stammkapital so, dass es den Betrag des Mindeststammkapitals nach § 5 Abs. 1 erreicht oder übersteigt, finden die Absätze 1 bis 4 keine Anwendung mehr; die Firma nach Absatz 1 darf beibehalten werden.

§ 6 Geschäftsführer

(1) Die Gesellschaft muß einen oder mehrere Geschäftsführer haben.

(2) Geschäftsführer kann nur eine natürliche, unbeschränkt geschäftsfähige Person sein. Geschäftsführer kann nicht sein, wer

1. als Betreuter bei der Besorgung seiner Vermögensangelegenheiten ganz oder teilweise einem Einwilligungsvorbehalt (§ 1903 des Bürgerlichen Gesetzbuchs) unterliegt,
2. aufgrund eines gerichtlichen Urteils oder einer vollziehbaren Entscheidung einer Verwaltungsbehörde einen Beruf, einen Berufszweig, ein Gewerbe oder einen Gewerbezweig nicht ausüben darf, sofern der Unternehmensgegenstand ganz oder teilweise mit dem Gegenstand des Verbots übereinstimmt,
3. wegen einer oder mehrerer vorsätzlich begangener Straftaten

    des Unterlassens der Stellung des Antrags auf Eröffnung des Insolvenzverfahrens (Insolvenzverschleppung),

    nach den §§ 283 bis 283d des Strafgesetzbuchs (Insolvenzstraftaten),

    der falschen Angaben nach § 82 dieses Gesetzes oder § 399 des Aktiengesetzes,

    der unrichtigen Darstellung nach § 400 des Aktiengesetzes, § 331 des Handelsgesetzbuchs, § 313 des Umwandlungsgesetzes oder § 17 des Publizitätsgesetzes oder

    nach den §§ 263 bis 264a oder den §§ 265b bis 266a des Strafgesetzbuchs zu einer Freiheitsstrafe von mindestens einem Jahr

   verurteilt worden ist; dieser Ausschluss gilt für die Dauer von fünf Jahren seit der Rechtskraft des Urteils, wobei die Zeit nicht eingerechnet wird, in welcher der Täter auf behördliche Anordnung in einer Anstalt verwahrt worden ist.

Satz 2 Nr. 3 gilt entsprechend bei einer Verurteilung im Ausland wegen einer Tat, die mit den in Satz 2 Nr. 3 genannten Taten vergleichbar ist.

(3) Zu Geschäftsführern können Gesellschafter oder andere Personen bestellt werden. Die Bestellung erfolgt entweder im Gesellschaftsvertrag oder nach Maßgabe der Bestimmungen des dritten Abschnitts.

(4) Ist im Gesellschaftsvertrag bestimmt, daß sämtliche Gesellschafter zur Geschäftsführung berechtigt sein sollen, so gelten nur die der Gesellschaft bei Festsetzung dieser Bestimmung angehörenden Personen als die bestellten Geschäftsführer.

(5) Gesellschafter, die vorsätzlich oder grob fahrlässig einer Person, die nicht Geschäftsführer sein kann, die Führung der Geschäfte überlassen, haften der Gesellschaft solidarisch für den Schaden, der dadurch entsteht, dass diese Person die ihr gegenüber der Gesellschaft bestehenden Obliegenheiten verletzt.

§ 7 Anmeldung der Gesellschaft

(1) Die Gesellschaft ist bei dem Gericht, in dessen Bezirk sie ihren Sitz hat, zur Eintragung in das Handelsregister anzumelden.

(2) Die Anmeldung darf erst erfolgen, wenn auf jeden Geschäftsanteil, soweit nicht Sacheinlagen vereinbart sind, ein Viertel des Nennbetrags eingezahlt ist. Insgesamt muß auf das Stammkapital mindestens soviel eingezahlt sein, daß der Gesamtbetrag der eingezahlten Geldeinlagen zuzüglich des Gesamtnennbetrags der Geschäftsanteile, für die Sacheinlagen zu leisten sind, die Hälfte des Mindeststammkapitals gemäß § 5 Abs. 1 erreicht.

(3) Die Sacheinlagen sind vor der Anmeldung der Gesellschaft zur Eintragung in das Handelsregister so an die Gesellschaft zu bewirken, daß sie endgültig zur freien Verfügung der Geschäftsführer stehen.

§ 8 Inhalt der Anmeldung

(1) Der Anmeldung müssen beigefügt sein:

1. der Gesellschaftsvertrag und im Fall des § 2 Abs. 2 die Vollmachten der Vertreter, welche den Gesellschaftsvertrag unterzeichnet haben, oder eine beglaubigte Abschrift dieser Urkunden,
2. die Legitimation der Geschäftsführer, sofern dieselben nicht im Gesellschaftsvertrag bestellt sind,
3. eine von den Anmeldenden unterschriebene Liste der Gesellschafter, aus welcher Name, Vorname, Geburtsdatum und Wohnort der letzteren sowie die Nennbeträge und die laufenden Nummern der von einem jeden derselben übernommenen Geschäftsanteile ersichtlich sind,

4. im Fall des § 5 Abs. 4 die Verträge, die den Festsetzungen zugrunde liegen oder zu ihrer Ausführung geschlossen worden sind, und der Sachgründungsbericht,
5. wenn Sacheinlagen vereinbart sind, Unterlagen darüber, daß der Wert der Sacheinlagen den Nennbetrag der dafür übernommenen Geschäftsanteile erreicht.

(2) In der Anmeldung ist die Versicherung abzugeben, daß die in § 7 Abs. 2 und 3 bezeichneten Leistungen auf die Geschäftsanteile bewirkt sind und daß der Gegenstand der Leistungen sich endgültig in der freien Verfügung der Geschäftsführer befindet. Das Gericht kann bei erheblichen Zweifeln an der Richtigkeit der Versicherung Nachweise (unter anderem Einzahlungsbelege) verlangen.

(3) In der Anmeldung haben die Geschäftsführer zu versichern, daß keine Umstände vorliegen, die ihrer Bestellung nach § 6 Abs. 2 Satz 2 Nr. 2 und 3 sowie Satz 3 entgegenstehen, und daß sie über ihre unbeschränkte Auskunftspflicht gegenüber dem Gericht belehrt worden sind. Die Belehrung nach § 53 Abs. 2 des Bundeszentralregistergesetzes kann schriftlich vorgenommen werden; sie kann auch durch einen Notar oder einen im Ausland bestellten Notar, durch einen Vertreter eines vergleichbaren rechtsberatenden Berufs oder einen Konsularbeamten erfolgen.

(4) In der Anmeldung sind ferner anzugeben:

1. eine inländische Geschäftsanschrift,
2. Art und Umfang der Vertretungsbefugnis der Geschäftsführer.

(5) Für die Einreichung von Unterlagen nach diesem Gesetz gilt § 12 Abs. 2 des Handelsgesetzbuchs entsprechend.

§ 9 Überbewertung der Sacheinlagen

(1) Erreicht der Wert einer Sacheinlage im Zeitpunkt der Anmeldung der Gesellschaft zur Eintragung in das Handelsregister nicht den Nennbetrag des dafür übernommenen Geschäftsanteils, hat der Gesellschafter in Höhe des Fehlbetrags eine Einlage in Geld zu leisten. Sonstige Ansprüche bleiben unberührt.

(2) Der Anspruch der Gesellschaft nach Absatz 1 Satz 1 verjährt in zehn Jahren seit der Eintragung der Gesellschaft in das Handelsregister.

§ 9a Ersatzansprüche der Gesellschaft

(1) Werden zum Zweck der Errichtung der Gesellschaft falsche Angaben gemacht, so haben die Gesellschafter und Geschäftsführer der Gesellschaft als Gesamtschuldner fehlende Einzahlungen zu leisten, eine Vergütung, die nicht unter den Gründungsaufwand aufgenommen ist, zu ersetzen und für den sonst entstehenden Schaden Ersatz zu leisten.

(2) Wird die Gesellschaft von Gesellschaftern durch Einlagen oder Gründungsaufwand vorsätzlich oder aus grober Fahrlässigkeit geschädigt, so sind ihr alle Gesellschafter als Gesamtschuldner zum Ersatz verpflichtet.

(3) Von diesen Verpflichtungen ist ein Gesellschafter oder ein Geschäftsführer befreit, wenn er die die Ersatzpflicht begründenden Tatsachen weder kannte noch bei Anwendung der Sorgfalt eines ordentlichen Geschäftsmannes kennen mußte.

(4) Neben den Gesellschaftern sind in gleicher Weise Personen verantwortlich, für deren Rechnung die Gesellschafter Geschäftsanteile übernommen haben. Sie können sich auf ihre eigene Unkenntnis nicht wegen solcher Umstände berufen, die ein für ihre Rechnung handelnder Gesellschafter kannte oder bei Anwendung der Sorgfalt eines ordentlichen Geschäftsmannes kennen mußte.

§ 9b Verzicht auf Ersatzansprüche

(1) Ein Verzicht der Gesellschaft auf Ersatzansprüche nach § 9a oder ein Vergleich der Gesellschaft über diese Ansprüche ist unwirksam, soweit der Ersatz zur Befriedigung der Gläubiger der Gesellschaft erforderlich ist. Dies gilt nicht, wenn der Ersatzpflichtige zahlungsunfähig ist und sich zur Abwendung des Insolvenzverfahrens mit seinen Gläubigern vergleicht oder wenn die Ersatzpflicht in einem Insolvenzplan geregelt wird.

(2) Ersatzansprüche der Gesellschaft nach § 9a verjähren in fünf Jahren. Die Verjährung beginnt mit der Eintragung der Gesellschaft in das Handelsregister oder, wenn die zum Ersatz verpflichtende Handlung später begangen worden ist, mit der Vornahme der Handlung.

§ 9c Ablehnung der Eintragung

(1) Ist die Gesellschaft nicht ordnungsgemäß errichtet und angemeldet, so hat das Gericht die Eintragung abzulehnen. Dies gilt auch, wenn Sacheinlagen nicht unwesentlich überbewertet worden sind.

(2) Wegen einer mangelhaften, fehlenden oder nichtigen Bestimmung des Gesellschaftsvertrages darf das Gericht die Eintragung nach Absatz 1 nur ablehnen, soweit diese Bestimmung, ihr Fehlen oder ihre Nichtigkeit

1. Tatsachen oder Rechtsverhältnisse betrifft, die nach § 3 Abs. 1 oder auf Grund anderer zwingender gesetzlicher Vorschriften in dem Gesellschaftsvertrag bestimmt sein müssen oder die in das Handelsregister einzutragen oder von dem Gericht bekanntzumachen sind,

2. Vorschriften verletzt, die ausschließlich oder überwiegend zum Schutze der Gläubiger der Gesellschaft oder sonst im öffentlichen Interesse gegeben sind, oder
3. die Nichtigkeit des Gesellschaftsvertrages zur Folge hat.

§ 10 Inhalt der Eintragung

(1) Bei der Eintragung in das Handelsregister sind die Firma und der Sitz der Gesellschaft, eine inländische Geschäftsanschrift, der Gegenstand des Unternehmens, die Höhe des Stammkapitals, der Tag des Abschlusses des Gesellschaftsvertrages und die Personen der Geschäftsführer anzugeben. Ferner ist einzutragen, welche Vertretungsbefugnis die Geschäftsführer haben.

(2) Enthält der Gesellschaftsvertrag Bestimmungen über die Zeitdauer der Gesellschaft oder über das genehmigte Kapital, so sind auch diese Bestimmungen einzutragen. Wenn eine Person, die für Willenserklärungen und Zustellungen an die Gesellschaft empfangsberechtigt ist, mit einer inländischen Anschrift zur Eintragung in das Handelsregister angemeldet wird, sind auch diese Angaben einzutragen; Dritten gegenüber gilt die Empfangsberechtigung als fortbestehend, bis sie im Handelsregister gelöscht und die Löschung bekannt gemacht worden ist, es sei denn, dass die fehlende Empfangsberechtigung dem Dritten bekannt war.

§ 11 Rechtszustand vor der Eintragung

(1) Vor der Eintragung in das Handelsregister des Sitzes der Gesellschaft besteht die Gesellschaft mit beschränkter Haftung als solche nicht.

(2) Ist vor der Eintragung im Namen der Gesellschaft gehandelt worden, so haften die Handelnden persönlich und solidarisch.

§ 12 Bekanntmachungen der Gesellschaft

Bestimmt das Gesetz oder der Gesellschaftsvertrag, dass von der Gesellschaft etwas bekannt zu machen ist, so erfolgt die Bekanntmachung im elektronischen Bundesanzeiger (Gesellschaftsblatt). Daneben kann der Gesellschaftsvertrag andere öffentliche Blätter oder elektronische Informationsmedien als Gesellschaftsblätter bezeichnen. Sieht der Gesellschaftsvertrag vor, dass Bekanntmachungen der Gesellschaft im Bundesanzeiger erfolgen, so ist die Bekanntmachung im elektronischen Bundesanzeiger ausreichend.

§ 13 Juristische Person; Handelsgesellschaft

(1) Die Gesellschaft mit beschränkter Haftung als solche hat selbständig ihre Rechte und Pflichten; sie kann Eigentum und andere dingliche

Rechte an Grundstücken erwerben, vor Gericht klagen und verklagt werden.

(2) Für die Verbindlichkeiten der Gesellschaft haftet den Gläubigern derselben nur das Gesellschaftsvermögen.

(3) Die Gesellschaft gilt als Handelsgesellschaft im Sinne des Handelsgesetzbuchs.

§ 14 Einlagepflicht

Auf jeden Geschäftsanteil ist eine Einlage zu leisten. Die Höhe der zu leistenden Einlage richtet sich nach dem bei der Errichtung der Gesellschaft im Gesellschaftsvertrag festgesetzten Nennbetrag des Geschäftsanteils. Im Fall der Kapitalerhöhung bestimmt sich die Höhe der zu leistenden Einlage nach dem in der Übernahmeerklärung festgesetzten Nennbetrag des Geschäftsanteils.

§ 15 Übertragung von Geschäftsanteilen

(1) Die Geschäftsanteile sind veräußerlich und vererblich.

(2) Erwirbt ein Gesellschafter zu seinem ursprünglichen Geschäftsanteil weitere Geschäftsanteile, so behalten dieselben ihre Selbständigkeit.

(3) Zur Abtretung von Geschäftsanteilen durch Gesellschafter bedarf es eines in notarieller Form geschlossenen Vertrages.

(4) Der notariellen Form bedarf auch eine Vereinbarung, durch welche die Verpflichtung eines Gesellschafters zur Abtretung eines Geschäftsanteils begründet wird. Eine ohne diese Form getroffene Vereinbarung wird jedoch durch den nach Maßgabe des vorigen Absatzes geschlossenen Abtretungsvertrag gültig.

(5) Durch den Gesellschaftsvertrag kann die Abtretung der Geschäftsanteile an weitere Voraussetzungen geknüpft, insbesondere von der Genehmigung der Gesellschaft abhängig gemacht werden.

§ 16 Rechtsstellung bei Wechsel der Gesellschafter oder Veränderung des Umfangs ihrer Beteiligung; Erwerb vom Nichtberechtigten

(1) Im Verhältnis zur Gesellschaft gilt im Fall einer Veränderung in den Personen der Gesellschafter oder des Umfangs ihrer Beteiligung als Inhaber eines Geschäftsanteils nur, wer als solcher in der im Handelsregister aufgenommenen Gesellschafterliste (§ 40) eingetragen ist. Eine vom Erwerber in Bezug auf das Gesellschaftsverhältnis vorgenommene Rechtshandlung gilt als von Anfang an wirksam, wenn die Liste unverzüglich nach Vornahme der Rechtshandlung in das Handelsregister aufgenommen wird.

(2) Für Einlageverpflichtungen, die in dem Zeitpunkt rückständig sind, ab dem der Erwerber gemäß Absatz 1 Satz 1 im Verhältnis zur

Gesellschaft als Inhaber des Geschäftsanteils gilt, haftet der Erwerber neben dem Veräußerer.

(3) Der Erwerber kann einen Geschäftsanteil oder ein Recht daran durch Rechtsgeschäft wirksam vom Nichtberechtigten erwerben, wenn der Veräußerer als Inhaber des Geschäftsanteils in der im Handelsregister aufgenommenen Gesellschafterliste eingetragen ist. Dies gilt nicht, wenn die Liste zum Zeitpunkt des Erwerbs hinsichtlich des Geschäftsanteils weniger als drei Jahre unrichtig und die Unrichtigkeit dem Berechtigten nicht zuzurechnen ist. Ein gutgläubiger Erwerb ist ferner nicht möglich, wenn dem Erwerber die mangelnde Berechtigung bekannt oder infolge grober Fahrlässigkeit unbekannt ist oder der Liste ein Widerspruch zugeordnet ist. Die Zuordnung eines Widerspruchs erfolgt aufgrund einer einstweiligen Verfügung oder aufgrund einer Bewilligung desjenigen, gegen dessen Berechtigung sich der Widerspruch richtet. Eine Gefährdung des Rechts des Widersprechenden muss nicht glaubhaft gemacht werden.

§ 17 (weggefallen)

§ 18 Mitberechtigung am Geschäftsanteil

(1) Steht ein Geschäftsanteil mehreren Mitberechtigten ungeteilt zu, so können sie die Rechte aus demselben nur gemeinschaftlich ausüben.

(2) Für die auf den Geschäftsanteil zu bewirkenden Leistungen haften sie der Gesellschaft solidarisch.

(3) Rechtshandlungen, welche die Gesellschaft gegenüber dem Inhaber des Anteils vorzunehmen hat, sind, sofern nicht ein gemeinsamer Vertreter der Mitberechtigten vorhanden ist, wirksam, wenn sie auch nur gegenüber einem Mitberechtigten vorgenommen werden. Gegenüber mehreren Erben eines Gesellschafters findet diese Bestimmung nur in bezug auf Rechtshandlungen Anwendung, welche nach Ablauf eines Monats seit dem Anfall der Erbschaft vorgenommen werden.

§ 19 Leistung der Einlagen

(1) Die Einzahlungen auf die Geschäftsanteile sind nach dem Verhältnis der Geldeinlagen zu leisten.

(2) Von der Verpflichtung zur Leistung der Einlagen können die Gesellschafter nicht befreit werden. Gegen den Anspruch der Gesellschaft ist die Aufrechnung nur zulässig mit einer Forderung aus der Überlassung von Vermögensgegenständen, deren Anrechnung auf die Einlageverpflichtung nach § 5 Abs. 4 Satz 1 vereinbart worden ist. An dem Gegenstand einer Sacheinlage kann wegen Forderungen, welche sich nicht auf den Gegenstand beziehen, kein Zurückbehaltungsrecht geltend gemacht werden.

(3) Durch eine Kapitalherabsetzung können die Gesellschafter von der Verpflichtung zur Leistung von Einlagen höchstens in Höhe des Betrags befreit werden, um den das Stammkapital herabgesetzt worden ist.

(4) Ist eine Geldeinlage eines Gesellschafters bei wirtschaftlicher Betrachtung und aufgrund einer im Zusammenhang mit der Übernahme der Geldeinlage getroffenen Abrede vollständig oder teilweise als Sacheinlage zu bewerten (verdeckte Sacheinlage), so befreit dies den Gesellschafter nicht von seiner Einlageverpflichtung. Jedoch sind die Verträge über die Sacheinlage und die Rechtshandlungen zu ihrer Ausführung nicht unwirksam. Auf die fortbestehende Geldeinlagepflicht des Gesellschafters wird der Wert des Vermögensgegenstandes im Zeitpunkt der Anmeldung der Gesellschaft zur Eintragung in das Handelsregister oder im Zeitpunkt seiner Überlassung an die Gesellschaft, falls diese später erfolgt, angerechnet. Die Anrechnung erfolgt nicht vor Eintragung der Gesellschaft in das Handelsregister. Die Beweislast für die Werthaltigkeit des Vermögensgegenstandes trägt der Gesellschafter.

(5) Ist vor der Einlage eine Leistung an den Gesellschafter vereinbart worden, die wirtschaftlich einer Rückzahlung der Einlage entspricht und die nicht als verdeckte Sacheinlage im Sinne von Absatz 4 zu beurteilen ist, so befreit dies den Gesellschafter von seiner Einlageverpflichtung nur dann, wenn die Leistung durch einen vollwertigen Rückgewähranspruch gedeckt ist, der jederzeit fällig ist oder durch fristlose Kündigung durch die Gesellschaft fällig werden kann. Eine solche Leistung oder die Vereinbarung einer solchen Leistung ist in der Anmeldung nach § 8 anzugeben.

(6) Der Anspruch der Gesellschaft auf Leistung der Einlagen verjährt in zehn Jahren von seiner Entstehung an. Wird das Insolvenzverfahren über das Vermögen der Gesellschaft eröffnet, so tritt die Verjährung nicht vor Ablauf von sechs Monaten ab dem Zeitpunkt der Eröffnung ein.

§ 20 Verzugszinsen

Ein Gesellschafter, welcher den auf die Stammeinlage eingeforderten Betrag nicht zur rechten Zeit einzahlt, ist zur Entrichtung von Verzugszinsen von Rechts wegen verpflichtet.

§ 21 Kaduzierung

(1) Im Fall verzögerter Einzahlung kann an den säumigen Gesellschafter eine erneute Aufforderung zur Zahlung binnen einer zu bestimmenden Nachfrist unter Androhung seines Ausschlusses mit dem Geschäftsanteil, auf welchen die Zahlung zu erfolgen hat, erlassen werden. Die Aufforderung erfolgt mittels eingeschriebenen Briefes. Die Nachfrist muß mindestens einen Monat betragen.

(2) Nach fruchtlosem Ablauf der Frist ist der säumige Gesellschafter seines Geschäftsanteils und der geleisteten Teilzahlungen zugunsten der Gesellschaft verlustig zu erklären. Die Erklärung erfolgt mittels eingeschriebenen Briefes.

(3) Wegen des Ausfalls, welchen die Gesellschaft an dem rückständigen Betrag oder den später auf den Geschäftsanteil eingeforderten Beträgen der Stammeinlage erleidet, bleibt ihr der ausgeschlossene Gesellschafter verhaftet.

§ 22 Haftung der Rechtsvorgänger

(1) Für eine von dem ausgeschlossenen Gesellschafter nicht erfüllte Einlageverpflichtung haftet der Gesellschaft auch der letzte und jeder frühere Rechtsvorgänger des Ausgeschlossenen, der im Verhältnis zu ihr als Inhaber des Geschäftsanteils gilt.

(2) Ein früherer Rechtsvorgänger haftet nur, soweit die Zahlung von dessen Rechtsnachfolger nicht zu erlangen ist; dies ist bis zum Beweis des Gegenteils anzunehmen, wenn der letztere die Zahlung nicht bis zum Ablauf eines Monats geleistet hat, nachdem an ihn die Zahlungsaufforderung und an den Rechtsvorgänger die Benachrichtigung von derselben erfolgt ist.

(3) Die Haftung des Rechtsvorgängers ist auf die innerhalb der Frist von fünf Jahren auf die Einlageverpflichtung eingeforderten Leistungen beschränkt. Die Frist beginnt mit dem Tag, ab welchem der Rechtsnachfolger im Verhältnis zur Gesellschaft als Inhaber des Geschäftsanteils gilt.

(4) Der Rechtsvorgänger erwirbt gegen Zahlung des rückständigen Betrages den Geschäftsanteil des ausgeschlossenen Gesellschafters.

§ 23 Versteigerung des Geschäftsanteils

Ist die Zahlung des rückständigen Betrages von Rechtsvorgängern nicht zu erlangen, so kann die Gesellschaft den Geschäftsanteil im Wege öffentlicher Versteigerung verkaufen lassen. Eine andere Art des Verkaufs ist nur mit Zustimmung des ausgeschlossenen Gesellschafters zulässig.

§ 24 Aufbringung von Fehlbeträgen

Soweit eine Stammeinlage weder von den Zahlungspflichtigen eingezogen, noch durch Verkauf des Geschäftsanteils gedeckt werden kann, haben die übrigen Gesellschafter den Fehlbetrag nach Verhältnis ihrer Geschäftsanteile aufzubringen. Beiträge, welche von einzelnen Gesellschaftern nicht zu erlangen sind, werden nach dem bezeichneten Verhältnis auf die übrigen verteilt.

§ 25 Zwingende Vorschriften

Von den in den §§ 21 bis 24 bezeichneten Rechtsfolgen können die Gesellschafter nicht befreit werden.

§ 26 Nachschusspflicht

(1) Im Gesellschaftsvertrag kann bestimmt werden, daß die Gesellschafter über die Nennbeträge der Geschäftsanteile hinaus die Einforderung von weiteren Einzahlungen (Nachschüssen) beschließen können.

(2) Die Einzahlung der Nachschüsse hat nach Verhältnis der Geschäftsanteile zu erfolgen.

(3) Die Nachschußpflicht kann im Gesellschaftsvertrag auf einen bestimmten, nach Verhältnis der Geschäftsanteile festzusetzenden Betrag beschränkt werden.

§ 27 Unbeschränkte Nachschusspflicht

(1) Ist die Nachschußpflicht nicht auf einen bestimmten Betrag beschränkt, so hat jeder Gesellschafter, falls er die Stammeinlage vollständig eingezahlt hat, das Recht, sich von der Zahlung des auf den Geschäftsanteil eingeforderten Nachschusses dadurch zu befreien, daß er innerhalb eines Monats nach der Aufforderung zur Einzahlung den Geschäftsanteil der Gesellschaft zur Befriedigung aus demselben zur Verfügung stellt. Ebenso kann die Gesellschaft, wenn der Gesellschafter binnen der angegebenen Frist weder von der bezeichneten Befugnis Gebrauch macht, noch die Einzahlung leistet, demselben mittels eingeschriebenen Briefes erklären, daß sie den Geschäftsanteil als zur Verfügung gestellt betrachte.

(2) Die Gesellschaft hat den Geschäftsanteil innerhalb eines Monats nach der Erklärung des Gesellschafters oder der Gesellschaft im Wege öffentlicher Versteigerung verkaufen zu lassen. Eine andere Art des Verkaufs ist nur mit Zustimmung des Gesellschafters zulässig. Ein nach Deckung der Verkaufskosten und des rückständigen Nachschusses verbleibender Überschuß gebührt dem Gesellschafter.

(3) Ist die Befriedigung der Gesellschaft durch den Verkauf nicht zu erlangen, so fällt der Geschäftsanteil der Gesellschaft zu. Dieselbe ist befugt, den Anteil für eigene Rechnung zu veräußern.

(4) Im Gesellschaftsvertrag kann die Anwendung der vorstehenden Bestimmungen auf den Fall beschränkt werden, daß die auf den Geschäftsanteil eingeforderten Nachschüsse einen bestimmten Betrag überschreiten.

§ 28 Beschränkte Nachschusspflicht

(1) Ist die Nachschußpflicht auf einen bestimmten Betrag beschränkt, so finden, wenn im Gesellschaftsvertrag nicht ein anderes festgesetzt ist, im Fall verzögerter Einzahlung von Nachschüssen die auf die Einzahlung der Stammeinlagen bezüglichen Vorschriften der §§ 21 bis 23 entsprechende Anwendung. Das Gleiche gilt im Fall des § 27 Abs. 4 auch bei unbeschränkter Nachschußpflicht, soweit die Nachschüsse den im Gesellschaftsvertrag festgesetzten Betrag nicht überschreiten.

(2) Im Gesellschaftsvertrag kann bestimmt werden, daß die Einforderung von Nachschüssen, auf deren Zahlung die Vorschriften der §§ 21 bis 23 Anwendung finden, schon vor vollständiger Einforderung der Stammeinlagen zulässig ist.

§ 29 Ergebnisverwendung

(1) Die Gesellschafter haben Anspruch auf den Jahresüberschuß zuzüglich eines Gewinnvortrags und abzüglich eines Verlustvortrags, soweit der sich ergebende Betrag nicht nach Gesetz oder Gesellschaftsvertrag, durch Beschluß nach Absatz 2 oder als zusätzlicher Aufwand auf Grund des Beschlusses über die Verwendung des Ergebnisses von der Verteilung unter die Gesellschafter ausgeschlossen ist. Wird die Bilanz unter Berücksichtigung der teilweisen Ergebnisverwendung aufgestellt oder werden Rücklagen aufgelöst, so haben die Gesellschafter abweichend von Satz 1 Anspruch auf den Bilanzgewinn. 6

(2) Im Beschluß über die Verwendung des Ergebnisses können die Gesellschafter, wenn der Gesellschaftsvertrag nichts anderes bestimmt, Beträge in Gewinnrücklagen einstellen oder als Gewinn vortragen.

(3) Die Verteilung erfolgt nach Verhältnis der Geschäftsanteile. Im Gesellschaftsvertrag kann ein anderer Maßstab der Verteilung festgesetzt werden.

(4) Unbeschadet der Absätze 1 und 2 und abweichender Gewinnverteilungsabreden nach Absatz 3 Satz 2 können die Geschäftsführer mit Zustimmung des Aufsichtsrats oder der Gesellschafter den Eigenkapitalanteil von Wertaufholungen bei Vermögensgegenständen des Anlage- und Umlaufvermögens und von bei der steuerrechtlichen Gewinnermittlung gebildeten Passivposten, die nicht im Sonderposten mit Rücklageanteil ausgewiesen werden dürfen, in andere Gewinnrücklagen einstellen. Der Betrag dieser Rücklagen ist entweder in der Bilanz gesondert auszuweisen oder im Anhang anzugeben.

§ 30 Kapitalerhaltung

(1) Das zur Erhaltung des Stammkapitals erforderliche Vermögen der Gesellschaft darf an die Gesellschafter nicht ausgezahlt werden. Satz 1 gilt nicht bei Leistungen, die bei Bestehen eines Beherrschungs- oder

Gewinnabführungsvertrags (§ 291 des Aktiengesetzes) erfolgen oder durch einen vollwertigen Gegenleistungs- oder Rückgewähranspruch gegen den Gesellschafter gedeckt sind. Satz 1 ist zudem nicht anzuwenden auf die Rückgewähr eines Gesellschafterdarlehens und Leistungen auf Forderungen aus Rechtshandlungen, die einem Gesellschafterdarlehen wirtschaftlich entsprechen.

(2) Eingezahlte Nachschüsse können, soweit sie nicht zur Deckung eines Verlustes am Stammkapital erforderlich sind, an die Gesellschafter zurückgezahlt werden. Die Zurückzahlung darf nicht vor Ablauf von drei Monaten erfolgen, nachdem der Rückzahlungsbeschluß nach § 12 bekanntgemacht ist. Im Fall des § 28 Abs. 2 ist die Zurückzahlung von Nachschüssen vor der Volleinzahlung des Stammkapitals unzulässig. Zurückgezahlte Nachschüsse gelten als nicht eingezogen.

§ 31 Erstattung verbotener Rückzahlungen

(1) Zahlungen, welche den Vorschriften des § 30 zuwider geleistet sind, müssen der Gesellschaft erstattet werden.

(2) War der Empfänger in gutem Glauben, so kann die Erstattung nur insoweit verlangt werden, als sie zur Befriedigung der Gesellschaftsgläubiger erforderlich ist.

(3) Ist die Erstattung von dem Empfänger nicht zu erlangen, so haften für den zu erstattenden Betrag, soweit er zur Befriedigung der Gesellschaftsgläubiger erforderlich ist, die übrigen Gesellschafter nach Verhältnis ihrer Geschäftsanteile. Beiträge, welche von einzelnen Gesellschaftern nicht zu erlangen sind, werden nach dem bezeichneten Verhältnis auf die übrigen verteilt.

(4) Zahlungen, welche auf Grund der vorstehenden Bestimmungen zu leisten sind, können den Verpflichteten nicht erlassen werden.

(5) Die Ansprüche der Gesellschaft verjähren in den Fällen des Absatzes 1 in zehn Jahren sowie in den Fällen des Absatzes 3 in fünf Jahren. Die Verjährung beginnt mit dem Ablauf des Tages, an welchem die Zahlung, deren Erstattung beansprucht wird, geleistet ist. In den Fällen des Absatzes 1 findet § 19 Abs. 6 Satz 2 entsprechende Anwendung.

(6) Für die in den Fällen des Absatzes 3 geleistete Erstattung einer Zahlung sind den Gesellschaftern die Geschäftsführer, welchen in betreff der geleisteten Zahlung ein Verschulden zur Last fällt, solidarisch zum Ersatz verpflichtet. Die Bestimmungen in § 43 Abs. 1 und 4 finden entsprechende Anwendung.

§ 32 Rückzahlung von Gewinn

Liegt die in § 31 Abs. 1 bezeichnete Voraussetzung nicht vor, so sind die Gesellschafter in keinem Fall verpflichtet, Beträge, welche sie in gutem Glauben als Gewinnanteile bezogen haben, zurückzuzahlen.

§ 33 Erwerb eigener Geschäftsanteile

(1) Die Gesellschaft kann eigene Geschäftsanteile, auf welche die Einlagen noch nicht vollständig geleistet sind, nicht erwerben oder als Pfand nehmen.

(2) Eigene Geschäftsanteile, auf welche die Einlage vollständig geleistet ist, darf sie nur erwerben, sofern sie im Zeitpunkt des Erwerbs eine Rücklage in Höhe der Aufwendungen für den Erwerb bilden könnte, ohne das Stammkapital oder eine nach dem Gesellschaftsvertrag zu bildende Rücklage zu mindern, die nicht zur Zahlung an die Gesellschafter verwandt werden darf. Als Pfand nehmen darf sie solche Geschäftsanteile nur, soweit der Gesamtbetrag der durch Inpfandnahme eigener Geschäftsanteile gesicherten Forderungen oder, wenn der Wert der als Pfand genommenen Geschäftsanteile niedriger ist, dieser Betrag nicht höher ist als das über das Stammkapital hinaus vorhandene Vermögen. Ein Verstoß gegen die Sätze 1 und 2 macht den Erwerb oder die Inpfandnahme der Geschäftsanteile nicht unwirksam; jedoch ist das schuldrechtliche Geschäft über einen verbotswidrigen Erwerb oder eine verbotswidrige Inpfandnahme nichtig.

(3) Der Erwerb eigener Geschäftsanteile ist ferner zulässig zur Abfindung von Gesellschaftern nach § 29 Abs. 1, § 122i Abs. 1 Satz 2, § 125 Satz 1 in Verbindung mit § 29 Abs. 1 und § 207 Abs. 1 des Umwandlungsgesetzes, sofern der Erwerb binnen sechs Monaten nach dem Wirksamwerden der Umwandlung oder nach der Rechtskraft der gerichtlichen Entscheidung erfolgt und die Gesellschaft im Zeitpunkt des Erwerbs eine Rücklage in Höhe der Aufwendungen für den Erwerb bilden könnte, ohne das Stammkapital oder eine nach dem Gesellschaftsvertrag zu bildende Rücklage zu mindern, die nicht zur Zahlung an die Gesellschafter verwandt werden darf.

§ 34 Einziehung von Geschäftsanteilen

(1) Die Einziehung (Amortisation) von Geschäftsanteilen darf nur erfolgen, soweit sie im Gesellschaftsvertrag zugelassen ist.

(2) Ohne die Zustimmung des Anteilsberechtigten findet die Einziehung nur statt, wenn die Voraussetzungen derselben vor dem Zeitpunkt, in welchem der Berechtigte den Geschäftsanteil erworben hat, im Gesellschaftsvertrag festgesetzt waren.

(3) Die Bestimmung in § 30 Abs. 1 bleibt unberührt.

§ 35 Vertretung der Gesellschaft

(1) Die Gesellschaft wird durch die Geschäftsführer gerichtlich und außergerichtlich vertreten. Hat eine Gesellschaft keinen Geschäftsführer (Führungslosigkeit), wird die Gesellschaft für den Fall, dass ihr gegenüber Willenserklärungen abgegeben oder Schriftstücke zugestellt werden, durch die Gesellschafter vertreten.

(2) Sind mehrere Geschäftsführer bestellt, sind sie alle nur gemeinschaftlich zur Vertretung der Gesellschaft befugt, es sei denn, dass der Gesellschaftsvertrag etwas anderes bestimmt. Ist der Gesellschaft gegenüber eine Willenserklärung abzugeben, genügt die Abgabe gegenüber einem Vertreter der Gesellschaft nach Absatz 1. An die Vertreter der Gesellschaft nach Absatz 1 können unter der im Handelsregister eingetragenen Geschäftsanschrift Willenserklärungen abgegeben und Schriftstücke für die Gesellschaft zugestellt werden. Unabhängig hiervon können die Abgabe und die Zustellung auch unter der eingetragenen Anschrift der empfangsberechtigten Person nach § 10 Abs. 2 Satz 2 erfolgen.

(3) Befinden sich alle Geschäftsanteile der Gesellschaft in der Hand eines Gesellschafters oder daneben in der Hand der Gesellschaft und ist er zugleich deren alleiniger Geschäftsführer, so ist auf seine Rechtsgeschäfte mit der Gesellschaft § 181 des Bürgerlichen Gesetzbuchs anzuwenden. Rechtsgeschäfte zwischen ihm und der von ihm vertretenen Gesellschaft sind, auch wenn er nicht alleiniger Geschäftsführer ist, unverzüglich nach ihrer Vornahme in eine Niederschrift aufzunehmen.

§ 35a Angaben auf Geschäftsbriefen

(1) Auf allen Geschäftsbriefen gleichviel welcher Form, die an einen bestimmten Empfänger gerichtet werden, müssen die Rechtsform und der Sitz der Gesellschaft, das Registergericht des Sitzes der Gesellschaft und die Nummer, unter der die Gesellschaft in das Handelsregister eingetragen ist, sowie alle Geschäftsführer und, sofern die Gesellschaft einen Aufsichtsrat gebildet und dieser einen Vorsitzenden hat, der Vorsitzende des Aufsichtsrats mit dem Familiennamen und mindestens einem ausgeschriebenen Vornamen angegeben werden. Werden Angaben über das Kapital der Gesellschaft gemacht, so müssen in jedem Falle das Stammkapital sowie, wenn nicht alle in Geld zu leistenden Einlagen eingezahlt sind, der Gesamtbetrag der ausstehenden Einlagen angegeben werden.

(2) Der Angaben nach Absatz 1 Satz 1 bedarf es nicht bei Mitteilungen oder Berichten, die im Rahmen einer bestehenden Geschäftsverbindung ergehen und für die üblicherweise Vordrucke verwendet werden, in denen lediglich die im Einzelfall erforderlichen besonderen Angaben eingefügt zu werden brauchen.

(3) Bestellscheine gelten als Geschäftsbriefe im Sinne des Absatzes 1. Absatz 2 ist auf sie nicht anzuwenden.

(4) Auf allen Geschäftsbriefen und Bestellscheinen, die von einer Zweigniederlassung einer Gesellschaft mit beschränkter Haftung mit Sitz im Ausland verwendet werden, müssen das Register, bei dem die Zweigniederlassung geführt wird, und die Nummer des Registereintrags angegeben werden; im übrigen gelten die Vorschriften der Absätze 1 bis 3 für die Angaben bezüglich der Haupt- und der Zweigniederlassung, soweit nicht das ausländische Recht Abweichungen nötig macht. Befindet sich die ausländische Gesellschaft in Liquidation, so sind auch diese Tatsache sowie alle Liquidatoren anzugeben.

§ 36 (weggefallen)

§ 37 Beschränkungen der Vertretungsbefugnis

(1) Die Geschäftsführer sind der Gesellschaft gegenüber verpflichtet, die Beschränkungen einzuhalten, welche für den Umfang ihrer Befugnis, die Gesellschaft zu vertreten, durch den Gesellschaftsvertrag oder, soweit dieser nicht ein anderes bestimmt, durch die Beschlüsse der Gesellschafter festgesetzt sind. 6

(2) Gegen dritte Personen hat eine Beschränkung der Befugnis der Geschäftsführer, die Gesellschaft zu vertreten, keine rechtliche Wirkung. Dies gilt insbesondere für den Fall, daß die Vertretung sich nur auf gewisse Geschäfte oder Arten von Geschäften erstrecken oder nur unter gewissen Umständen oder für eine gewisse Zeit oder an einzelnen Orten stattfinden soll, oder daß die Zustimmung der Gesellschafter oder eines Organs der Gesellschaft für einzelne Geschäfte erfordert ist.

§ 38 Widerruf der Bestellung

(1) Die Bestellung der Geschäftsführer ist zu jeder Zeit widerruflich, unbeschadet der Entschädigungsansprüche aus bestehenden Verträgen.

(2) Im Gesellschaftsvertrag kann die Zulässigkeit des Widerrufs auf den Fall beschränkt werden, daß wichtige Gründe denselben notwendig machen. Als solche Gründe sind insbesondere grobe Pflichtverletzung oder Unfähigkeit zur ordnungsmäßigen Geschäftsführung anzusehen.

§ 39 Anmeldung der Geschäftsführer

(1) Jede Änderung in den Personen der Geschäftsführer sowie die Beendigung der Vertretungsbefugnis eines Geschäftsführers ist zur Eintragung in das Handelsregister anzumelden.

(2) Der Anmeldung sind die Urkunden über die Bestellung der Geschäftsführer oder über die Beendigung der Vertretungsbefugnis in Urschrift oder öffentlich beglaubigter Abschrift beizufügen.

(3) Die neuen Geschäftsführer haben in der Anmeldung zu versichern, daß keine Umstände vorliegen, die ihrer Bestellung nach § 6 Abs. 2 Satz 2 Nr. 2 und 3 sowie Satz 3 entgegenstehen und daß sie über ihre unbeschränkte Auskunftspflicht gegenüber dem Gericht belehrt worden sind. § 8 Abs. 3 Satz 2 ist anzuwenden.

§ 40 Liste der Gesellschafter

(1) Die Geschäftsführer haben unverzüglich nach Wirksamwerden jeder Veränderung in den Personen der Gesellschafter oder des Umfangs ihrer Beteiligung eine von ihnen unterschriebene Liste der Gesellschafter zum Handelsregister einzureichen, aus welcher Name, Vorname, Geburtsdatum und Wohnort der letzteren sowie die Nennbeträge und die laufenden Nummern der von einem jeden derselben übernommenen Geschäftsanteile zu entnehmen sind. Die Änderung der Liste durch die Geschäftsführer erfolgt auf Mitteilung und Nachweis.

(2) Hat ein Notar an Veränderungen nach Absatz 1 Satz 1 mitgewirkt, hat er unverzüglich nach deren Wirksamwerden ohne Rücksicht auf etwaige später eintretende Unwirksamkeitsgründe die Liste anstelle der Geschäftsführer zu unterschreiben, zum Handelsregister einzureichen und eine Abschrift der geänderten Liste an die Gesellschaft zu übermitteln. Die Liste muss mit der Bescheinigung des Notars versehen sein, dass die geänderten Eintragungen den Veränderungen entsprechen, an denen er mitgewirkt hat, und die übrigen Eintragungen mit dem Inhalt der zuletzt im Handelsregister aufgenommenen Liste übereinstimmen.

(3) Geschäftsführer, welche die ihnen nach Absatz 1 obliegende Pflicht verletzen, haften denjenigen, deren Beteiligung sich geändert hat, und den Gläubigern der Gesellschaft für den daraus entstandenen Schaden als Gesamtschuldner.

§ 41 Buchführung

Die Geschäftsführer sind verpflichtet, für die ordnungsmäßige Buchführung der Gesellschaft zu sorgen.

§ 42 Bilanz

(1) In der Bilanz des nach den §§ 242, 264 des Handelsgesetzbuchs aufzustellenden Jahresabschlusses ist das Stammkapital als gezeichnetes Kapital auszuweisen.

(2) Das Recht der Gesellschaft zur Einziehung von Nachschüssen der Gesellschafter ist in der Bilanz insoweit zu aktivieren, als die Einziehung bereits beschlossen ist und den Gesellschaftern ein Recht, durch Verweisung auf den Geschäftsanteil sich von der Zahlung der Nachschüsse zu befreien, nicht zusteht. Der nachzuschießende Betrag ist auf der Aktivseite unter den Forderungen gesondert unter der Bezeichnung „Eingeforderte Nachschüsse" auszuweisen, soweit mit der Zahlung gerechnet werden kann. Ein dem Aktivposten entsprechender Betrag ist auf der Passivseite in dem Posten „Kapitalrücklage" gesondert auszuweisen.

(3) Ausleihungen, Forderungen und Verbindlichkeiten gegenüber Gesellschaftern sind in der Regel als solche jeweils gesondert auszuweisen oder im Anhang anzugeben; werden sie unter anderen Posten ausgewiesen, so muß diese Eigenschaft vermerkt werden.

§ 42a Vorlage des Jahresabschlusses und des Lageberichts

(1) Die Geschäftsführer haben den Jahresabschluß und den Lagebericht unverzüglich nach der Aufstellung den Gesellschaftern zum Zwecke der Feststellung des Jahresabschlusses vorzulegen. Ist der Jahresabschluß durch einen Abschlußprüfer zu prüfen, so haben die Geschäftsführer ihn zusammen mit dem Lagebericht und dem Prüfungsbericht des Abschlußprüfers unverzüglich nach Eingang des Prüfungsberichts vorzulegen. Hat die Gesellschaft einen Aufsichtsrat, so ist dessen Bericht über das Ergebnis seiner Prüfung ebenfalls unverzüglich vorzulegen.

(2) Die Gesellschafter haben spätestens bis zum Ablauf der ersten acht Monate oder, wenn es sich um eine kleine Gesellschaft handelt (§ 267 Abs. 1 des Handelsgesetzbuchs), bis zum Ablauf der ersten elf Monate des Geschäftsjahrs über die Feststellung des Jahresabschlusses und über die Ergebnisverwendung zu beschließen. Der Gesellschaftsvertrag kann die Frist nicht verlängern. Auf den Jahresabschluß sind bei der Feststellung die für seine Aufstellung geltenden Vorschriften anzuwenden.

(3) Hat ein Abschlußprüfer den Jahresabschluß geprüft, so hat er auf Verlangen eines Gesellschafters an den Verhandlungen über die Feststellung des Jahresabschlusses teilzunehmen.

(4) Ist die Gesellschaft zur Aufstellung eines Konzernabschlusses und eines Konzernlageberichts verpflichtet, so sind die Absätze 1 bis 3 entsprechend anzuwenden. Das Gleiche gilt hinsichtlich eines Einzelabschlusses nach § 325 Abs. 2a des Handelsgesetzbuchs, wenn die Gesellschafter die Offenlegung eines solchen beschlossen haben.

§ 43 Haftung der Geschäftsführer

(1) Die Geschäftsführer haben in den Angelegenheiten der Gesellschaft die Sorgfalt eines ordentlichen Geschäftsmannes anzuwenden.

(2) Geschäftsführer, welche ihre Obliegenheiten verletzen, haften der Gesellschaft solidarisch für den entstandenen Schaden.

(3) Insbesondere sind sie zum Ersatze verpflichtet, wenn den Bestimmungen des § 30 zuwider Zahlungen aus dem zur Erhaltung des Stammkapitals erforderlichen Vermögen der Gesellschaft gemacht oder den Bestimmungen des § 33 zuwider eigene Geschäftsanteile der Gesellschaft erworben worden sind. Auf den Ersatzanspruch finden die Bestimmungen in § 9b Abs. 1 entsprechende Anwendung. Soweit der Ersatz zur Befriedigung der Gläubiger der Gesellschaft erforderlich ist, wird die Verpflichtung der Geschäftsführer dadurch nicht aufgehoben, daß dieselben in Befolgung eines Beschlusses der Gesellschafter gehandelt haben.

(4) Die Ansprüche auf Grund der vorstehenden Bestimmungen verjähren in fünf Jahren.

§ 43a Kreditgewährung aus Gesellschaftsvermögen

Den Geschäftsführern, anderen gesetzlichen Vertretern, Prokuristen oder zum gesamten Geschäftsbetrieb ermächtigten Handlungsbevollmächtigten darf Kredit nicht aus dem zur Erhaltung des Stammkapitals erforderlichen Vermögen der Gesellschaft gewährt werden. Ein entgegen Satz 1 gewährter Kredit ist ohne Rücksicht auf entgegenstehende Vereinbarungen sofort zurückzugewähren.

§ 44 Stellvertreter von Geschäftsführern

Die für die Geschäftsführer gegebenen Vorschriften gelten auch für Stellvertreter von Geschäftsführern.

§ 45 Rechte der Gesellschafter

(1) Die Rechte, welche den Gesellschaftern in den Angelegenheiten der Gesellschaft, insbesondere in bezug auf die Führung der Geschäfte zustehen, sowie die Ausübung derselben bestimmen sich, soweit nicht gesetzliche Vorschriften entgegenstehen, nach dem Gesellschaftsvertrag.

(2) In Ermangelung besonderer Bestimmungen des Gesellschaftsvertrages finden die Vorschriften der §§ 46 bis 51 Anwendung.

§ 46 Aufgabenkreis der Gesellschafter

Der Bestimmung der Gesellschafter unterliegen:

1. die Feststellung des Jahresabschlusses und die Verwendung des Ergebnisses;

1a. die Entscheidung über die Offenlegung eines Einzelabschlusses nach internationalen Rechnungslegungsstandards (§ 325 Abs. 2a des Handelsgesetzbuchs) und über die Billigung des von den Geschäftsführern aufgestellten Abschlusses;

1b. die Billigung eines von den Geschäftsführern aufgestellten Konzernabschlusses;

2. die Einforderung der Einlagen;
3. die Rückzahlung von Nachschüssen;
4. die Teilung, die Zusammenlegung sowie die Einziehung von Geschäftsanteilen;
5. die Bestellung und die Abberufung von Geschäftsführern sowie die Entlastung derselben;
6. die Maßregeln zur Prüfung und Überwachung der Geschäftsführung;
7. die Bestellung von Prokuristen und von Handlungsbevollmächtigten zum gesamten Geschäftsbetrieb;
8. die Geltendmachung von Ersatzansprüchen, welche der Gesellschaft aus der Gründung oder Geschäftsführung gegen Geschäftsführer oder Gesellschafter zustehen, sowie die Vertretung der Gesellschaft in Prozessen, welche sie gegen die Geschäftsführer zu führen hat.

§ 47 Abstimmung

(1) Die von den Gesellschaftern in den Angelegenheiten der Gesellschaft zu treffenden Bestimmungen erfolgen durch Beschlußfassung nach der Mehrheit der abgegebenen Stimmen.

(2) Jeder Euro eines Geschäftsanteils gewährt eine Stimme.

(3) Vollmachten bedürfen zu ihrer Gültigkeit der Textform.

(4) Ein Gesellschafter, welcher durch die Beschlußfassung entlastet oder von einer Verbindlichkeit befreit werden soll, hat hierbei kein Stimmrecht und darf ein solches auch nicht für andere ausüben. Dasselbe gilt von einer Beschlußfassung, welche die Vornahme eines Rechtsgeschäfts oder die Einleitung oder Erledigung eines Rechtsstreites gegenüber einem Gesellschafter betrifft.

§ 48 Gesellschafterversammlung

(1) Die Beschlüsse der Gesellschafter werden in Versammlungen gefaßt.

(2) Der Abhaltung einer Versammlung bedarf es nicht, wenn sämtliche Gesellschafter in Textform mit der zu treffenden Bestimmung oder mit der schriftlichen Abgabe der Stimmen sich einverstanden erklären.

(3) Befinden sich alle Geschäftsanteile der Gesellschaft in der Hand eines Gesellschafters oder daneben in der Hand der Gesellschaft, so hat er unverzüglich nach der Beschlußfassung eine Niederschrift aufzunehmen und zu unterschreiben.

§ 49 Einberufung der Versammlung

(1) Die Versammlung der Gesellschafter wird durch die Geschäftsführer berufen.

(2) Sie ist außer den ausdrücklich bestimmten Fällen zu berufen, wenn es im Interesse der Gesellschaft erforderlich erscheint.

(3) Insbesondere muß die Versammlung unverzüglich berufen werden, wenn aus der Jahresbilanz oder aus einer im Laufe des Geschäftsjahres aufgestellten Bilanz sich ergibt, daß die Hälfte des Stammkapitals verloren ist.

§ 50 Minderheitsrechte

(1) Gesellschafter, deren Geschäftsanteile zusammen mindestens dem zehnten Teil des Stammkapitals entsprechen, sind berechtigt, unter Angabe des Zwecks und der Gründe die Berufung der Versammlung zu verlangen.

(2) In gleicher Weise haben die Gesellschafter das Recht zu verlangen, daß Gegenstände zur Beschlußfassung der Versammlung angekündigt werden.

(3) Wird dem Verlangen nicht entsprochen oder sind Personen, an welche dasselbe zu richten wäre, nicht vorhanden, so können die in Absatz 1 bezeichneten Gesellschafter unter Mitteilung des Sachverhältnisses die Berufung oder Ankündigung selbst bewirken. Die Versammlung beschließt, ob die entstandenen Kosten von der Gesellschaft zu tragen sind.

§ 51 Form der Einberufung

(1) Die Berufung der Versammlung erfolgt durch Einladung der Gesellschafter mittels eingeschriebener Briefe. Sie ist mit einer Frist von mindestens einer Woche zu bewirken.

(2) Der Zweck der Versammlung soll jederzeit bei der Berufung angekündigt werden.

(3) Ist die Versammlung nicht ordnungsmäßig berufen, so können Beschlüsse nur gefaßt werden, wenn sämtliche Gesellschafter anwesend sind.

(4) Das gleiche gilt in bezug auf Beschlüsse über Gegenstände, welche nicht wenigstens drei Tage vor der Versammlung in der für die Berufung vorgeschriebenen Weise angekündigt worden sind.

§ 51a Auskunfts- und Einsichtsrecht

(1) Die Geschäftsführer haben jedem Gesellschafter auf Verlangen unverzüglich Auskunft über die Angelegenheiten der Gesellschaft zu geben und die Einsicht der Bücher und Schriften zu gestatten.

(2) Die Geschäftsführer dürfen die Auskunft und die Einsicht verweigern, wenn zu besorgen ist, daß der Gesellschafter sie zu gesellschaftsfremden Zwecken verwenden und dadurch der Gesellschaft oder einem verbundenen Unternehmen einen nicht unerheblichen Nachteil zufügen wird. Die Verweigerung bedarf eines Beschlusses der Gesellschafter.

(3) Von diesen Vorschriften kann im Gesellschaftsvertrag nicht abgewichen werden.

§ 51b Gerichtliche Entscheidung über das Auskunfts- und Einsichtsrecht

Für die gerichtliche Entscheidung über das Auskunfts- und Einsichtsrecht findet § 132 Abs. 1, 3 bis 5 des Aktiengesetzes entsprechende Anwendung. Antragsberechtigt ist jeder Gesellschafter, dem die verlangte Auskunft nicht gegeben oder die verlangte Einsicht nicht gestattet worden ist.

§ 52 Aufsichtsrat

(1) Ist nach dem Gesellschaftsvertrag ein Aufsichtsrat zu bestellen, so sind § 90 Abs. 3, 4, 5 Satz 1 und 2, § 95 Satz 1, § 100 Abs. 1 und 2 Nr. 2 und Abs. 5, § 101 Abs. 1 Satz 1, § 103 Abs. 1 Satz 1 und 2, §§ 105, 107 Abs. 4, §§110 bis 114, 116 des Aktiengesetzes in Verbindung mit § 93 Abs. 1 und 2 Satz 1 und 2 des Aktiengesetzes, § 124 Abs. 3 Satz 2, §§ 170, 171 des Aktiengesetzes entsprechend anzuwenden, soweit nicht im Gesellschaftsvertrag ein anderes bestimmt ist.

(2) Werden die Mitglieder des Aufsichtsrats vor der Eintragung der Gesellschaft in das Handelsregister bestellt, gilt § 37 Abs. 4 Nr. 3 und 3a des Aktiengesetzes entsprechend. Die Geschäftsführer haben bei jeder Änderung in den Personen der Aufsichtsratsmitglieder unverzüglich eine Liste der Mitglieder des Aufsichtsrats, aus welcher Name, Vorname, ausgeübter Beruf und Wohnort der Mitglieder ersichtlich ist, zum Handelsregister einzureichen; das Gericht hat nach § 10 des Handelsgesetzbuchs einen Hinweis darauf bekannt zu machen, dass die Liste zum Handelsregister eingereicht worden ist.

(3) Schadensersatzsprüche gegen die Mitglieder des Aufsichtsrats wegen Verletzung ihrer Obliegenheiten verjähren in fünf Jahren.

§ 53 Form der Satzungsänderung

(1) Eine Abänderung des Gesellschaftsvertrages kann nur durch Beschluß der Gesellschafter erfolgen.

(2) Der Beschluß muß notariell beurkundet werden, derselbe bedarf einer Mehrheit von drei Vierteilen der abgegebenen Stimmen. Der Gesellschaftsvertrag kann noch andere Erfordernisse aufstellen.

(3) Eine Vermehrung der den Gesellschaftern nach dem Gesellschaftsvertrag obliegenden Leistungen kann nur mit Zustimmung sämtlicher beteiligter Gesellschafter beschlossen werden.

§ 54 Anmeldung und Eintragung der Satzungsänderung

(1) Die Abänderung des Gesellschaftsvertrages ist zur Eintragung in das Handelsregister anzumelden. Der Anmeldung ist der vollständige Wortlaut des Gesellschaftsvertrags beizufügen; er muß mit der Bescheinigung eines Notars versehen sein, daß die geänderten Bestimmungen des Gesellschaftsvertrags mit dem Beschluß über die Änderung des Gesellschaftsvertrags und die unveränderten Bestimmungen mit dem zuletzt zum Handelsregister eingereichten vollständigen Wortlaut des Gesellschaftsvertrages übereinstimmen.

(2) Bei der Eintragung genügt, sofern nicht die Abänderung die in § 10 bezeichneten Angaben betrifft, die Bezugnahme auf die bei dem Gericht eingereichten Dokumente über die Abänderung.

(3) Die Abänderung hat keine rechtliche Wirkung, bevor sie in das Handelsregister des Sitzes der Gesellschaft eingetragen ist.

Gewerbesteuergesetz (GewStG)

in der Fassung der Bekanntmachung vom 15. Oktober 2002 (BGBl. I S. 4167) [1]

– Auszug –

Abschnitt I Allgemeines

§ 3 Befreiungen

Von der Gewerbesteuer sind befreit

(. . .)

6. [1]Körperschaften, Personenvereinigungen und Vermögensmassen, die nach der Satzung, dem Stiftungsgeschäft oder der sonstigen Verfassung und nach der tatsächlichen Geschäftsführung ausschließlich und unmittelbar gemeinnützigen, mildtätigen oder kirchlichen Zwecken dienen (§§ 51 bis 68 der Abgabenordnung). [2]Wird ein wirtschaftlicher Geschäftsbetrieb – ausgenommen Land- und Forstwirtschaft – unterhalten, ist die Steuerfreiheit insoweit ausgeschlossen;

(. . .)

1 Zuletzt geändert durch das Gesetz zur Umsetzung steuerlicher EU-Vorgaben sowie zur Änderung steuerlicher Vorgaben vom 8. April 2010 (BGBl. I S. 386).

Körperschaftsteuergesetz (KStG)

in der Fassung der Bekanntmachung vom 15. Oktober 2002 (BGBl. I S. 4144) [1]

– Auszug –

6

§ 5 Befreiungen

(1) Von der Körperschaftsteuer sind befreit

(. . .)

9. Körperschaften, Personenvereinigungen und Vermögensmassen, die nach der Satzung, dem Stiftungsgeschäft oder der sonstigen Verfassung und nach der tatsächlichen Geschäftsführung ausschließlich und unmittelbar gemeinnützigen, mildtätigen oder kirchlichen Zwecken dienen (§§ 51 bis 68 der Abgabenordnung). [2]Wird ein wirtschaftlicher Geschäftsbetrieb unterhalten, ist die Steuerbefreiung insoweit ausgeschlossen. [3]Satz 2 gilt nicht für selbst bewirtschaftete Forstbetriebe;

(. . .)

§ 24 Freibetrag für bestimmte Körperschaften

[1]Vom Einkommen der steuerpflichtigen Körperschaften, Personenvereinigungen oder Vermögensmassen ist ein Freibetrag von 5000 Euro, höchstens jedoch in Höhe des Einkommens, abzuziehen. [2]Satz 1 gilt nicht

1. für Körperschaften und Personenvereinigungen, deren Leistungen bei den Empfängern zu den Einnahmen im Sinne des § 20 Abs. 1 Nr. 1 oder 2 des Einkommensteuergesetzes gehören,
2. für Vereine im Sinne des § 25.

---

[1] Zuletzt geändert durch das Gesetz zur Umsetzung steuerlicher EU-Vorgaben sowie zur Änderung steuerlicher Vorgaben vom 8. April 2010 (BGBl. I S. 386).

Umsatzsteuergesetz (UStG)

in der Fassung der Bekanntmachung vom 21. Februar 2005 (BGBl. I S. 386) [1]

– Auszug –

§ 4 Steuerbefreiungen bei Lieferungen und sonstigen Leistungen

Von den unter § 1 Abs. 1 Nr. 1 fallenden Umsätzen sind steuerfrei:

(. . .)

14. a) Heilbehandlungen im Bereich der Humanmedizin, die im Rahmen der Ausübung der Tätigkeit als Arzt, Zahnarzt, Heilpraktiker, Physiotherapeut, Hebamme oder einer ähnlichen heilberuflichen Tätigkeit durchgeführt werden. Satz 1 gilt nicht für die Lieferung oder Wiederherstellung von Zahnprothesen (aus Unterpositionen 9021 21 und 9021 29 00 des Zolltarifs) und kieferorthopädischen Apparaten (aus Unterposition 9021 10 des Zolltarifs), soweit sie der Unternehmer in seinem Unternehmen hergestellt oder wiederhergestellt hat;

    b) Krankenhausbehandlungen und ärztliche Heilbehandlungen einschließlich der Diagnostik, Befunderhebung, Vorsorge, Rehabilitation, Geburtshilfe und Hospizleistungen sowie damit eng verbundene Umsätze, die von Einrichtungen des öffentlichen Rechts erbracht werden. Die in Satz 1 bezeichneten Leistungen sind auch steuerfrei, wenn sie von

       aa) zugelassenen Krankenhäusern nach § 108 des Fünften Buches Sozialgesetzbuch,

       bb) Zentren für ärztliche Heilbehandlung und Diagnostik oder Befunderhebung, die an der vertragsärztlichen Versorgung nach § 95 des Fünften Buches Sozialgesetzbuch teilnehmen oder für die Regelungen nach § 115 des Fünften Buches Sozialgesetzbuch gelten,

       cc) Einrichtungen, die von den Trägern der gesetzlichen Unfallversicherung nach § 34 des Siebten Buches Sozialgesetzbuch an der Versorgung beteiligt worden sind,

       dd) Einrichtungen, mit denen Versorgungsverträge nach den §§ 111 und 111a des Fünften Buches Sozialgesetzbuch bestehen,

       ee) Rehabilitationseinrichtungen, mit denen Verträge nach § 21 des Neunten Buches Sozialgesetzbuch bestehen,

[1] Zuletzt geändert durch das Gesetz zur Weiterentwicklung der Organisation der Grundsicherung für Arbeitsuchende vom 3. August 2010 (BGBl. I S. 1112).

ff) Einrichtungen zur Geburtshilfe, für die Verträge nach § 134a des Fünften Buches Sozialgesetzbuch gelten, oder

gg) Hospizen, mit denen Verträge nach § 39a Abs. 1 des Fünften Buches Sozialgesetzbuch bestehen,

erbracht werden und es sich ihrer Art nach um Leistungen handelt, auf die sich die Zulassung, der Vertrag oder die Regelung nach dem Sozialgesetzbuch jeweils bezieht, oder

hh) von Einrichtungen nach § 138 Abs. 1 Satz 1 des Strafvollzugsgesetzes erbracht werden;

c) Leistungen nach den Buchstaben a und b, die von Einrichtungen nach § 140b Abs. 1 des Fünften Buches Sozialgesetzbuch erbracht werden, mit denen Verträge zur integrierten Versorgung nach § 140a des Fünften Buches Sozialgesetzbuch bestehen;

d) sonstige Leistungen von Gemeinschaften, deren Mitglieder Angehörige der in Buchstabe a bezeichneten Berufe oder Einrichtungen im Sinne des Buchstaben b sind, gegenüber ihren Mitgliedern, soweit diese Leistungen für unmittelbare Zwecke der Ausübung der Tätigkeiten nach Buchstabe a oder Buchstabe b verwendet werden und die Gemeinschaft von ihren Mitgliedern lediglich die genaue Erstattung des jeweiligen Anteils an den gemeinsamen Kosten fordert;

(. . .)

16. die mit dem Betrieb von Einrichtungen zur Betreuung oder Pflege körperlich, geistig oder seelisch hilfsbedürftiger Personen eng verbundenen Leistungen, die von

a) juristischen Personen des öffentlichen Rechts,

b) Einrichtungen, mit denen ein Vertrag nach § 132 des Fünften Buches Sozialgesetzbuch besteht,

c) Einrichtungen, mit denen ein Vertrag nach § 132a des Fünften Buches Sozialgesetzbuch, § 72 oder § 77 des Elften Buches Sozialgesetzbuch besteht oder die Leistungen zur häuslichen Pflege oder zur Heimpflege erbringen und die hierzu nach § 26 Abs. 5 in Verbindung mit § 44 des Siebten Buches Sozialgesetzbuch bestimmt sind,

d) Einrichtungen, die Leistungen der häuslichen Krankenpflege oder Haushaltshilfe erbringen und die hierzu nach § 26 Abs. 5 in Verbindung mit den §§ 32 und 42 des Siebten Buches Sozialgesetzbuch bestimmt sind,

e) Einrichtungen, mit denen eine Vereinbarung nach § 111 des Neunten Buches Sozialgesetzbuch besteht,

f) Einrichtungen, die nach § 142 des Neunten Buches Sozialgesetzbuch anerkannt sind,

g) Einrichtungen, soweit sie Leistungen erbringen, die landesrechtlich als niedrigschwellige Betreuungsangebote nach § 45b des Elften Buches Sozialgesetzbuch anerkannt sind,

h) Einrichtungen, mit denen eine Vereinbarung nach § 75 des Zwölften Buches Sozialgesetzbuch besteht,

i) Einrichtungen, mit denen ein Vertrag nach § 16 des Zweiten Gesetzes über die Krankenversicherung der Landwirte, nach § 53 Abs. 2 Nr. 1 in Verbindung mit § 10 des Gesetzes über die Alterssicherung der Landwirte oder nach § 143e Abs. 4 Nr. 2 in Verbindung mit § 54 Abs. 2 des Siebten Buches Sozialgesetzbuch über die Gewährung von häuslicher Krankenpflege oder Haushaltshilfe, besteht,

j) Einrichtungen, die aufgrund einer Landesrahmenempfehlung nach § 2 der Frühförderungsverordnung als fachlich geeignete interdisziplinäre Frühförderstellen anerkannt sind, oder

k) Einrichtungen, bei denen im vorangegangenen Kalenderjahr die Betreuungs- oder Pflegekosten in mindestens 40 Prozent der Fälle von den gesetzlichen Trägern der Sozialversicherung oder der Sozialhilfe oder der für die Durchführung der Kriegsopferversorgung zuständigen Versorgungsverwaltung einschließlich der Träger der Kriegsopferfürsorge ganz oder zum überwiegenden Teil vergütet worden sind,

erbracht werden. Leistungen im Sinne des Satzes 1, die von Einrichtungen nach den Buchstaben b bis k erbracht werden, sind befreit, soweit es sich ihrer Art nach um Leistungen handelt, auf die sich die Anerkennung, der Vertrag oder die Vereinbarung nach Sozialrecht oder die Vergütung jeweils bezieht;

17. a) die Lieferungen von menschlichen Organen, menschlichem Blut und Frauenmilch,

    b) die Beförderungen von kranken und verletzten Personen mit Fahrzeugen, die hierfür besonders eingerichtet sind;

18. die Leistungen der amtlich anerkannten Verbände der freien Wohlfahrtspflege und der der freien Wohlfahrtspflege dienenden Körperschaften, Personenvereinigungen und Vermögensmassen, die einem Wohlfahrtsverband als Mitglied angeschlossen sind, wenn

    a) diese Unternehmer ausschließlich und unmittelbar gemeinnützigen, mildtätigen oder kirchlichen Zwecken dienen,

    b) die Leistungen unmittelbar dem nach der Satzung, Stiftung oder sonstigen Verfassung begünstigten Personenkreis zugute kommen und

    c) die Entgelte für die in Betracht kommenden Leistungen hinter den durchschnittlich für gleichartige Leistungen von Erwerbsunternehmen verlangten Entgelten zurückbleiben.

Steuerfrei sind auch die Beherbergung, Beköstigung und die üblichen Naturalleistungen, die diese Unternehmer den Personen, die bei den Leistungen nach Satz 1 tätig sind, als Vergütung für die geleisteten Dienste gewähren;

(. . .)

19. a) die Umsätze der Blinden, die nicht mehr als zwei Arbeitnehmer beschäftigen. Nicht als Arbeitnehmer gelten der Ehegatte, die minderjährigen Abkömmlinge, die Eltern des Blinden und die Lehrlinge. Die Blindheit ist nach den für die Besteuerung des Einkommens maßgebenden Vorschriften nachzuweisen. Die Steuerfreiheit gilt nicht für die Lieferungen von Energieerzeugnissen im Sinne des § 1 Abs. 2 und 3 des Energiesteuergesetzes und Branntweinen, wenn der Blinde für diese Erzeugnisse Energiesteuer oder Branntweinabgaben zu entrichten hat, und für Lieferungen im Sinne der Nummer 4a Satz 1 Buchstabe a Satz 2,

    b) die folgenden Umsätze der nicht unter Buchstabe a fallenden Inhaber von anerkannten Blindenwerkstätten und der anerkannten Zusammenschlüsse von Blindenwerkstätten im Sinne des § 143 des Neunten Buches Sozialgesetzbuch:

    aa) die Lieferungen von Blindenwaren und Zusatzwaren,

    bb) die sonstigen Leistungen, soweit bei ihrer Ausführung ausschließlich Blinde mitgewirkt haben;

(. . .)

21. a) die unmittelbar dem Schul- und Bildungszweck dienenden Leistungen privater Schulen und anderer allgemein bildender oder berufsbildender Einrichtungen,

    aa) wenn sie als Ersatzschulen gemäß Artikel 7 Abs. 4 des Grundgesetzes staatlich genehmigt oder nach Landesrecht erlaubt sind oder

    bb) wenn die zuständige Landesbehörde bescheinigt, dass sie auf einen Beruf oder eine vor einer juristischen Person des öffentlichen Rechts abzulegende Prüfung ordnungsgemäß vorbereiten,

    b) die unmittelbar dem Schul- und Bildungszweck dienenden Unterrichtsleistungen selbständiger Lehrer

    aa) an Hochschulen im Sinne der §§ 1 und 70 des Hochschulrahmengesetzes und öffentlichen allgemein bildenden oder berufsbildenden Schulen oder

    bb) an privaten Schulen und anderen allgemein bildenden oder berufsbildenden Einrichtungen, soweit diese die Voraussetzungen des Buchstabens a erfüllen;

22. a) die Vorträge, Kurse und anderen Veranstaltungen wissenschaftlicher oder belehrender Art, die von juristischen Personen des

öffentlichen Rechts, von Verwaltungs- und Wirtschaftsakademien, von Volkshochschulen oder von Einrichtungen, die gemeinnützigen Zwecken oder dem Zweck eines Berufsverbandes dienen, durchgeführt werden, wenn die Einnahmen überwiegend zur Deckung der Kosten verwendet werden,

b) andere kulturelle und sportliche Veranstaltungen, die von den in Buchstabe a genannten Unternehmern durchgeführt werden, soweit das Entgelt in Teilnehmergebühren besteht;

23. die Gewährung von Beherbergung, Beköstigung und der üblichen Naturalleistungen durch Einrichtungen, wenn sie überwiegend Jugendliche für Erziehungs-, Ausbildungs- oder Fortbildungszwecke oder für Zwecke der Säuglingspflege bei sich aufnehmen, soweit die Leistungen an die Jugendlichen oder an die bei ihrer Erziehung, Ausbildung, Fortbildung oder Pflege tätigen Personen ausgeführt werden. Jugendliche im Sinne dieser Vorschrift sind alle Personen vor Vollendung des 27. Lebensjahres. Steuerfrei sind auch die Beherbergung, Beköstigung und die üblichen Naturalleistungen, die diese Unternehmer den Personen, die bei den Leistungen nach Satz 1 tätig sind, als Vergütung für die geleisteten Dienste gewähren. Die Sätze 1 bis 3 gelten nicht, soweit eine Leistung der Jugendhilfe des Achten Buches Sozialgesetzbuch erbracht wird;

24. die Leistungen des Deutschen Jugendherbergswerkes, Hauptverband für Jugendwandern und Jugendherbergen e. V., einschließlich der diesem Verband angeschlossenen Untergliederungen, Einrichtungen und Jugendherbergen, soweit die Leistungen den Satzungszwecken unmittelbar dienen oder Personen, die bei diesen Leistungen tätig sind, Beherbergung, Beköstigung und die üblichen Naturalleistungen als Vergütung für die geleisteten Dienste gewährt werden. Das Gleiche gilt für die Leistungen anderer Vereinigungen, die gleiche Aufgaben unter denselben Voraussetzungen erfüllen;

25. Leistungen der Jugendhilfe nach § 2 Abs. 2 des Achten Buches Sozialgesetzbuch und die Inobhutnahme nach § 42 des Achten Buches Sozialgesetzbuch, wenn diese Leistungen von Trägern der öffentlichen Jugendhilfe oder anderen Einrichtungen mit sozialem Charakter erbracht werden. Andere Einrichtungen mit sozialem Charakter im Sinne dieser Vorschrift sind

    a) von der zuständigen Jugendbehörde anerkannte Träger der freien Jugendhilfe, die Kirchen und Religionsgemeinschaften des öffentlichen Rechts sowie die amtlich anerkannten Verbände der freien Wohlfahrtspflege,

    b) Einrichtungen, soweit sie

        aa) für ihre Leistungen eine im Achten Buch Sozialgesetzbuch geforderte Erlaubnis besitzen oder nach § 44 oder § 45 Abs. 1

Nr. 1 und 2 des Achten Buches Sozialgesetzbuch einer Erlaubnis nicht bedürfen,

bb) Leistungen erbringen, die im vorangegangenen Kalenderjahr ganz oder zum überwiegenden Teil durch Träger der öffentlichen Jugendhilfe oder Einrichtungen nach Buchstabe a vergütet wurden oder

cc) Leistungen der Kindertagespflege erbringen, für die sie nach § 24 Abs. 5 des Achten Buches Sozialgesetzbuch vermittelt werden können.

Steuerfrei sind auch

a) die Durchführung von kulturellen und sportlichen Veranstaltungen, wenn die Darbietungen von den von der Jugendhilfe begünstigten Personen selbst erbracht oder die Einnahmen überwiegend zur Deckung der Kosten verwendet werden und diese Leistungen in engem Zusammenhang mit den in Satz 1 bezeichneten Leistungen stehen,

b) die Beherbergung, Beköstigung und die üblichen Naturalleistungen, die diese Einrichtungen den Empfängern der Jugendhilfeleistungen und Mitarbeitern in der Jugendhilfe sowie den bei den Leistungen nach Satz 1 tätigen Personen als Vergütung für die geleisteten Dienste gewähren;

26. die ehrenamtliche Tätigkeit,

a) wenn sie für juristische Personen des öffentlichen Rechts ausgeübt wird oder

b) wenn das Entgelt für diese Tätigkeit nur in Auslagenersatz und einer angemessenen Entschädigung für Zeitversäumnis besteht;

(. . .)

§ 4a Steuervergütung

(1) Körperschaften, die ausschließlich und unmittelbar gemeinnützige, mildtätige oder kirchliche Zwecke verfolgen (§§ 51 bis 68 der Abgabenordnung), und juristischen Personen des öffentlichen Rechts wird auf Antrag eine Steuervergütung zum Ausgleich der Steuer gewährt, die auf der an sie bewirkten Lieferung eines Gegenstands, seiner Einfuhr oder seinem innergemeinschaftlichen Erwerb lastet, wenn die folgenden Voraussetzungen erfüllt sind:

1. Die Lieferung, die Einfuhr oder der innergemeinschaftliche Erwerb des Gegenstands muss steuerpflichtig gewesen sein.
2. Die auf die Lieferung des Gegenstands entfallende Steuer muss in einer nach § 14 ausgestellten Rechnung gesondert ausgewiesen und mit dem Kaufpreis bezahlt worden sein.
3. Die für die Einfuhr oder den innergemeinschaftlichen Erwerb des Gegenstands geschuldete Steuer muss entrichtet worden sein.

4. Der Gegenstand muss in das Drittlandsgebiet gelangt sein.
5. Der Gegenstand muss im Drittlandsgebiet zu humanitären, karitativen oder erzieherischen Zwecken verwendet werden.
6. Der Erwerb oder die Einfuhr des Gegenstands und seine Ausfuhr dürfen von einer Körperschaft, die steuerbegünstigte Zwecke verfolgt, nicht im Rahmen eines wirtschaftlichen Geschäftsbetriebs und von einer juristischen Person des öffentlichen Rechts nicht im Rahmen eines Betriebs gewerblicher Art (§ 1 Abs. 1 Nr. 6, § 4 des Körperschaftsteuergesetzes) oder eines land- und forstwirtschaftlichen Betriebs vorgenommen worden sein.
7. Die vorstehenden Voraussetzungen müssen nachgewiesen sein.

Der Antrag ist nach amtlich vorgeschriebenem Vordruck zu stellen, in dem der Antragsteller die zu gewährende Vergütung selbst zu berechnen hat.

(2) Das Bundesministerium der Finanzen kann mit Zustimmung des Bundesrates durch Rechtsverordnung näher bestimmen,

1. wie die Voraussetzungen für den Vergütungsanspruch nach Absatz 1 Satz 1 nachzuweisen sind und
2. in welcher Frist die Vergütung zu beantragen ist.

§ 12 Steuersätze

(1) Die Steuer beträgt für jeden steuerpflichtigen Umsatz 19 Prozent der Bemessungsgrundlage (§§ 10, 11, 25 Abs. 3 und § 25a Abs. 3 und 4).

(2) Die Steuer ermäßigt sich auf 7 Prozent für die folgenden Umsätze:

(. . .)

8. a) die Leistungen der Körperschaften, die ausschließlich und unmittelbar gemeinnützige, mildtätige oder kirchliche Zwecke verfolgen (§§ 51 bis 68 der Abgabenordnung). Das gilt nicht für Leistungen, die im Rahmen eines wirtschaftlichen Geschäftsbetriebs ausgeführt werden. Für Leistungen, die im Rahmen eines Zweckbetriebs ausgeführt werden, gilt Satz 1 nur, wenn der Zweckbetrieb nicht in erster Linie der Erzielung zusätzlicher Einnahmen durch die Ausführung von Umsätzen dient, die in unmittelbarem Wettbewerb mit dem allgemeinen Steuersatz unterliegenden Leistungen anderer Unternehmer ausgeführt werden, oder wenn die Körperschaft mit diesen Leistungen ihrer in den §§ 66 bis 68 der Abgabenordnung bezeichneten Zweckbetriebe ihre steuerbegünstigten satzungsgemäßen Zwecke selbst verwirklicht,

   b) die Leistungen der nichtrechtsfähigen Personenvereinigungen und Gemeinschaften der in Buchstabe a Satz 1 bezeichneten Körperschaften, wenn diese Leistungen, falls die Körperschaften sie anteilig selbst ausführten, insgesamt nach Buchstabe a ermäßigt besteuert würden;

(. . .)

§ 19 Besteuerung der Kleinunternehmer

6

(1) Die für Umsätze im Sinne des § 1 Abs. 1 Nr. 1 geschuldete Umsatzsteuer wird von Unternehmern, die im Inland oder in den in § 1 Abs. 3 bezeichneten Gebieten ansässig sind, nicht erhoben, wenn der in Satz 2 bezeichnete Umsatz zuzüglich der darauf entfallenden Steuer im vorangegangenen Kalenderjahr 17 500 Euro nicht überstiegen hat und im laufenden Kalenderjahr 50 000 Euro voraussichtlich nicht übersteigen wird. Umsatz im Sinne des Satzes 1 ist der nach vereinnahmten Entgelten bemessene Gesamtumsatz, gekürzt um die darin enthaltenen Umsätze von Wirtschaftsgütern des Anlagevermögens. Satz 1 gilt nicht für die nach § 13a Abs. 1 Nr. 6, § 13b Absatz 5, § 14c Abs. 2 und § 25b Abs. 2 geschuldete Steuer. In den Fällen des Satzes 1 finden die Vorschriften über die Steuerbefreiung innergemeinschaftlicher Lieferungen (§ 4 Nr. 1 Buchstabe b, § 6a), über den Verzicht auf Steuerbefreiungen (§ 9), über den gesonderten Ausweis der Steuer in einer Rechnung (§ 14 Abs. 4), über die Angabe der Umsatzsteuer-Identifikationsnummern in einer Rechnung (§ 14a Abs. 1, 3 und 7) und über den Vorsteuerabzug (§ 15) keine Anwendung.

(2) Der Unternehmer kann dem Finanzamt bis zur Unanfechtbarkeit der Steuerfestsetzung (§ 18 Abs. 3 und 4) erklären, dass er auf die Anwendung des Absatzes 1 verzichtet. Nach Eintritt der Unanfechtbarkeit der Steuerfestsetzung bindet die Erklärung den Unternehmer mindestens für fünf Kalenderjahre. Sie kann nur mit Wirkung vom Beginn eines Kalenderjahres an widerrufen werden. Der Widerruf ist spätestens bis zur Unanfechtbarkeit der Steuerfestsetzung des Kalenderjahres, für das er gelten soll, zu erklären.

(3) Gesamtumsatz ist die Summe der vom Unternehmer ausgeführten steuerbaren Umsätze im Sinne des § 1 Abs. 1 Nr. 1 abzüglich folgender Umsätze:

1. der Umsätze, die nach § 4, Nr. 8 Buchstabe i, Nr. 9 Buchstabe b und Nr. 11 bis 28 steuerfrei sind;
2. der Umsätze, die nach § 4 Nr. 8 Buchstabe a bis h, Nr. 9 Buchstabe a und Nr. 10 steuerfrei sind, wenn sie Hilfsumsätze sind.

Soweit der Unternehmer die Steuer nach vereinnahmten Entgelten berechnet (§ 13 Abs. 1 Nr. 1 Buchstabe a Satz 4 oder § 20), ist auch der Gesamtumsatz nach diesen Entgelten zu berechnen. Hat der Unternehmer seine gewerbliche oder berufliche Tätigkeit nur in einem Teil des Kalenderjahres ausgeübt, so ist der tatsächliche Gesamtumsatz in einen Jahresgesamtumsatz umzurechnen. Angefangene Kalendermonate sind bei der Umrechnung als volle Kalendermonate zu behandeln, es sei denn, dass die Umrechnung nach Tagen zu einem niedrigeren Jahresgesamtumsatz führt.

(4) Absatz 1 gilt nicht für die innergemeinschaftlichen Lieferungen neuer Fahrzeuge. § 15 Abs. 4a ist entsprechend anzuwenden.

§ 23a Durchschnittssatz für Körperschaften, Personenvereinigungen und Vermögensmassen im Sinne des § 5 Abs. 1 Nr. 9 des Körperschaftsteuergesetzes

(1) Zur Berechnung der abziehbaren Vorsteuerbeträge (§ 15) wird für Körperschaften, Personenvereinigungen und Vermögensmassen im Sinne des § 5 Abs. 1 Nr. 9 des Körperschaftsteuergesetzes, die nicht verpflichtet sind, Bücher zu führen und auf Grund jährlicher Bestandsaufnahmen regelmäßig Abschlüsse zu machen, ein Durchschnittssatz von 7 Prozent des steuerpflichtigen Umsatzes, mit Ausnahme der Einfuhr und des innergemeinschaftlichen Erwerbs, festgesetzt. Ein weiterer Vorsteuerabzug ist ausgeschlossen.

(2) Der Unternehmer, dessen steuerpflichtiger Umsatz, mit Ausnahme der Einfuhr und des innergemeinschaftlichen Erwerbs, im vorangegangenen Kalenderjahr 35 000 Euro überstiegen hat, kann den Durchschnittssatz nicht in Anspruch nehmen.

(3) Der Unternehmer, bei dem die Voraussetzungen für die Anwendung des Durchschnittssatzes gegeben sind, kann dem Finanzamt spätestens bis zum 10. Tag nach Ablauf des ersten Voranmeldungszeitraums eines Kalenderjahres erklären, dass er den Durchschnittssatz in Anspruch nehmen will. Die Erklärung bindet den Unternehmer mindestens für fünf Kalenderjahre. Sie kann nur mit Wirkung vom Beginn eines Kalenderjahres an widerrufen werden. Der Widerruf ist spätestens bis zum 10. Tag nach Ablauf des ersten Voranmeldungszeitraums dieses Kalenderjahres zu erklären. Eine erneute Anwendung des Durchschnittssatzes ist frühestens nach Ablauf von fünf Kalenderjahren zulässig.

Insolvenzordnung (InsO)

Vom 5. Oktober 1994 (BGBl. I S. 2866) [1]

– Auszug –

§ 15a Antragspflicht bei juristischen Personen und Gesellschaften ohne Rechtspersönlichkeit

(1) Wird eine juristische Person zahlungsunfähig oder überschuldet, haben die Mitglieder des Vertretungsorgans oder die Abwickler ohne schuldhaftes Zögern, spätestens aber drei Wochen nach Eintritt der Zahlungsunfähigkeit oder Überschuldung, einen Insolvenzantrag zu stellen. Das Gleiche gilt für die organschaftlichen Vertreter der zur Vertretung der Gesellschaft ermächtigten Gesellschafter oder die Abwickler bei einer Gesellschaft ohne Rechtspersönlichkeit, bei der kein persönlich haftender Gesellschafter eine natürliche Person ist; dies gilt nicht, wenn zu den persönlich haftenden Gesellschaftern eine andere Gesellschaft gehört, bei der ein persönlich haftender Gesellschafter eine natürliche Person ist.

(. . .)

(4) Mit Freiheitsstrafe bis zu drei Jahren oder mit Geldstrafe wird bestraft, wer entgegen Absatz 1 Satz 1, auch in Verbindung mit Satz 2 oder Absatz 2 oder Absatz 3, einen Insolvenzantrag nicht, nicht richtig oder nicht rechtzeitig stellt.

(5) Handelt der Täter in den Fällen des Absatzes 4 fahrlässig, ist die Strafe Freiheitsstrafe bis zu einem Jahr oder Geldstrafe.

---

1 Zuletzt geändert durch das Gesetz zur Reform des Kontopfändungsschutzes vom 7. Juli 2009 (BGBl. I S. 1707).

Stichwortverzeichnis

7

7